Das Buch

»Mit Willi Reichs ›Arnold Schönberg oder Der konservative Revolutionär‹ erhielt das interessierte Publikum endlich die erste umfassende, verbindliche, von keiner Emotion entstellte Biographie des großen Künstlers Arnold Schönberg. Stützende Sachkenntnis und hoher Kunstverstand verbinden sich, um in einem liebevollen Gemälde das Werk und den unbeugsamen, integren Menschen allgemeinverständlich zu bezeichnender Deutlichkeit zu bringen. Das Buch ist reich an Material, zum großen Teil unbekanntem, das undoktrinär behandelt wird und es so dem bemühten, verständigen Leser überläßt, sich selbst ein Urteil über den Musiker, Maler, Lehrer und Schriftsteller Schönberg zu bilden. Die Rolle des Menschenerziehers und Humanisten wird durch bedeutende persönliche Dokumente und Äußerungen von Schülern und Freunden belegt. Wer sich für Schönberg und die Wiener Schule interessiert, hat hier das maßgebende Fachbuch zur Verfügung...« (Gottfried von Einem)

Der Autor

Willi Reich wurde 1898 in Wien geboren, wo er auch studierte. Schüler von Alban Berg und Anton Webern. Von 1922 an Kritiker bei Wiener und ausländischen Tageszeitungen; Herausgeber der Musikzeitschrift ›23‹. Von 1938 an freier Schriftsteller in Basel, ab 1948 Kritiker der ›Neuen Zürcher Zeitung‹. Seit 1959 Professor für Musikgeschichte und Musiktheorie in Zürich. 1937 veröffentlichte er eine Biographie über Alban Berg.

[illegible]

Der Autor

[illegible]

Willi Reich:
Arnold Schönberg
oder
Der konservative Revolutionär

Deutscher
Taschenbuch
Verlag

dtv

Im Text ungekürzte Ausgabe
Dezember 1974
Deutscher Taschenbuch Verlag GmbH & Co. KG,
München

Umschlaggestaltung: Celestino Piatti
Gesamtherstellung: C. H. Beck'sche Buchdruckerei,
Nördlingen
Printed in Germany · ISBN 3-423-01041-X

Inhalt

Gertrud Schönberg zum Gedächtnis

Vorbemerkung

Die äußeren Schicksale und die Persönlichkeit von Arnold Schönberg haben bis jetzt noch keine umfassende Darstellung gefunden. Auf Grund des gesamten mir erreichbaren Materials habe ich eine solche Darstellung versucht und dabei, um nicht einseitiger fanatischer Schwärmerei beschuldigt zu werden, getrachtet, jede Aussage soweit als möglich dokumentarisch zu unterbauen. Um den Text auch Nichtmusikern faßlich zu machen, habe ich auf kompositionstechnische Analysen und Notenbeispiele verzichtet und mich bemüht, die geistige Atmosphäre, in der sich das Schaffen Schönbergs vollzog, möglichst genau und deutlich zu definieren.

Mein Vorhaben wurde entscheidend gefördert durch die gütige Zustimmung von Frau Gertrud Schönberg, die mir nicht nur gestattete, alle schon im Druck vorliegenden Äußerungen ihres Gatten zu verwenden, sondern mir auch Ungedrucktes in eigenhändiger Abschrift oder in Photokopien zur Verfügung stellte. Daß das Buch dem Gedächtnis der im Februar 1967 Verstorbenen gewidmet wurde, war für mich eine Selbstverständlichkeit.

Zürich, im Januar 1968 — Willi Reich

»Ich bin ein Konservativer,
den man gezwungen hat,
ein Radikaler zu werden.«
Arnold Schönberg

Romantische Anfänge

Arnold Schönberg wurde am 13. September 1874 in Wien im zweiten Bezirk im Hause Obere Donaustraße 57 (alte Nummer 393) geboren. Sein Vater, Samuel Schönberg (1838–1890), war als Vierzehnjähriger aus Preßburg nach Wien gekommen und hatte sich allmählich vom Lehrling zum Besitzer eines kleinen Schuhgeschäftes emporgearbeitet. 1870 heiratete er die aus Prag stammende Pauline Nachod (1848–1921).

Über die Eltern sind aus dem Nachlaß Schönbergs die folgenden Notizen bekanntgeworden: »Die Ehe scheint ganz normal gut verlaufen zu sein, höchstens getrübt durch materielle Sorgen.« Von der Mutter heißt es: »Sie war aufopfernd, uneigennützig, selbstlos, bescheiden, und ich könnte vielleicht von ihr eine gewisse Arbeitsamkeit und Pflichtgefühl geerbt haben.« Von der Musikalität der Eltern erfuhr man nur, daß sie Freude an Musik, insbesondere an Gesang, hatten, ohne sich aber selbst künstlerisch zu betätigen. Der Vater gehörte in jungen Jahren einem Gesangverein an, doch gab sein Musikempfinden Schönberg zu der Bemerkung Anlaß: »Keinesfalls kann ich sagen, daß das irgendwie über das hinausreichte, was jeder nicht gerade musikfeindliche Österreicher an Musikalität besitzt.« Als Sänger sind aus der Familie öffentlich hervorgetreten: Hans Nachod, ein Cousin des Komponisten, der bei der von Franz Schreker geleiteten Uraufführung der ›Gurrelieder‹ in Wien am 23. Februar 1913 den König Waldemar sang, und Heinrich Schönberg, ein Bruder des Komponisten, der als Bassist am Deutschen Theater in Prag wirkte.

In einem 1949 verfaßten Rückblick auf sein Leben berichtet Schönberg: »Ich habe mit acht Jahren angefangen, Violine zu lernen, und fast zur gleichen Zeit habe ich zum erstenmal komponiert. Ich werde deshalb an meinem fünfundsiebzigsten Geburtstag sagen können, daß ich nahezu neunzig Prozent der mir bis dahin gegönnten Zeit der Musik gewidmet habe.«

Schönberg erzählt auch von geistigen Anregungen, die er von seinem Onkel Fritz Nachod, einem Bruder seiner Mutter, empfing. Dieser Onkel war »schwärmerisch veranlagt, machte lyrische Gedichte, war hochliberal begeistert, unterrichtete den Neffen im Französischen und trug ihm Schillers Gedichte vor«. Schönbergs frühzeitig sich offenbarendes musikalisches Talent wurde aber weder von dem musischen Onkel noch von den Eltern ernstlich beachtet. Dazu bemerkte Schönberg später: »Irgendwie mag ja, ohne daß ich mich entsinnen kann, im Elternhaus davon die Rede gewesen sein, daß ich musikalisch veranlagt sei, denn es fällt mir auf, daß ich ziemlich früh eine Mozart-Biographie gelesen habe, die mich dazu anregte, meine Kompositionen ohne Zuhilfenahme eines Instruments zu schreiben.«

In Notizen, die 1959 im Programm zur Aufführung seiner vier Streichquartette in Milwaukee wiedergegeben wurden, berichtet Schönberg über seine musikalischen Anfänge folgendes:

»Ich war noch nicht ganz neun Jahre alt, als ich kleine Stücke zu komponieren begann – für zwei Violinen – und später größere Stücke, in Nachahmung der Stücke, die ich mit meinem Lehrer oder mit einem Vetter von mir zu spielen pflegte. Als ich Violinduos von Viotti, Pleyel und anderen spielen konnte, ahmte ich deren Stil nach. So schritt ich in dem Maße im Komponieren vor, in dem ich im Violinspiel vorschritt. Schließlich kam ich so weit, eine Art symphonischer Dichtung zu schaffen, nach dem Drama ›Die Räuber‹ von Friedrich von Schiller. Ich nannte sie ›Die Räuber-Phantasie‹.

Entschiedene Fortschritte machte ich, als ich einige Jahre später einen Schulkameraden hatte, der eine Viola besaß und sie spielen konnte. Sogleich begann ich Trios für zwei Violinen und Viola zu komponieren, obwohl es da kein Vorbild gab, das ich nachahmen konnte. Dann kaufte ich mir von dem Geld, das ich durch Stundengeben in Deutsch und Griechisch erworben hatte, ein paar Partituren Beethovens: die dritte und vierte Sinfonie, zwei von den Rasumofsky-Quartetten und die große Quartettfuge op. 133. Von diesem Augenblick war ich von dem Drang besessen, Streichquartette zu komponieren.

Aber dieser Wunsch konnte erst erfüllt werden, als ich einen Freund gewann – Oskar Adler –, der in meiner Entwicklung eine große Rolle spielte. Ich bin ihm für sehr viele Dinge verpflichtet, die er mich lehrte. Er brachte mir nicht nur die Elemente der Harmonielehre bei, sondern regte mich auch dazu an, mein Gehör zu schulen, um Tonhöhen im Gedächtnis festzuhalten. Überdies wurde unser Trio-Material durch seine Einrichtung von Violinsonaten für dieses Ensemble bereichert.

Da wir Quartette von Mozart und Beethoven spielen wollten, brachte Adler eine große Viola herbei, mit Saiten einer Zither ausgestattet, auf der man die Töne eines Violoncellos dessen ganzen Bereich nach hervorbringen konnte. Dieses Instrument hatte ich zu spielen, und ich tat es, da ich es nicht besser wußte, mit dem Fingersatz der Viola und der Violine; so spielte ich das Violincello (wie ich das Instrument nannte). Das ging so eine Zeitlang, bis Adler von einem wirklichen Violoncellisten erfuhr, daß der Fingersatz bei diesem Instrument ein anderer ist. Das übrige hatte ich selbst herauszufinden. Inzwischen war ›Meyers Konversationslexikon‹, das wir auf Raten bezogen, beim langersehnten Buchstaben S angelangt, so daß ich unter dem Schlagwort ›Sonate‹ erfahren konnte, wie der erste Satz eines Streichquartetts gebaut sein sollte. Ich war damals ungefähr 18 Jahre alt, hatte aber noch keine andere Unterweisung als diejenige, die mir Oskar Adler erteilt hatte.

Alle Kompositionen, die ich vor meinem siebzehnten Jahr geschrieben habe, sind nichts als Imitationen solcher Musik, die mir zugänglich war. Die einzigen Quellen, aus denen ich schöpfen konnte, waren Violinduette und Arrangements von Opernpotpourris für zwei Violinen, wozu noch die Musik gerechnet werden darf, die ich durch Militärkapellen kennenlernte, die in öffentlichen Gärten Konzerte gaben.«

Von jenen frühen Kompositionen gelangten aus dem Nachlaß von Hans Nachod im Juni 1966 in Basel im Manuskript zur Versteigerung: zehn vollständige Stücke und viele Fragmente sowie Bearbeitungen fremder Werke (unter ihnen auch das ›Fiakerlied‹) für zwei Violinen. Wegen der eleganten Formulierung des Titels erwähnenswert ist eine nur in den Stimmen der zweiten Geige und der Bratsche erhaltene ›Romance en ré mineur pour deux violons et alto par Arnaude Schönberg op. 1‹ (81 Takte); ferner eine Vertonung des beliebten Zitats aus ›Götz von Berlichingen‹.

Von Erlebnissen bei der »Militärmusik in öffentlichen Gärten« berichtet der Wiener Schriftsteller und Musikkritiker David Josef Bach 1924 (im Schönberg-Sonderheft der ›Musikblätter des Anbruch‹) sehr anschaulich: »Vor dem ›Ersten Kaffeehaus‹ im Prater in der Hauptallee stand mit anderen jungen Zaungästen ein junger Bursch, in hellgelbem, kurzem Überrock, sprach laut von der Musik und über sie, die aus dem Gartenpavillon herüberscholl. Dies ist meine erste Erinnerung an Arnold Schönberg, und dieses erste Bild ist durch die langen Jahre bis heute unverwischt geblieben. Wir standen damals alle, Siebzehn- und Achtzehnjährige, vor dem Zaun, um gratis Musik zu hören. Ein junger Kapellmeister – wenn ich nicht irre, Großmann mit Namen – spielte Bruchstücke aus Wagner, einmal sogar aus den ›Meistersingern‹, im Jahre 1891 oder 1892 ... Für die allermeisten unter uns war es die einzige Möglichkeit, ein bißchen Musik wirklich zu hören, und der Realschüler oder eben der Schule noch vor der Reifeprüfung entlaufene Schüler Schönberg nützte diese Möglichkeit ebenso. Wir waren arme Hunde, aber jung, lebenshungrig und zukunftssicher.«

Außer den beiden Jugendfreunden Oskar Adler und David Josef Bach ist noch der um zwei Jahre ältere Alexander von Zemlinsky (geboren 1872 in Wien, gestorben 1942 in Larchmont, New York) zu nennen, dem Schönberg, wie er bekannte, »fast all sein Wissen um die Technik und die Probleme des Komponierens« verdankte. Zemlinsky hatte seine musikalische Ausbildung durch den Hofkapellmeister und Konservatoriumsdirektor Johann Nepomuk Fuchs (1842–1899) empfangen und sich schon in seiner Studienzeit durch Erfindungsreichtum und kompositionstechnische und formale Sicherheit in allen musikalischen Bereichen ausgezeichnet. Ein Kammermusikwerk des jungen Künstlers erweckte das Interesse von Johannes Brahms, der Zemlinsky zu sich einlud, ihm wichtige Ratschläge gab und sein weiteres Schaffen mit freundlichem Interesse begleitete.

Schönberg lernte Zemlinsky in dem Dilettantenorchester »Polyhymnia« kennen. Darüber berichtet Zemlinsky in seinen ›Jugenderinnerungen‹: »Das Orchester hatte mich zu seinem Dirigenten gewählt. Es war nicht groß: Ein paar Violinen, eine Bratsche, ein Cello und ein Contrabaß – eigentlich nur ein halber. Aber so unbescheiden wir sonst waren, mit unseren Leistungen waren wir sehr zufrieden. Wir waren alle musikhungrig und jung und musizierten recht und schlecht, jede Woche einmal, drauflos. Nun, solche Vereine hat es immer wieder gegeben; das war nichts Ungewöhnliches. Jedoch, an dem einzigen Cellopult saß ein junger Mann, der ebenso feurig wie falsch sein Instrument mißhandelte (das übrigens nichts Besseres verdiente – es war von seinem Spieler um sauer ersparte drei Gulden am sogenannten Tandelmarkt in Wien gekauft), und dieser Cellospieler war niemand anderer als Arnold Schönberg. Damals war Schönberg noch ein kleiner Bankbeamter, der aber von diesem Beruf nicht allzuviel Gebrauch machte und seinen Musiknoten in seiner Bank den Vorzug gab. So lernte ich Schönberg kennen, und bald entwickelte sich aus der Bekanntschaft eine intime Freundschaft.«

Für ein 1893 komponiertes Werk (›Schilflied‹ nach Nikolaus Lenau) bekam Schönberg von der »Polyhymnia« seinen ersten Kompositionspreis. Das Violoncellospiel, mit dem er in jenem Orchester »glänzte«, hatte er sich selbst noch in seiner Realschulzeit beigebracht.

Von 1891 bis 1895 war Schönberg in einem kleinen Privatbankhaus als Beamter tätig. Von der Beendigung dieser Bankarbeit berichtet Bach sehr anschaulich, daß Schönberg eines Tages in seine Wohnung kam und der versammelten Familie erklärte: »Ich bin so glücklich; ich habe meinen Posten verloren!« Und ohne das Entsetzen der Anwesenden zu beachten, fuhr er fort: »Mein Chef ist nämlich in Konkurs gegangen; mich bringt niemand mehr in ein Bankhaus!«

Ein Jahr vor dieser »Katastrophe« kam es zu einem Besuch bei dem blinden Wiener Komponisten Joseph Labor (1842 bis 1924), einem Schüler Simon Sechters, dem Oskar Adler und einige Freunde einen Satz aus einem noch unveröffentlichten Streichquartett Schönbergs (in C-Dur) vorspielten. Dazu berichtet Bach: »Als der Satz zu Ende war, sagte Labor ganz ruhig: ›Sie müssen Musiker werden!‹ Alle Einwände, daß Schönberg nicht Klavier spielen könne, daß er absoluter Autodidakt sei, konnten Labor in seinem Urteil nicht beirren.«

Dieses oder ein anderes Quartett gab den Anlaß zu der folgenden Anekdote, die Schönberg in späteren Jahren erzählte: Als der junge Mann einem Verleger das Streichquartett zeigte, soll dieser seine Ablehnung mit den Worten begründet haben: »Scheinbar glauben Sie, wenn das Seitenthema aus der Krebsumkehrung des Hauptthemas gebildet ist, dann ist das Werk auf alle Fälle gut!«

Jedenfalls weist die Bemerkung des Verlegers auf den strengen kontrapunktischen Stil hin, den die Komposition aufwies und der für die große Verehrung zeugt, die Schönberg dem Schaffen von Brahms entgegenbrachte. Diese kam auch zum Ausdruck in 1895 komponierten kurzen Stücken für Klavier zu zwei und vier Händen. Letztere waren auf Anregung des dem Wiener Brahms-Kreise angehörenden Komponisten und Musikkritikers Richard Heuberger (1850–1914) entstanden.

Über die Erweiterung, die sein musikalischer Horizont durch die Bekanntschaft mit Zemlinsky erfuhr, berichtet Schönberg in seinem ›Rückblick‹: »Als ich Zemlinsky kennenlernte, war ich ausschließlich Brahmsianer. Er aber liebte Brahms und Wagner gleichermaßen, wodurch ich bald darauf ebenfalls ein glühender Anhänger beider wurde. Kein Wunder, daß die Musik aus dieser Zeit deutlich die Einflüsse dieser beiden Meister zeigte, mit einem gelegentlichen Zusatz von Liszt, Bruckner und vielleicht auch Hugo Wolf.« Und in seinen 1921 veröffentlichten, vor allem dem Opernkomponisten geltenden ›Gedanken über Zemlinsky‹ (Prag 1921) sagte Schönberg einleitend: »Von meinem Urteil über Zemlinsky müßten die Ganz-Klugen, wenn sie genau feststellen wollten, welchen Wert es für ihre Allgemeinheit haben kann, folgendes in Abzug bringen: Er war mein Lehrer, ich wurde sein Freund, später sein Schwager, und er ist in den vielen Jahren, die seither vergangen sind, derjenige geblieben, dessen Verhalten ich mir vorzustellen versuche, wenn ich einen Rat brauche.«

Der »Unterricht«, den Schönberg etwa bis 1900 von Zemlinsky empfing, dürfte in Hinweisen auf die klassischen Regeln der Kompositionstechnik und in freundschaftlicher Diskussion vorgewiesener Kompositionen bestanden haben. Für letzteres kann das erst 1966 veröffentlichte, im Herbst 1897 entstandene Streichquartett in D-Dur als Beispiel dienen. (Einige Monate vorher hatte Schönberg den Klavierauszug von Zemlinskys erster Oper ›Sarema‹ hergestellt, die 1896 den Luitpold-Preis erhalten hatte und 1898 in München uraufgeführt wurde.) Auf Anraten Zemlinskys arbeitete er den ersten und zweiten Satz vollständig um und brachte auch im Finale viele Korrekturen an; nur der dritte Satz (Andante con moto, mit fünf Variationen, zwei weitere strich Schönberg) blieb unverändert.

Mit diesem Quartett trat Schönberg zum erstenmal vor ein größeres Wiener Musikpublikum: Zemlinsky, der damals Vorstandsmitglied des Wiener Tonkünstlervereins war (Ehrenpräsident des Vereins war Brahms), setzte eine Aufführung an einem nichtöffentlichen Musikabend des Vereins durch. Obwohl das Quartett von Mitgliedern des Vereins damals (in der Saison 1897/98) wahrscheinlich noch in der unkorrigierten Form aufgeführt wurde, war der Eindruck so stark, daß es – in der neuen Fassung – in der nächsten Saison von dem angesehenen Fitzner-Quartett in einem der Abonnementskonzerte dieser Vereinigung mit Erfolg wiedergegeben wurde.

Das ermutigte Zemlinsky, wie er in seinen ›Jugenderinnerungen‹ erzählt, zu weiteren Schritten: »Im Sommer 1899 (während eines gemeinsamen Aufenthaltes in Payerbach) schrieb Schönberg ein Streichsextett nach einem Gedicht von Richard Dehmel. Soviel ich weiß, war es die erste Programmusik für

Kammermusik. (Das 1879 vollendete Streichquartett ›Aus meinem Leben‹ von Friedrich Smetana folgt keinem genauen Programm, sondern spiegelt in den einzelnen Sätzen, mit Ausnahme einer Stelle im Finale, nur allgemeine Stimmungen und Situationen aus dem Leben des Komponisten wider. W. R.) Ich versuchte abermals, den Vorstand des Tonkünstlervereins zu einer Aufführung dieses Werkes zu bestimmen. Aber diesmal hatte ich kein Glück. Das Stück wurde ›geprüft‹, und das Ergebnis war absolut negativ. Ein Mitglied der Jury gab sein Urteil mit den Worten ab: ›Das klingt ja, als ob man über die noch nasse ‚Tristan'-Partitur darübergewischt hätte!‹ – Nun, dieses Sextett ›Verklärte Nacht‹ ist eines der am meisten aufgeführten Werke von Schönberg und der modernen Kammermusikliteratur überhaupt geworden. (Sowohl in der ursprünglichen Fassung für sechs Solisten als auch in der von Schönberg 1917 hergestellten Version für Streichorchester. W. R.) Schönberg ließ sich durch diesen scheinbaren Mißerfolg nicht beirren; ein paar kräftige, launige Worte auf seine Kritiker – und damit hatte seine damals noch ungemein heitere, optimistische Natur die ganze Angelegenheit erledigt.«

Die Uraufführung des Werkes fand erst 1903 durch das entsprechend verstärkte Rosé-Quartett im Rahmen eines Konzerts des Tonkünstlervereins statt.

In seiner klanglichen Erscheinung gemahnt das Werk unbedingt an die Kunst des späten Wagner – wenn auch nicht gerade an eine »Verwischung« der ›Tristan‹-Partitur –, in seinem inneren Aufbau macht sich aber vor allem der Einfluß von Brahms geltend. Schönberg hat diese Doppelnatur des für die Betrachtung seiner ganzen künstlerischen Entwicklung als eigentlicher Beginn seines instrumentalen Schaffens höchst wichtigen Werkes im ›Rückblick‹ unter anderem folgendermaßen charakterisiert: »Einerseits wagnerische Technik, zum Beispiel Formulierungen wie Modell und Sequenz über einer bewegten Harmonie, andererseits aber Gebilde, die nach dem Muster von Brahms' ›Technik der entwickelnden Variation‹ – wie ich es genannt habe – geformt sind. Auf Brahms' Einfluß sind auch die ungeradtaktigen Phrasenkonstruktionen zurückzuführen. – Aber die Behandlung der Instrumente, ihre Verbindung und der resultierende Klang waren unbedingt wagnerisch. – Ich glaube allerdings, daß auch einiges Schönbergische zu finden ist, besonders in der Ausdehnung der Melodien oder in den kontrapunktischen und motivischen Entwicklungen und in der quasikontrapunktischen Bewegung der Harmonie und ihrer Bässe gegen die Melodie. – Schließlich finden sich sogar Stellen (zum Beispiel Takt 137–139) einer unbestimmbaren Tonalität, die zweifellos als Hinweis auf die Zukunft gelten können.«

Der formale fünfteilige Aufbau des Werkes wurde sehr überzeugend aus dem »Programm« abgeleitet, das heißt aus dem den 1896 erschienenen Gedichtband Dehmels ›Weib und Welt‹ eröffnenden Text. (Das Gedicht bildet den ersten »Vorgang« in Dehmels ›Zwei Menschen‹, einem 1903 erschienenen ›Roman in Romanzen‹.) Zum besseren Verständnis und zur Beurteilung dieser ersten programmatischen Kammermusik überhaupt wird hier das auch der Partitur vorangestellte Gedicht vollständig wiedergegeben:

Verklärte Nacht

Zwei Menschen gehn durch kahlen, kalten Hain;
der Mond läuft mit, sie schaun hinein.
Der Mond läuft über hohe Eichen,
kein Wölkchen trübt das Himmelslicht,
in das die schwarzen Zacken reichen.
Die Stimme eines Weibes spricht:

Ich trag ein Kind, und nit von Dir,
ich geh in Sünde neben Dir.
Ich hab mich schwer an mir vergangen.
Ich glaubte nicht mehr an ein Glück
und hatte doch ein schwer Verlangen
nach Lebensinhalt, nach Mutterglück
und Pflicht; da hab ich mich erfrecht,
da ließ ich schaudernd mein Geschlecht
von einem fremden Mann umfangen,
und hab mich noch dafür gesegnet.
Nun hat das Leben sich gerächt:
nun bin ich Dir, o Dir begegnet.

Sie geht mit ungelenkem Schritt.
Sie schaut empor; der Mond läuft mit.
Ihr dunkler Blick ertrinkt in Licht.
Die Stimme eines Mannes spricht:

Das Kind, das Du empfangen hast,
sei Deiner Seele keine Last,
o sieh, wie klar das Weltall schimmert!
Es ist ein Glanz um Alles her,
Du treibst mit mir auf kaltem Meer,
doch eine eigne Wärme flimmert
von Dir in mich, von mir in Dich.
Die wird das fremde Kind verklären,
Du wirst es mir, von mir gebären;
Du hast den Glanz in mich gebracht,
Du hast mich selbst zum Kind gemacht.

Er faßt sie um die starken Hüften.
Ihr Atem küßt sich in den Lüften.
Zwei Menschen gehn durch hohe, helle Nacht.

Das Streichsextett erschien 1899 als Opus 4 im Verlag Dreililien, Berlin; es war das erste Werk Schönbergs, das gedruckt wurde. Derselbe Verlag brachte 1904 drei Gruppen früher entstandener Lieder heraus: zwei Gesänge für eine Baritonstimme und Klavier, op. 1 (Texte von Karl von Levetzow); vier Lieder für eine Singstimme und Klavier, op. 2 (Texte von Richard Dehmel – drei Lieder – und Johannes Schlaf); sechs Lieder für eine mittlere Singstimme und Klavier, op. 3 (Texte von Gottfried Keller, Richard Dehmel, Jens Peter Jacobsen, Hermann Lingg und aus ›Des Knaben Wunderhorn‹). Einige dieser Lieder wurden von dem Wiener Gesanglehrer Eduard Gärtner 1898 in einem Konzert vorgetragen; die Klavierbegleitung besorgte Zemlinsky. Egon Wellesz berichtet, daß es nach der Aufführung im Saal einen kleinen Skandal gab. In Erinnerung daran sagte Schönberg später einmal zu Wellesz: »Und von da an hat der Skandal nicht aufgehört!«

Außer von dem vertrauten Umgang mit Zemlinsky empfing Schönberg viele geistige Anregungen aus lebhaften Diskussionen mit Wiener Literaten und Musikern seiner Generation, mit denen er vor allem im Café Landtmann – neben dem Burgtheater – regelmäßig zusammentraf. Das Hauptgesprächsthema soll die Kunst Richard Wagners gewesen sein. (Das in mehreren Biographien besonders hervorgehobene Café Griensteidl kann als Ort jener Zusammenkünfte nach 1896 nicht mehr in Betracht gekommen sein, denn in diesem Jahr wurde es demoliert. In seiner 1896 erschienenen Schrift ›Die demolierte

Literatur‹ widmet Karl Kraus dem Literatencafé einen satirischen Nachruf.)

In jenen Jahren um die Jahrhundertwende war Schönberg von schweren Sorgen um seine materielle Existenz bedrückt. Eine Stelle als Chormeister des Metallarbeitersängerbundes in Stockerau, einem etwa zwanzig Kilometer von Wien entfernten Industrieort, die ihm der sozialistische Musikerzieher Josef Scheu verschafft hatte, brachte ihm zwar reiche künstlerische Befriedigung – er konnte dem kleinen Dilettantenchor sogar schwierige Stücke von Brahms einwandfrei einstudieren –, aber nur geringe Einnahmen. Seine wichtigste Geldquelle war damals das Instrumentieren von Operettenentwürfen, die zum Teil von namhaften Komponisten stammten. Er soll schon damals einige tausend Seiten Operettenpartituren hergestellt haben und mußte sich auch später noch ein paar Jahre dieser »schöpferischen« Arbeit widmen.

Echte schöpferische Anregung empfing Schönberg aber Ende 1899 durch ein Preisausschreiben des Tonkünstlervereins für einen Liederzyklus mit Klavier. Darüber berichtet Zemlinsky: »Schönberg, der sich um den Preis bewerben wollte, komponierte einige wenige Lieder nach Gedichten von Jacobsen. Ich spielte sie ihm vor. Die Lieder waren wunderschön und wirklich neuartig, aber beide hatten wir den Eindruck, daß sie gerade deshalb wenig Aussicht für eine Preisbewerbung hätten. Schönberg komponierte trotzdem den ganzen Zyklus von Jacobsen. Aber nicht mehr für eine Singstimme allein: große Chöre, ein Melodram, Vor- und Zwischenspiele kamen dazu, und das Ganze für ein Riesenorchester gesetzt.«

Es waren die ›Gurrelieder‹.

In der Hoffnung, seine materielle Lage verbessern zu können, übersiedelte Schönberg im Dezember 1901 nach Berlin, wo er ein Engagement als Kapellmeister an dem 1900 von Ernst von Wolzogen (1855–1934) gegründeten »Überbrettl« (im »Bunten Theater«) erhalten hatte. Vorher, am 7. Oktober 1901, hatte er Mathilde von Zemlinsky, die Schwester seines Freundes, geheiratet. Das erste Kind dieser Ehe – Gertrud – wurde 1902 in Berlin geboren. Gertrud heiratete 1921 Schönbergs Schüler Felix Greissle und wanderte mit diesem 1938 nach Amerika aus. Sie starb 1947 in New York.

Führende Geister des »Überbrettls« waren, neben Wolzogen, die Dichter Richard Dehmel (1863–1920), Karl von Levetzow (1871–1945), Frank Wedekind (1864–1918) und Otto Julius Bierbaum (1865–1910). Ein deutliches Bild von der Lyrik des »Überbrettls« vermittelt der 1900 von Bierbaum unter dem Titel ›Deutsche Chansons (Brettl-Lieder)‹ herausgegebene Sammelband. In seiner den ›Chansons‹ vorangestellten Einleitung definierte Bierbaum den den Bestrebungen des »Überbrettls« zugrunde liegenden Begriff der »Angewandten Lyrik« folgendermaßen: »Ich muß gestehen, daß auch wir recht ernste Absichten haben, indem wir unsere Kunst in den Dienst des Tingeltangels stellen. Wir haben nun einmal die fixe Idee, es müßte jetzt das ganze Leben mit Kunst durchsetzt werden. Maler bauen heute Stühle, und ihr Ehrgeiz ist, daß das Stühle seien, die man nicht bloß in Museen bewundern kann, sondern mit denen sich die vier Buchstaben ohne Einbuße an ihrem Wohlbefinden wirklich in Berührung setzen können. So wollen auch wir Gedichte schreiben, die nicht bloß im stillen Kämmerlein gelesen, sondern vor einer erheiterungslustigen Menge gesungen werden mögen.«

In dem von Josef Rufer gesichteten Nachlaß (›Das Werk Arnold Schönbergs‹, Kassel 1959) sind die Manuskripte von sieben Brettlliedern Schönbergs angeführt; die Textdichter waren: Wedekind, Bierbaum, Salus, Gustav Falke, Colly und Hochstetter. Der Schluß des Wedekind-Liedes ›Galathea‹ wird von Rufer im Nachlaßband (gegenüber Seite 80) in Faksimile wiedergegeben.

Die Tätigkeit im »Überbrettl« konnte Schönberg weder künstlerisch noch materiell befriedigen. Er war wieder gezwungen, sich mit der Instrumentation von Operetten und Schlagern zu befassen. Die Arbeit an der Instrumentation der ›Gurrelieder‹, die er mehrmals fortzusetzen versucht hatte, mußte er schließlich aufgeben.

Durch Vermittlung von Richard Strauss, dem Schönberg in Berlin persönlich nähertrat, erhielt er eine Stelle als Kompositionslehrer in einer der angesehensten Musikschulen der Stadt: im Sternschen Konservatorium. Strauss sorgte auch für eine Verbesserung seiner materiellen Lage, indem er veranlaßte, daß ihm 1902 das vom Allgemeinen Deutschen Musikverein verwaltete »Liszt-Stipendium« zuerkannt wurde.

Die wertvollste Hilfe erhielt Schönberg aber von Richard Strauss dadurch, daß dieser ihn auf das 1892 erschienene Drama ›Pelleas und Melisande‹ von Maurice Maeterlinck (1862–1949) hinwies, in dem er einen guten Stoff für eine Oper erblickte. Ohne zu wissen, daß Claude Debussy schon von 1892 an denselben Stoff behandelt hatte (Uraufführung am 30. April 1902 an der Opéra-Comique, Paris), begann Schönberg im Juli 1902 mit der Gestaltung des Sujets als ›Sinfonische Dichtung‹. In einer im Februar 1950 in englischer Sprache niedergeschriebenen Notiz, die eine von ihm zwei Monate vorher verfaßte kurze Analyse des Werkes ergänzte, sagte Schönberg, daß er es noch immer bedaure, seinen ursprünglichen Plan, das Werk als Oper zu gestalten, aufgegeben zu haben. Er sei der Meinung, daß sich seine Oper wesentlich von der Debussys unterschieden haben würde, da er die Partien gesanglicher angelegt hätte als dieser. Er schloß mit den Worten: »Andrerseits bedeutete die sinfonische Dichtung für mich eine Förderung, denn sie lehrte mich, Stimmungen und Charaktere in genau geformten musikalischen Einheiten auszudrücken, ein Verfahren, dem eine Oper vielleicht nicht so gut gedient hätte. – So hat mich mein Schicksal offensichtlich mit weiter Voraussicht geleitet.«

Im Jahre 1920, 15 Jahre nach der von Schönberg in Wien geleiteten Uraufführung der ›Sinfonischen Dichtung‹, veröffentlichte Alban Berg im Verlag der Universal Edition eine ›Kurze thematische Analyse‹ des Werkes, in der er, unterstützt von 20 ausführlichen Notenbeispielen, den bei genauer Anpassung an das dramatische Geschehen erzielten strengen symphonischen Aufbau der Tondichtung nachwies. Den ersten Teil der Symphonie definierte er als die Exposition eines ersten Sonatensatzes (mit Reprise): Einleitung (im Walde), Hauptthema (Golo), Seitenthema (Pelleas) und Schlußthema (Melisandens Liebeserwachen). Zweiter Teil: Drei das Scherzo und die dramatische Peripetie vertretende Stücke (Szene am Springbrunnen, Szene am Schloßturm, Szene in den unterirdischen Gewölben des Schlosses). Durchführungsartige Einleitung; dann: Dritter Teil: Quasi Adagio (Abschieds- und Liebesszene zwischen Pelleas und Melisande). Vierter Teil: Reprise der Exposition (1. Teil) und des Adagiothemas, überleitend in die Szene im Sterbegemach Melisandens. Epilog (dreiteilig: Hauptsatzthema, durchführungsartige Verarbeitung von Partien aus dem zweiten und dritten Teil, Wiederholung des Epiloganfangs).

Es sei noch an den instrumentalen Aufwand (17 Holzbläser, 18 Blechbläser, 8 Schlagwerker, 64 Streicher, 2 Harfen) erinnert, der nur noch von dem der ›Gurrelieder‹ überboten wird. Die Erkenntnis, daß eine weitere Übersteigerung solchen Aufwands sinnlos sei, dürfte sich damals in dem Komponisten durchzusetzen begonnen haben. Die Hinwendung zu einem neuen, aufgelockerten Instrumentalstil wurde im Schaffen Schönbergs von 1904 an immer entschiedener.

Als die wesentlichsten Ergebnisse des Berliner Aufenthaltes, der mit Schönbergs Rückkehr nach Wien im Juli 1903 sein Ende fand, sind festzustellen: die Schöpfung der großen symphonischen Dichtung ›Pelleas und Melisande‹ (vollendet Ende Februar 1903) und die erste Erprobung seines pädagogischen Genies, das in dem nun folgenden Jahrzehnt zu grandioser Entfaltung gelangte.

Die künstlerische Situation – und nicht nur diese –, die Schönberg 1903 in Wien vorfand, war allgemein beherrscht von einem Philistertum, dem alles Neue von vornherein verdächtig war. Die erste entschiedene Auflehnung gegen diesen Zustand war 1897 erfolgt, als eine Anzahl bedeutender bildender Künstler aus der um das »Künstlerhaus« gescharten, mehr auf kommerzielle Auswertung als auf fortschrittliche Entwicklung ihrer Produkte bedachten Gruppe austrat und die »Secession« gründete. Der Überwindung der allgemeinen Absperrung Österreichs gegenüber den neuen künstlerischen Bestrebungen des Auslands sollte eine 1903 von dem Architekten Adolf Loos (1870–1933) geschaffene Zeitschrift dienen, die den Titel führte: ›Das Andere. Ein Blatt zur Einführung abendländischer Kultur in Österreich: Geschrieben von Adolf Loos.‹ Sie brachte es nur auf zwei Nummern, aus denen Auszüge in dem zweiten Sammelband der Schriften von Loos (›Trotzdem‹, Innsbruck 1930) wiedergegeben wurden. Der Dichter Peter Altenberg (1859 bis 1919), ein intimer Freund von Loos, gab 1903/04 eine illustrierte Zeitschrift heraus, die den Titel führte: ›Kunst. Halbmonatsschrift für Kunst und alles andere.‹ Sie enthielt fast ausschließlich Beiträge von ihm und Loos. Auf dem Umschlag stand das Motto: »Natura artis magistra.« In der Einleitung, die Altenberg der ersten Nummer voranstellte, lautete der erste Absatz: »Kunst, wie ein edles Phantom bist du bisher gewesen, wie ein wundersames Gespenst, das am hellichten Alltage der Straße vor den geschäftigen, allzu geschäftigen Leute auftaucht! So entfernt von ihrem Alltagdasein, so ohne Beziehung zu ihrem Selbsterhaltungstriebe, der doch immer ist und wirkt! Ein mattes Überflüssiges, geschaffen von überflüssigen Künstlers Gnaden! Eine luxuriöse Tändelei! Wir wollen dich lebendig machen, dich dem Leben des Alltags naherücken, du blut-, du fleischloses Gespenst ›Kunst‹! In die Stunde wollen wir dich rücken, die erlebt wird, daß du befruchtend und bereichernd wirkest auf Alltagsmenschen!« Nach etwa acht Nummern ging die Zeitschrift in andere Hände über und wurde ein Reklameblatt für Grammophone und photographische Bedarfsartikel.

Für die Situation der Literatur und der Musik mögen die folgenden Sätze aus dem Buch von Paul Stefan ›Das Grab in

Wien‹ (Berlin 1913) zeugen: »Die Dichter, die einst das junge Wien umschlossen hatte, waren durch ihren Berliner Verlag, durch Berliner Theater bekannt geworden. Noch immer wurden die Stücke der Hofmannsthal, Beer-Hofmann, Schnitzler in Berlin zuerst gegeben, in Wien auch später nicht. Unsern Schauspielhäusern schienen sie häufig nicht sicher genug, und die großen Blätter berichteten ungünstig über die Experimente da draußen. Von den Bewegungen im Reich, von Berlin, von München, von Paris erfuhr man überhaupt nicht viel und zumeist durch verständnislose Entstellungen besonders vernünftiger oder besonders witziger Korrespondenten. Auch für die Musikaufführungen und ihr Programm war der Geschmack eines überlebten Feuilletonismus maßgebend. Die Reihe der Bösen begann schon mit Liszt; die Zahl der Guten war mit Brahms vollendet. Bruckner: ein Kampfwort. Seine Sinfonien waren zwar endlich, von Gustav Mahler, sogar in die Philharmonischen Konzerte gebracht worden, und der junge Konzertverein unter Ferdinand Löwe widmete ihm in seinen billigen, als Erlösung von der philharmonischen Alleinherrschaft begrüßten Abenden die eifrigste Pflege. Aber wie ungern ließen es die Mächtigen geschehen!«

Die akademische Jugend versuchte, diesem Philistertum durch die Gründung eigener Vereine – nach dem Vorbild der Secession – entgegenzutreten. Ein »Akademischer Verein für Kunst und Literatur« wirkte vor allem durch von ihm arrangierte Schauspielaufführungen für das Bekanntwerden von in Wien noch unbekannten Bühnenwerken. Diese segensreiche Tätigkeit fand aber ein jähes Ende, als die solche Konkurrenz fürchtenden Wiener Theaterdirektoren ihren Schauspielern die Mitwirkung an den Veranstaltungen des Vereins verboten.

Zu einem erheblichen Teil der Musik zugewandt war der 1903 gegründete »Ansorge-Verein«. Den Namen hatte er nach dem in Berlin ansässigen Pianisten und Komponisten Conrad Ansorge (1862–1930), den in Wien damals nur sehr wenige kannten und dessen Förderung sich der Verein sehr angelegen sein ließ; das Wort »Ansorge« wurde aber auch zum Symbol für die Sorgen, die sich der Verein, in dem Paul Stefan und Wilhelm von Wymetal die führenden Geister waren, um die Zukunft der neuen Kunst im allgemeinen machte.

In diesem Verein wurden zu Beginn des Jahres 1904 Lieder von Schönberg aufgeführt. Es war das erste Erklingen seiner Musik nach der Rückkehr aus Berlin. Man wollte im Verein auch das Sextett ›Verklärte Nacht‹ zur Uraufführung bringen, doch wurde diese Aufführung, wie schon auf Seite 15 berichtet, vom Tonkünstlerverein übernommen und kurz nachher von Arnold Rosé in einem seiner Kammermusikabende wiederholt. Diese Uraufführung wurde übrigens zum Anlaß, daß Schönberg mit Gustav Mahler persönlich bekannt wurde. Rosé, der Schwager Mahlers, pflegte die Proben mit seinen Leuten in einem Nebenraum der Hofoper abzuhalten. Mahler, dem Rosé von dem Werk erzählt hatte, kam zu einer Probe und empfing davon einen starken Eindruck. Schönberg, der ihm bei dieser Gelegenheit vorgestellt wurde, gewann sogleich seine Sympathie. Immer wieder setzte sich Mahler für die Kunst Schönbergs ein, obwohl er, wie er selbst eingestand, dessen künstlerischer Entwicklung nicht immer folgen konnte.

Kurz nach diesem Ereignis unternahmen Schönberg und Zemlinsky selbst einen energischen Schritt zur Verbesserung der musikalischen Situation in Wien. Sie gründeten einen »Verein schaffender Tonkünstler« und bewogen Mahler dazu, nicht nur das Ehrenpräsidium zu übernehmen, sondern auch als Dirigent bei den Konzerten des Vereins mitzuwirken. Die Gründung wurde im März 1904 durch ein wahrscheinlich im wesentlichen von Schönberg verfaßtes Zirkular angezeigt, das, da es sich in keiner mir bekanntgewordenen Publikation zitiert findet, hier vollständig wiedergegeben wird. (Die hier kursiv gedruckten Stellen sind im Original durch Fett- oder Sperrdruck hervorgehoben, die Absätze entsprechen dem Original.)

»Im musikalischen Leben Wiens finden die Werke zeitgenössischer Komponisten, insbesondere der Wiener, nur sehr geringe Berücksichtigung. Neue Werke kommen in Wien in der Regel erst zu Gehör, nachdem sie die Runde durch alle die zahlreichen großen und kleinen musiktreibenden Städte Deutschlands gemacht haben, und werden dann gewöhnlich mit wenig Interesse, ja mit Widerwillen aufgenommen.

Diese Erscheinung steht in krassem Widerspruche zu Wiens tonangebender musikalischer Vergangenheit und wird meistens erklärt durch eine anscheinend unüberwindliche Abneigung des Publikums gegen Novitäten. Wien sei kein Boden für Novitäten, heißt es, und die Leute, die das behaupten, scheinen auf den ersten Anschein Recht zu haben, wenn man von der Operette absieht, auf deren Gebiet unsere Stadt zweifellos tonangebend ist.

Allein das Neue hatte im musikalischen Leben seit jeher einen größeren und leidenschaftlicheren Widerstand zu überwinden als auf anderen Gebieten. Fast alle heute allgemein anerkannten Werke, insbesondere aber diejenigen, welche für die Entwicklung der Musik als Marksteine angesehen werden müssen, wurden zur Zeit, als sie neu waren, mit Kälte, sogar mit Widerspruch aufgenommen und als unschön, verworren, zusammenhanglos empfunden. Man denke nur an Beethovens Eroica, Neunte Sinfonie, die letzten Quartette, an die Werke Bachs, Wagners, Brahms'!

Damit soll nun keineswegs behauptet werden, daß alle gleichgültig oder ablehnend aufgenommenen Werke von großer und epochaler Bedeutung seien. Aber ein Werk muß nicht eben die Neunte Sinfonie sein, um mißverstanden zu werden, und der Fall Neunte Sinfonie beweist, daß der erste Eindruck eines neuen Werkes keinen unfehlbaren Schluß auf dessen künstlerische Bedeutung gestattet und daß manches Werk der Gegenwart, das bei der ersten Aufführung abgelehnt oder verlacht wurde, geeignet sein *kann*, bei genauerer Kenntnis einen vollständigen Umschwung in seiner Beurteilung herbeizuführen.

Alle musikalische Wirkung gründet sich ja auf ein inneres Verhältnis zwischen Werk und Hörer, für dessen Zustandekommen nicht nur die Qualitäten des Werkes, sondern auch die des Hörers von ausschlaggebender Bedeutung sind. Das musikalische Denk- und Empfindungsvermögen des Hörers muß den Anforderungen des Werkes ebenso nachzukommen in der Lage sein, wie das Werk allen Erfordernissen genügen muß, die man an ein Kunstwerk zu stellen hat.

Soll also das musikalische Publikum überhaupt ein Verhältnis zur Musik der Gegenwart gewinnen, so bedarf es vor allem der Vertrautheit mit den Eigentümlichkeiten derselben, ebenso wie nur die Vertrautheit mit der Musik der Klassiker ein Verhältnis des Publikums zu diesen geschaffen hat. Ein kleiner, noch vollständig unkultivierter Teil des Publikums aber, dessen musikalischer Horizont vorerst nur Unterhaltungsmusik zu umfassen vermag, empfindet auch heute noch die Musik der Klassiker als langweilig.

Aller Fortschritt, alle Entwicklung führt vom Einfachen zum Komplizierten, und gerade die jüngste Entwicklung der Musik vergrößert noch all die Schwierigkeiten und Hindernisse, gegen welche das Neue in der Musik immer zu kämpfen hatte, durch ihre vermehrte Kompliziertheit, durch ihre harmonische und melodische Konzentriertheit, und es bedarf zahlreicher wiederholter erstklassiger Aufführungen, sollen diese vergrößerten und vermehrten Hindernisse der Aufnahmsfähigkeit und Aufnahmswilligkeit überwunden werden, Aufführungen, welche eine außerordentlich genaue und streng in den Intentionen des Komponisten gehaltene Vorbereitung erheischen.

Dies wird aber solange unmöglich sein, solange neue Werke immer nur hie und da in den Programmen der bestehenden Konzertunternehmungen gewissermaßen als Kuriositäten oder Monstrositäten erscheinen. Es bedarf für dieselben einer Kunststätte, welche sich *ausschließlich* mit den Werken der Gegenwart befaßt, es *bedarf einer ständigen Pflegestätte für Novitäten.*

Erst durch regelmäßige Aufführungen neuer Werke wird es sich zeigen, ob in den musikalischen Kreisen das Interesse für die Produktion der Gegenwart wachgerufen und wachgehalten werden kann, ob das Publikum Wiens wie das vieler größerer oder kleinerer Musikzentren Deutschlands an neuen Werken, die in Wien bisher teils vollständig unbekannt geblieben, teils nach einmaliger Aufführung bei Seite gelegt worden sind, Anteil nehmen oder vielleicht sogar Gefallen finden wird.

Der intensiven Pflege der Musik der Gegenwart in Wien standen aber bisher auch noch andere Momente mehr äußerer Natur entgegen:

In der Musik bedarf der *schaffende* Künstler, um sich an sein Publikum zu wenden, im Gegensatz zu den bildenden Künsten, der Vermittlung durch den *ausübenden*, und es ist begreiflich, daß die ausübenden Künstler und Künstlervereinigungen bei der Wahl ihrer Programme zunächst ihr eigenes künstlerisches und materielles Interesse im Auge haben und für ihre Veranstaltungen in erster Linie in ihrer Wirkung erprobte und dem Publikum bereits lieb gewordene Werke in Betracht ziehen und daß sie bei der eventuellen Wahl von Novitäten sich ausschließlich von ihrer eigenen Einsicht, Urteilsfähigkeit und – nicht zuletzt – von ihrem guten Willen leiten lassen.

Eine weitere Einschränkung erfuhren die Aufführungsmöglichkeiten moderner Musik noch dadurch, daß auch die in den meisten Fällen zwischen ausübendem Künstler und Publikum stehenden Konzertagenturen und -unternehmungen im Hinblick auf ihre eigenen finanziellen Vorteile einen möglichst weitgehenden Einfluß auf die Wahl der Programme ausüben und alles auszuschließen trachten, was ihnen nicht die möglichst sichere Gewähr eines kassenmäßigen Erfolges zu bieten scheint. Besonders diese letzteren Faktoren stehen der freien Entwicklung des musikalischen Lebens in Wien feindlich gegenüber, und sie haben durch ihre einander ewig gleichbleibenden Programme sogar schon ein allgemeines Erlahmen des musikalischen Interesses überhaupt herbeigeführt.

Sollen diese äußeren Hindernisse einer freien Entfaltung der produktiven musikalischen Kräfte beseitigt werden, so dürfen die der Musik am nächsten Stehenden, die Schaffenden, nicht auf die Dauer vom eigentlichen musikalischen Leben ausgeschlossen bleiben. Sie müssen aus ihrem mittelbaren, verschobenen Verhältnisse zur Öffentlichkeit heraustreten und zu derselben ein *unmittelbares* zu gewinnen trachten, so wie es seitens der bildenden Künstler längst geschehen ist und sich als künstlerisch segensreich erwiesen hat.

Und so wie es hier niemals einem einzelnen gelungen wäre, sich von den Kunsthändlern zu emanzipieren, sondern nur der organisierten Gesamtheit, so bedarf es auch für die Komponisten des Zusammenschlusses, des gemeinsamen Vorgehens aller.

Die Mehrzahl der schaffenden Tonkünstler Wiens hat daher beschlossen, eine Vereinigung zu bilden, welche den Zweck hat, *das unmittelbare Verhältnis zwischen sich und dem Publikum zu schaffen, der Musik der Gegenwart in Wien eine ständige Pflegestätte zu bereiten, das Publikum in fortlaufender Kenntnis über den jeweiligen Stand des musikalischen Schaffens zu halten.*

Diese Ziele wird die Vereinigung anstreben durch Veranstaltung von öffentlichen Aufführungen künstlerisch bedeutsamer neuer Werke und solcher, welche in Wien nach ihrer Überzeugung bisher keine ausreichende Würdigung gefunden haben. Hiebei sollen in erster Linie österreichische und deutsche Tonsetzer berücksichtigt werden.

Bei der Auswahl der aufzuführenden Werke wird keine Stilgattung, keine ›Richtung‹ besonders bevorzugt werden; es sollen vielmehr in der Erwägung, daß der künstlerische Rang eines Werkes nichts zu tun hat mit der Zugehörigkeit zu irgendeiner Richtung oder Schule, Werke der klassizistischen wie der neudeutschen Schule, der apollinischen wie der dionysischen Richtung aufgeführt werden, wofern sich in ihnen *eine kraftvolle künstlerische Persönlichkeit in formell einwandfreier Weise ausspricht.*

Das Publikum aber möge die ihm vorzuführenden Werke nicht in erster Linie nach ihrer leichteren oder schwereren Faßlichkeit, nach ihrer mehr oder minder gefälligen Ansprache beurteilen, sondern einzig und allein *nach dem Grade der Künstlerschaft, die sich in ihnen ausspricht, nach der Größe der künstlerischen Leistung, die in ihnen niedergelegt ist.*«

Abgesehen von der allgemeinen Bedeutung dieses Zirkulars für die Wiener Kulturgeschichte verdient es in dreifacher Hinsicht besondere Beachtung: als wahrscheinlich erste öffentliche literarische Kundgebung Schönbergs, als deutliche Vorlage des von Alban Berg 1919 verfaßten Prospektes des von Schönberg im November 1918 in Wien gegründeten »Vereins für musikalische Privataufführungen« (siehe Seite 128) und als überzeitliches, auch heute noch voll gültiges Dokument zur Förderung des zeitgenössischen musikalischen Schaffens.

Der mit dem Zirkular proklamierte Wiener »Verein schaffender Tonkünstler« hatte zwar nur eine Saison – 1904/05 – Bestand, aber in dieser Saison gab es zwei Orchesterkonzerte und drei Kammerkonzerte. Unter anderem erklangen da unter Leitung Mahlers zum erstenmal in Wien: die ›Sinfonia domestica‹ von Richard Strauss und Mahlers ›Kindertotenlieder‹ und Lieder aus ›Des Knaben Wunderhorn‹, und am 26. Januar 1905 dirigierte Schönberg die Uraufführung seiner symphonischen Dichtung ›Pelleas und Melisande‹.

Die ersten Ansätze zu neuem Schaffen fielen dem Heimgekehrten recht schwer. Ein Streichquartett und ein Stück für Männerchor (›Georg von Frundsberg‹, anknüpfend an das gleichnamige Lied aus Opus 3) blieben in den ersten Skizzen stecken. Hingegen wurde 1903 bis 1905 die Gruppe der acht Lieder für eine Singstimme und Klavier, op. 6 (Texte von Julius Hart, Richard Dehmel, Paul Remer, Hermann Conradi, Gottfried Keller, John Henry Mackay, Kurt Aram und Friedrich Nietzsche), vollendet, und zwischendurch – 1904 – entstanden die sechs Orchesterlieder, op. 8 (Texte von Heinrich Hart, aus ›Des Knaben Wunderhorn‹ und von Petrarca), die zwar noch eine ziemlich große Instrumentalbesetzung aufweisen, in denen aber – wie besonders deutlich aus den 1911 von Anton Webern angefertigten Klavierauszügen hervorgeht – schon Ansätze zu einer neuen, transparentere Linienführung bevorzugenden Gestaltungsweise wahrnehmbar sind.

Den Sommer 1904 verbrachte Schönberg in Mödling bei Wien, das später sein ständiger Wohnsitz wurde. Damals begann er das Streichquartett in d-Moll (bezeichnet als Erstes Streichquartett, op. 7), das er im nächsten Sommer in Gmunden am Traunsee vollendete. Am 5. Februar 1907 wurde es in Wien vom Rosé-Quartett uraufgeführt. Darüber berichtet Paul Stefan: »Das Werk schien vielen unmöglich, und sie verließen während des Spiels den Saal; ein besonders Witziger sogar durch den

Notausgang. Als auch nachher noch vernehmlich gezischt wurde, ging Gustav Mahler, der unter dieser Hörerschaft saß, auf einen der Unzufriedenen los und sagte in seiner wunderbar tätigen Ergriffenheit und gleichsam für die entrechtete Kunst aufflammend: ›Sie haben nicht zu zischen!‹ – Der Unbekannte, stolz vor Königen des Geistes (vor seinem Hausmeister wäre er zusammengebrochen): ›Ich zische auch bei Ihren Sinfonien!‹ – Die Szene wurde Mahler sehr verübelt.«

Im selben Jahr wurde das Werk vom Rosé-Quartett in einer Matinee des Musikfestes des Deutschen Tonkünstlervereins in Dresden gespielt. Auch diesmal wurde heftig gezischt. Die ›Neue Musik-Zeitung‹ (Stuttgart) knüpfte daran die Bemerkung: »Das Publikum hatte ein gutes Recht, das Stück abzulehnen. Nach dreiviertelstündigem meist qualvollen Hören wurde es durch den aufdringlichen Beifall einiger Freunde des Autors auch noch provoziert. Da riß die mühsam bewahrte Geduld, und das Publikum vergaß, daß auf einem solchen Tonkünstlerfest andere Gesetze bestehen als sonst; es vergaß im momentanen Ärger seine gute Erziehung, mit der es sonst so manchen Kritiker beschämt.«

Das Erstaunliche an dieser scharfen Ablehnung ist der Umstand, daß das Quartett op. 7 entschieden und schon beim ersten Hören klar wahrnehmbar an das Schaffen Beethovens anknüpft und somit unmittelbar den klassischen Traditionen entspricht. Deshalb hat Alban Berg in seinem Huldigungsartikel in der Schönberg-Festschrift vom Jahre 1924 mit dem Titel ›Warum ist Schönbergs Musik so schwer verständlich?‹ (wiedergegeben in meinem Buch ›Alban Berg. Leben und Werk‹, Zürich 1963) gerade an dieses Quartett angeknüpft und seine ausführliche, scharfsinnige Analyse der ersten 28 Takte des Werkes folgendermaßen gerechtfertigt: »Man wird mir vorwerfen, daß ich in der vorliegenden Untersuchung etwas nachgewiesen habe, was gar nicht nachzuweisen war: die Schwierigkeit des d-Moll-Quartetts, also eines ›tonalen‹ Werkes, das längst kein Problem mehr ist, sondern im Gegenteil allgemein anerkannt, somit verstanden wird! – Nun, wenn es damit auch nicht so weit her ist, gebe ich zu, daß die diesem Artikel vorangesetzte Frage erst beantwortet erschiene, wenn ich all das, was ich hier auf Grund einiger Molltakte gezeigt habe, auch wenigstens an einem Beispiel der sogenannten ›atonalen‹ Musik demonstriert hätte. Aber es hat sich ja nicht nur um die Frage der Schwierigkeit gehandelt, sondern auch darum, zu beweisen, daß es in dieser Musik, trotzdem vieles darin als ganz besonders Schwerverständliches empfunden wird, immer mit rechten Dingen zugeht; freilich mit den rechten, nur an höchster Kunst erprobbaren Dingen! Und das war natürlich leichter an Hand eines Beispieles zu zeigen, das noch auf dem Boden der Dur- und Molltonalität steht und welches trotzdem das in diesem Falle Vorteilhafte an sich hat, daß seinerzeit seine Musik die Gemüter nicht minder in Aufregung versetzte, als heute die ›atonale‹.«

1924 ging es Berg natürlich vor allem darum, zu zeigen, daß nicht die sogenannte »Atonalität« der Grund war, aus dem die nach 1909 entstandenen Werke Schönbergs dem Verstehen so erhebliche Schwierigkeiten bereiteten, sondern auch hier wieder die sonstige Struktur dieser Musik: »die Fülle der in diesem sogenannt ›atonalen‹ Stil ebenso und überall zur Anwendung gelangten Kunstmittel, die Heranziehung aller, durch die Musik von Jahrhunderten gegebenen kompositorischen Möglichkeiten, mit einem Wort: ihr unermeßlicher Reichtum«.

Die Ergebnisse, zu denen Berg bei seiner Analyse des Quartetts Opus 7 gelangte, lassen sich also in der gleichen Weise auf den »atonalen« Stil von 1924 anwenden wie auf den absolut tonalen des Quartetts vom Jahre 1905, das uns hier allein interessiert. Von diesem Werk läßt sich demnach in den Worten Bergs aussagen: »Auch hier finden wir dieselbe Mannigfaltigkeit im Harmonischen, dieselbe die Kadenz auszeichnende Vielstufigkeit; auch hier die sich einer solchen Harmonik anpassende Melodik; auch hier die unsymmetrische und durchaus freie Konstruktion von Themen, mit ihrer nie erlahmenden motivischen Arbeit; auch hier die Kunst der Variation, die sich in der Thematik so gut wie in der Harmonisierung, im Kontrapunkt wie im Rhythmus dieser Musik auswirkt; auch hier die über das ganze Werk sich ausbreitende Polyphonie und die nicht ihresgleichen findende kontrapunktische Satztechnik; auch hier schließlich die Vielgestaltigkeit und Differenziertheit der Rhythmen, von denen wieder nur zu sagen ist, daß sie außer ihren eigenen Gesetzen auch gleichsam denen der Variation, der thematischen Entwicklung, der Kontrapunktik und Polyphonie unterworfen sind.«

Unter den Skizzen, die zur Zeit des Quartetts oder etwas später entstanden, ist auf einen Entwurf zum Anfang einer Oper (36 Takte Vorspiel und 31 Takte Rezitativ) nach dem Glashüttenmärchen ›Und Pippa tanzt‹ von Gerhart Hauptmann besonders hinzuweisen. Bekanntlich hatte auch Alban Berg nach der Vollendung des ›Wozzeck‹ den Plan, ›Und Pippa tanzt‹ zu vertonen, ihn aber 1927 zugunsten der ›Lulu‹ aufgegeben.

Das nächste große Werk, das Schönberg schuf, ist die 1906 vollendete Erste Kammersymphonie (E-Dur, op. 9). Der Komponist selbst bezeichnete dieses Werk als den Höhepunkt seiner ersten Stilperiode und begründete dies durch die in ihm erreichte »vollkommene Amalgamierung der Melodie mit der Harmonie, indem eine wie die andere entferntere tonale Beziehungen einheitlich verschmelzen, logische Konsequenzen aus den Problemen ziehen, in die sie sich eingelassen haben, wobei gleichzeitig ein großer Fortschritt in der Richtung auf die ›Emanzipation der Dissonanz‹ erfolgt«.

Auch in zwei anderen Beziehungen ist die Kammersymphonie für die Entwicklung von Schönbergs Schaffen von prinzipieller Bedeutung. Erstens: Der in ihr verwendete kleine Klangapparat (15 Instrumente: Flöte, Oboe, Englischhorn, zwei Klarinetten, Baßklarinette, Fagott, Kontrafagott, zwei Hörner und Streichquintett) und dessen zumeist kammermusikalische Behandlung zeigen Schönbergs entschiedene Abkehr von dem Rieseninstrumentarium des ›Pelleas‹ und der ›Gurrelieder‹ an. Zweitens: Durch die systematische Verwendung der Quartenakkorde wird die Tonsprache Schönbergs um ein wichtiges neues harmonisches Element bereichert. Darüber sagt der Komponist 1911 in seiner ›Harmonielehre‹: »Erfunden an einem stürmisch aufwärtsstrebenden Hornthema, breiten sich die Quartenakkorde architektonisch über das ganze Werk aus und geben allem, was vorkommt, ihr Gepräge. So kommt es, daß sie dann hier auch nicht bloß mehr als Melodie oder als rein impressionistische Akkordwirkung auftreten, sondern ihre Eigentümlichkeit durchdringt die gesamte harmonische Konstruktion, sie sind Akkorde wie alle anderen.« Eine weitere prinzipielle Bedeutung der Kammersymphonie ist in dem musikpädagogischen Experiment zu erblicken, zu dem sie dem Komponisten 1918 Anlaß gab (siehe Seite 121).

Der formale Aufbau des deutlich in fünf Teile gegliederten, aber ohne Unterbrechung vorzutragenden Werkes wurde von Alban Berg in einer 1913 im Verlag der Universal Edition erschienenen thematischen Analyse an Hand von 23 Notenbeispielen genau untersucht. Berg gelangte dabei zu zwei gleichwertigen Deutungen: Die erste definiert die fünf Teile als Elemente einer mehrsätzigen Symphonie: 1. Exposition eines Sonatensatzes (mit Hauptsatz, Überleitung, Seitensatz und Schlußsatz),

2. Scherzo, 3. Durchführung des in der Exposition aufgesellten thematischen Materials, 4. Quasi Adagio, 5. Quasi Finale (Reprise und Coda). – In Bergs zweiter Deutung erscheint das Werk als ein einziger erster Sonatensatz mit Exposition, Durchführung und Reprise, wobei Scherzo und Adagio als zwischen Exposition und Durchführung beziehungsweise zwischen Durchführung und Reprise eingeschobene große Episoden bezeichnet werden.

Dazu bemerkt Berg: »Gleichviel welche dieser zwei Deutungen die zutreffendere ist: jedenfalls wird dadurch, daß sowohl im letzten Teil als auch in der großen Durchführung in der Mitte des Werkes und auch sonst innerhalb der Durchführungspartien jedes einzelnen Teiles *immer wieder* auf fast alle vorhergehenden thematischen Bestandteile – diese ununterbrochen melodisch, harmonisch und kontrapunktisch variierend – zurückgegriffen wird, die wie aus einem Guß geschaffene Form eines zwar gegliederten, aber unzerreißbaren Ganzen nicht minder erzielt, als durch die jedesmal auf verschiedene, immer aber zwingendste Weise durchgeführte Verkettung der einzelnen, selbstverständlich auch untereinander in ein einheitliches harmonisches Verhältnis gebrachten Teile dieses einen großen Satzes.«

Diese Worte Bergs kreisen um den Begriff des »Zusammenhanges«, der – neben dem Begriff der »Faßlichkeit« – im schöpferischen und pädagogischen Wirken Schönbergs die wichtigste Rolle spielte. Im ›Rückblick‹ hat Schönberg auf einige besonders subtile thematische Zusammenhänge in der Kammersymphonie hingewiesen und daran die allgemeine Bemerkung geknüpft: »Äußerlich manifestiert sich Zusammenhang durch verständige Anwendung der Verwandtschaft und Ähnlichkeit, die in musikalischen Gestalten vorhanden ist. Ich glaube aber außerdem, wenn man seine geistige Pflicht mit rücksichtsloser Aufopferung erfüllt und alles, soweit man kann, der Vollendung nahegebracht hat – dann beschenkt einen der Herrgott mit einer Gnadengabe, indem er Züge beisteuert, die man mit seinem eigenen Talent niemals hätte hervorbringen können.«

Ehe wir die weitere schöpferische Entwicklung Schönbergs betrachten, müssen wir uns einem Bereich zuwenden, in dem sein Genie ebenso zwingend zur Auswirkung gelangte wie in seinem eigenen Schaffen: seiner Lehrtätigkeit.

Schon 1904 trat Schönberg in Wien als Lehrer auf. Zunächst im Rahmen von Kursen, die er in Räumen abhielt, die ihm Frau

Dr. Eugenie Schwarzwald in der von ihr gegründeten Mädchenschule in Wien I., Regierungsgasse zur Verfügung gestellt hatte. In seinen Erinnerungen an die Anfänge der »Wiener Schule« (›Österreichische Musikzeitschrift‹, Mai 1960) berichtet Egon Wellesz, daß die Mehrzahl der Kursteilnehmer aus dem Musikhistorischen Seminar der Wiener Universität kam. Dessen Leiter Guido Adler war ein Jugendfreund Gustav Mahlers und dürfte durch diesen auf Schönberg hingewiesen worden sein. Schönberg scheint von dem Unterricht unbefriedigt gewesen zu sein, da zuwenig kompositorisch Begabte daran teilnahmen; er gab die Kurse nach einem Jahr auf und übernahm die wirklich Begabten als Privatschüler. Aus eigenem Erleben erzählt Wellesz: »Ein Nachmittag im Oktober 1905. Ein kleines, dunkles Zimmer gegen den Hof (im Hause Liechtensteinstraße Nr. 68–70). Arnold Schönberg, mit einer Zigarette in der Hand, den Blick gesenkt, unablässig auf und ab gehend. Auf einem Schrank ein Notenpaket von übergroßem Format: die unvollendete Partitur der ›Gurrelieder‹. Auf dem Pult der eben erschienene Klavierauszug der ›Salome‹ von Richard Strauss, die erste Seite aufgeschlagen. ›Diese harmonischen Fortschreitungen wird man vielleicht in zwanzig Jahren theoretisch erklären können‹, sagt Schönberg. – Das war der erste Eindruck, den ich von ihm empfing, als ich, im zweiten Jahr meiner Universitätsstudien, in seine Wohung kam, um Unterricht in Kontrapunkt zu nehmen.«

Ein Jahr zuvor – im Herbst 1904 – war Anton Webern (1883–1945), der seit 1902 an der Universität Musikwissenschaft studierte, Schüler Schönbergs geworden. Fast zur selben Zeit kam auch Alban Berg (1884–1935) zu ihm. Bergs Bruder Charly war durch eine Zeitungsannonce, in der sich Schönberg als Lehrer für Musiktheorie und Komposition anbot, auf Schönberg aufmerksam geworden. Er nahm einige Lieder seines Bruders heimlich zu sich und ging mit ihnen zu Schönberg, der nach Durchsicht der Kompositionen Alban zu sich lud und den Autodidakten als Schüler annahm. Zunächst erteilte er den Unterricht kostenlos; erst als sich Ende 1905 die materielle Lage der Familie Berg erheblich besserte, nahm er ein Honorar an.

Als ich 1936 an meinem ersten Buch über Alban Berg (erschienen Wien 1937) arbeitete, sandte ich eine Abschrift des Manuskripts an Schönberg nach Hollywood, mit der Bitte, das Buch mit einer Vorrede auszuzeichnen. Nachdem er zunächst freundlichst zugesagt hatte, ließ er mir einige Monate später mitteilen, es sei ihm wegen Überbürdung mit eigenen Arbeiten und wegen des knappen Termins nicht möglich, seinen Text rechtzeitig fertigzustellen. – In seinem Nachlaß fand sich aber ein – unvollendeter – Entwurf zu jener Vorrede, den mir Frau Gertrud Schönberg zur Verfügung stellte und aus dem hier einige Sätze über Bergs Lehrzeit wiedergegeben werden sollen (ein größeres Zitat aus dem Entwurf findet sich in meiner 1963 in Zürich erschienenen Berg-Biographie auf den Seiten 27–29):

»Schon aus Bergs frühesten Kompositionen, so ungeschickt sie auch gewesen sein mögen, konnte man zweierlei entnehmen. Erstens, daß Musik ihm eine Sprache war und daß er sich in dieser Sprache tatsächlich ausdrückte; und zweitens: überströmende Wärme des Fühlens ... Es war ein Vergnügen, ihn zu unterrichten. Er war fleißig, eifrig und machte alles aufs beste. Mit ihm konnte ich Kontrapunkt arbeiten wie mit nicht vielen meiner Schüler ... Der folgende Kompositionsunterricht verlief mühelos und glatt bis einschließlich zur Sonate. Dann aber entstanden Probleme, die wir beide damals nicht verstanden. Ich weiß es heute: selbstverständlicherweise hatte Alban, der sich in außerordentlich intensiver Weise mit zeitgenössischer Musik befaßte, mit Mahler, Strauss, vielleicht sogar Debussy, den ich nicht kannte, zweifellos aber mit meiner Musik – sicherlich hatte er den heißen Wunsch, nicht mehr in klassischen Formen zu komponieren, sondern sich seiner inzwischen entwickelten Persönlichkeit entsprechend in zeitgemäßer Weise zu äußern. Damals trat eine Stockung in seinem Schaffen ein ... Das war die Zeit (1911), wo ich nach Berlin übersiedelte und er sich selbst überlassen war. Daß er weit genug dazu war, hat er bewiesen!«

Um einen Begriff von dem zu vermitteln, was Schönberg in dieser wahrscheinlich »aufgeschlossensten« Periode seiner Lehrtätigkeit den Schülern gab, seien hier einige Zitate vorgelegt, die dem Buch ›Arnold Schönberg‹ entnommen sind, das Schönbergs Schüler und andere ihm nahestehende Künstler 1912 in München (Verlag R. Piper & Co.) veröffentlichten und ihrem Meister »in höchster Verehrung« widmeten:

Erwin Stein: »Schönberg lehrt Denken. Er hält den Schüler an, mit eigenen, offenen Augen zu sehen, als wäre er der erste, der die Erscheinungen betrachtet. Was sonst gedacht wurde, soll nicht Norm sein. Ist auch unser Denken nicht besser als das anderer – nicht auf die absolute Wahrheit kommt es an, sondern auf das Suchen nach Wahrheit.«

Anton Webern: »Man ist der Meinung, Schönberg lehre seinen Stil und zwinge den Schüler, sich diesen anzueignen. Das ist ganz und gar falsch. – Schönberg lehrt überhaupt keinen Stil; er predigt weder die Verwendung alter noch die neuer Kunstmittel. Er sagt: ›Was hat es also für Sinn, die Bewältigung alltäglicher Fälle zu lehren? Der Schüler lernt etwas anwenden, was er nicht anwenden dürfte, wenn er Künstler sein will. Aber das Wichtigste kann man ihm nicht geben: den Mut und die Kraft, sich so zu den Dingen zu stellen, daß alles, was er ansieht, durch die Art, wie er es ansieht, zum außergewöhnlichen Fall wird.‹ (Aus Schönbergs Aufsatz ›Probleme des Kunstunterrichtes‹, erschienen im ›Musikalischen Taschenbuch‹, II. Jahrgang, Wien 1911.)

Dieses ›Wichtigste‹ aber ist es, das der Schüler Schönbergs erhält. – Schönberg verlangt vor allem, daß der Schüler in den Arbeiten für die Stunden nicht beliebige Noten zur Ausfüllung einer Schulform schreibe, sondern daß er diese Arbeiten aus einem Ausdrucksbedürfnis heraus leiste. – Also, daß er tatsächlich schaffe; gleich in den primitivsten Anfängen musikalischer Satzbildung. Was dann Schönberg dem Schüler an der Hand von dessen Arbeit erklärt, ergibt sich alles organisch aus dieser; von außen trägt er keinen Lehrsatz dazu.

So erzieht Schönberg tatsächlich im Schaffen. – Er folgt mit höchster Energie den Spuren der Persönlichkeit des Schülers, sucht sie zu vertiefen, ihr zum Durchbruch zu verhelfen, kurzum dem Schüler ›den Mut und die Kraft‹ zu geben, ›sich so zu den Dingen zu stellen, daß alles, was er ansieht, durch die Art, *wie* er es ansieht, zum außergewöhnlichen Fall wird.‹ – Das ist eine Erziehung zur äußersten Wahrhaftigkeit gegen sich selbst.«

Karl Horwitz: »›Trachten Sie davon *nichts*, vielmehr von Mozart, Beethoven und Brahms zu lernen! Dann wird Ihnen hierin vielleicht manches beachtenswert erscheinen.‹ – Diese Worte schrieb mir Arnold Schönberg in mein Exemplar seines ersten Streichquartetts (Opus 7). Was er damit sagen will, das habe ich während meiner Lehrjahre bei ihm erfahren.«

Karl Linke: »Schönbergs Art zu lehren ist darauf gebaut: Er läßt den Schüler finden. Und erst was einer selbst gefunden hat, gehört ganz ihm. Was er der Musik abgerungen hat in ernsthafter Arbeit, das geht nicht verloren, auch wenn die Komposition mißlungen ist. Die Kraft ist gewachsen, und wenn sie auch erst im zehnten oder im zwanzigsten Sturme siegen wird ...

Ich habe einmal in eine Stunde ein Lied gebracht, das ich hauptsächlich deshalb so liebte, weil es so schwer war. Als es Schönberg durchgelesen hatte, sagte er: ›Haben Sie sich das wirklich so kompliziert gedacht?‹ – Eine solche Frage bejaht ein Schüler immer; denn sie schmeichelt. – Aber Schönberg gab nicht nach: ›Ich meine: trug Ihr erster Einfall unzweideutig jene Komplizität der Begleitungsform in sich?‹ – Eine solche Frage bejaht ein Schüler nicht immer; denn er fühlt, wie sie ihm an den Leib geht. Ich suchte mich auf den ersten Einfall zu besinnen. Aber Schönberg, durch meine Unsicherheit gestärkt, sprach weiter: ›Haben Sie nicht diese Figur nachträglich darübergelegt, um ein harmonisches Skelett zu bekleiden? Etwa so, wie man Fassaden an Häuser klebt?‹ – Jetzt hatte er's auch. Es stellte sich heraus, daß der Einfall bloß harmonisch und nicht zwingend bewegungszeugend gewesen war.

›Sehen Sie, dann begleiten Sie das Lied einfach harmonisch. Es wird primitiv aussehen, aber es wird echter sein als so. Denn was Sie hier haben, ist Schmuck. Das sind dreistimmige Inventionen, geschmückt mit einer Singstimme. Die Musik soll aber nicht schmücken, sie soll bloß wahr sein. Warten Sie ruhig auf einen Einfall, der Ihnen sofort rhythmisch, in der Horizontale ins Bewußtsein kommt. Sie werden staunen, was für eine Triebkraft ein solcher Einfall hat. Sehen Sie sich Schuberts Lied ‚Auf dem Flusse' an, wie da eine Bewegung die andere zeugt! – Und dann: Schwer darf Ihnen gar nichts vorkommen. Was Sie komponieren, muß Ihnen so selbstverständlich sein wie Ihre Hände und Ihre Kleider. Früher dürfen Sie es nicht aufschreiben. Je einfacher Ihnen Ihre Sachen scheinen, desto besser werden sie sein. Bringen Sie mir einmal jene Arbeiten, die Sie nicht herzeigen wollen, weil sie Ihnen zu einfach und kunstlos scheinen. Ich werde Ihnen beweisen, daß sie wahrer sind als diese. Denn nur von solchen Dingen kann ich ausgehen, die Ihnen organisch, also selbstverständlich sind. Wenn Sie etwas, was Sie geschrieben haben, sehr kompliziert finden, dann zweifeln Sie am besten sofort an seiner Echtheit.‹ – Einige solche Entlarvungen, und der Schüler ist fanatisch streng gegen seine Einfälle. Er hört seine Kompositionen genau aus, worauf es ja eigentlich ankommt.«

Heinrich Jalowetz: »Schönberg *bildet* den Schüler im tiefsten Sinn des Wortes und stellt unwillkürlich einen so zwingenden menschlichen Kontakt mit jedem einzelnen her, daß sich seine Schüler um ihn scharen wie die Jünger um ihren Meister. Und wenn wir uns ›Schönberg-Schüler‹ nennen, so geschieht dies mit einer ganz anderen Betonung als bei solchen, die nur ein alleinseligmachender Fingersatz oder eine neue Generalbaßbezifferung mit ihrem Lehrer unzertrennlich verknüpft. Wir wissen vielmehr, daß alle, die sich so nennen, in ihrem Denken und Fühlen von seinem Wesen berührt sind, und fühlen uns dadurch mit allen in einem gewissen geistigen Kontakt. Sein Name ist daher jedem, der sein Schüler gewesen, mehr als eine bloße Erinnerung an die Studienzeit, er ist ihm ein künstlerisches und menschliches Gewissen.«

Daß die geistige Grundhaltung, die Schönberg bei seiner Unterrichtstätigkeit wahrte, auch in den späteren Jahren stets die gleiche war, möge ein Zitat aus einem Aufsatz (›Unser Lehrer Arnold Schönberg‹) zeigen, den sein Schüler und Schwiegersohn Felix Greissle zu seinem sechzigsten Geburtstag in der ›Schweizerischen Musikzeitung‹ (vom 1. Dezember 1934) veröffentlichte: »Als mich vor einiger Zeit jemand fragte, was man bei Schönberg eigentlich alles gelernt hätte und warum er als Lehrer so berühmt sei, da wußte ich im Augenblick keine rechte Antwort . . . Und doch hätte sich alles in einem einzigen Satz sagen lassen: *Wir haben von Schönberg richtig denken gelernt.* Richtig denken – seine Grundforderung, sein Maßstab für die Beurteilung von Leistungen. Das Wesen seiner Bemühungen um uns bestand darin, uns richtig denken zu lehren. Aber nicht nur als Musiker. Denn es versteht sich von selbst: wer einmal richtig, folgerichtig denken kann, der tut es immer, welcher Art auch seine Tätigkeit sein möge. Richtig denken können – gehört das nicht zum Schwierigsten, ist es nicht die erste und letzte Bedingung für das Gelingen einer Unternehmung? Und ist nicht, wenn man bis auf den Grund geht, das Wesentliche an Schönberg seine strenge, unerbittliche, unangreifbare Logik? – Während wir bei ihm Harmonielehre und Kontrapunkt lernten, hat er uns weit Wertvolleres vermittelt als rein fachliches Wissen und Können. Die Musik war ihm geradezu nur ein Vorwand, um Wichtigeres, Grundlegendes zu lehren. Er sprach zu uns von der Konstruktion einer musikalischen Form, und plötzlich bemerkten wir, daß er uns die Gesetze des organischen Aufbaus überhaupt gezeigt hatte. Von ihm lernten wir, daß es schließlich überall auf das gleiche ankommt, daß die Bedingungen, nach denen ein Werk jeder Kunstgattung entsteht, überall die gleichen sind, und daß sie sich in nichts unterscheiden von den Bedingungen, nach denen ein Haus oder eine Maschine gebaut ist. Er selbst hat uns einmal gesagt: ›Ein wirklich guter Musiker muß ein Flugzeug lenken können, auch wenn er zum erstenmal darin sitzt!‹ – Möglich, daß er das im Scherz gesagt hat, aber bei ihm war Scherz immer der subtilste Ausdruck des Ernstes.«

Im Frühjahr 1907, kurz nach der auf Seite 28 erwähnten Uraufführung des Streichquartetts op. 7, wurde auch die Kammersymphonie op. 9 erstaufgeführt. Es spielten das Rosé-Quartett und die Bläservereinigung der Hofoper. Ein Teil des Publikums bekundete sein Mißfallen, indem es den Großen Musikvereinssaal während der Aufführung geräuschvoll verließ, und der Wiener Korrespondent der ›Vossischen Zeitung‹, Berlin, schrieb in seinem Bericht, er habe zwar den Fasching unbenützt gelassen, aber »um nicht ganz ohne die Freuden des Ewig-Närrischen zu bleiben«, habe er sich die Kammersymphonie des Herrn Schönberg angehört. Schönen Erfolg hatte ein ebenfalls zu dieser Zeit im Ehrbar-Saal veranstalteter Liederabend, bei dem Sänger der Hofoper, von Zemlinsky begleitet, Lieder aus op. 2, 3 und 6 sangen. Die Eintrittskarten hatten den Aufdruck erhalten, daß ihr Besitz nur zu »ruhigem Zuhören, nicht aber zu lauten Meinungsäußerungen (Applaus oder Zischen) berechtige«.

An neuen Werken entstanden zu dieser Zeit: die beiden Balladen für Gesang und Klavier, op. 12, ›Der verlorene Haufen‹ (Text: Viktor Klemperer) und ›Jane Grey‹ (Text: Heinrich Ammann) und der an einigen Stellen Achtstimmigkeit erreichende gemischte Chor ›Friede auf Erden‹, op. 13 (Text: Conrad Ferdinand Meyer). Mit der ersten Ballade bewarb sich Schönberg – erfolglos – um einen von der Berliner Zeitschrift ›Die Woche‹ für die beste Komposition einer Ballade ausgeschriebenen Preis. Um die Jahreswende 1907/08 wurden noch die beiden Lieder für eine Singstimme und Klavier, op. 14, ›Ich darf nicht dankend an dir niedersinken‹ (Text: Stefan George) und ›In diesen Wintertagen‹ (Text: Georg Henckel) geschaffen. Das erste Lied verdient auch – neben dem dritten und vierten Satz des Quartetts op. 10 – als Schönbergs erste Vertonung einer Dichtung von Stefan George Beachtung.

Schönberg hat die beiden Balladen op. 12 selbst als unmittelbare Vorläufer des Zweiten Streichquartetts, fis-Moll, op. 10, bezeichnet, das den Übergang zur zweiten Periode seines Schaffens bildet, der sogenannten »atonalen« Periode. Zu dem Quartett, von dem später noch ausführlich die Rede sein wird, bemerkte Schönberg im ›Rückblick‹: »Schon im ersten und zweiten Satz kommen Stellen vor, in denen die unabhängige Bewegung der einzelnen Stimmen keine Rücksicht darauf nimmt, ob deren Zusammentreffen in ›anerkannten‹ Harmonien erfolgt. Dabei ist hier, wie auch im dritten und vierten Satz, eine Tonart an allen Kreuzwegen der formalen Konstruktion deutlich erkennbar ausgedrückt. Doch konnte die überwältigende Vielheit dissonanter Klänge nicht länger durch gelegentliche Anbringung von solchen tonalen Akkorden, die man gewöhnlich zum Ausdruck einer Tonart verwendet, ausbalanciert werden. Es schien nicht angemessen, eine Bewegung in das Prokrustesbett der Tonalität zu zwingen, ohne diese gleichzeitig durch solche Harmoniefolgen zu unterstützen, die ihr zugehören. Dieses Dilemma war nicht ausschließlich das meinige, sondern hätte das Denken aller zeitgenössischen Komponisten beschäftigen müssen. Daß ich der erste war, der den entscheidenden Schritt wagte, gilt wohl nicht allgemein als ein Verdienst – was ich zwar bedaure, aber ignorieren muß.«

Da später mehr vom Übergang von der »Atonalität« zur »Zwölftonmusik« als von jener selbst die Rede sein wird, sei hier zur Zusammenfassung der Diskussion um die Atonalität noch eine Äußerung Alban Bergs mitgeteilt, die eine recht merkwürdige Entstehungsgeschichte hat: Im Frühjahr 1930 wurde Berg vom Wiener Rundfunk aufgefordert, mit einem vom Radio nominierten Sprecher über das Thema ›Was ist atonal?‹ zu reden. Berg, der zu dem Sprecher kein rechtes Zutrauen hatte, wollte diesem eine möglichst »fertige« Sache vorlegen. Zu diesem Zweck veranstaltete er in seiner Wohnung mit mir eine »Generalprobe« des Dialogs, bei der er fast allein das Wort führte. Sein Text wurde von einer mir befreundeten Dame mitstenographiert und dann dem Radiosprecher zur Formulierung seiner Fragen übergeben. Berg schenkte mir Kopien des Stenogramms und des am 23. April 1930 gesprochenen Dialogs. Den Dialog druckte ich im Juni 1936 in der von mir herausgegebenen Wiener Musikzeitschrift ›23‹ (Nr. 26/27) ab, und die Quintessenz des Stenogramms fügte ich den Gedenkworten bei, die ich im Februar 1945 zu Bergs sechzigstem Geburtstag in der

›Schweizerischen Musikzeitung‹ veröffentlichte. Dieser infolge der Kriegszeit nur wenig beachtete Text wird im folgenden auszugsweise wiedergegeben. Er ist unter anderem auch ein wichtiges Zeugnis für das starke Traditionsbewußtsein, das Schönberg und seine Schüler beseelte. Nebenbei sei noch darauf hingewiesen, daß die von Berg zitierten und widerlegten Anwürfe gegen die »atonale« Musik tatsächlich in der Wiener Presse erschienene Äußerungen waren. Berg sagte damals im wesentlichen:

»Dort, wo der Ausdruck ›atonal‹ zum erstenmal gebraucht wurde, kann es, wie das Wort deutlich sagt, nur gewesen sein, um eine Musik zu bezeichnen, deren harmonischer Verlauf nicht den bis dahin bekannten Gesetzen der Tonalität entsprach. Diese Bezeichnung geschah zweifellos in der Absicht, herabzusetzen, so wie dies bei den zur selben Zeit aufgebrachten Worten wie arhythmisch, amelodisch, asymmetrisch der Fall ist. Während sich aber diese Worte nur zu einer gelegentlichen Kennzeichnung spezieller Fälle eigneten, wurde die Bezeichnung ›atonal‹ leider zu einem Sammelbegriff für eine Musik, von der man nicht nur annahm, daß sie keine Bezogenheit zu einem harmonischen Zentrum hat, sondern daß sie auch allen anderen Erfordernissen der Musik – wie Melodik, Rhythmik, formale Gliederung im kleinen und im großen – nicht entspricht, so daß die Bezeichnung heute eigentlich so viel heißt wie keine Musik, ja wie Unmusik. Tatsächlich stellt man sie auch in völligen Gegensatz zu allem, was man bisher unter Musik verstand.

Wenn diese sogenannte ›atonale‹ Musik in harmonischer Hinsicht auch nicht auf eine Dur- oder Molltonart bezogen werden kann, so ist damit noch gar nicht festgestellt, ob sich nicht doch in den ›atonalen‹ Kunstwerken des letzten Vierteljahrhunderts ein harmonisches Zentrum, welches natürlich nicht mit dem Begriff der alten Tonika identisch ist, finden lassen wird. Wenn auch durch den Verlust von Dur und Moll einige harmonische Möglichkeiten verlorengegangen sind, so sind doch alle anderen Erfordernisse wirklicher und echter Musik geblieben.

Vor allem ist nachzuweisen – um mit dem wichtigsten zu beginnen –, daß dieser Musik, wie jeder anderen, die Melodie, die Hauptstimme, das Thema zugrunde liegt beziehungsweise daß ihr Verlauf dadurch bedingt ist. Eine Melodie, die sich an eine stufenreiche und, was fast gleichbedeutend ist, kühne Harmonik anschließt, kann natürlich, solange man diese harmonische Ausdeutung nicht versteht, leicht ›verkraust‹ erscheinen, was ja in einer mit Chromatik durchsetzten Schreibweise nicht minder der Fall ist und wofür es hunderte Beispiele bei Wagner gibt. Aber es scheint noch ein anderes Merkmal zu geben, wodurch sich die Melodik dieser sogenannt ›atonalen‹ Musik von der bisherigen unterscheidet: Ich meine die Asymmetrie der melodischen Gliederung. Diese Kunst des asymmetrischen Melodienbaus, die man schon bei Mozart sehr häufig antrifft, hat sich im Laufe des 19. Jahrhunderts immer weiter entwickelt, und wenn auch bei Wagner und seinen Epigonen der viertaktige Periodenbau vorherrscht, so ist doch auch zu dieser Zeit die Tendenz besonders deutlich, das Festhalten an dieser Zwei- und Viertaktigkeit aufzugeben. Es geht hier eine gerade Linie von Mozart über Schubert und Brahms zu Reger und Schönberg. Und da ist es vielleicht nicht uninteressant, zu erwähnen, daß sowohl Reger als auch Schönberg, wenn sie auf den unsymmetrischen Bau ihrer melodischen Linien zu sprechen kamen, darauf hinwiesen, daß diese etwa der Prosa des gesprochenen Wortes gleichzusetzen wären, während die streng geradtaktige Melodik mehr der Versform entspräche.

Mit dieser Freiheit der Melodiegestaltung geht natürlich auch die der rhythmischen Gliederung einher. Damit, daß die Rhythmik solcher Musik eine Auflockerung erfahren hat, zum Beispiel durch Verkürzung, Verlängerung und Ineinandergreifen der Zeitwerte sowie durch Verschiebung der Schwerpunkte, wie dies ganz besonders bei Brahms zu konstatieren ist, sind noch nicht die Gesetze der Rhythmik aufgehoben, und es ist ganz unsinnig, ein solches Verfahren, das doch nur eine Verfeinerung der Kunstmittel darstellt, ›arhythmisch‹ zu nennen. – Diese Art von Rhythmik wird ja noch besonders bedingt durch die Vielstimmigkeit der neuen Musik, und hier wäre es nicht unangebracht, zu konstatieren, daß wir uns anscheinend in einer Zeit befinden, die der Bachschen sehr ähnlich ist. So wie sich nämlich damals in der Erscheinung Johann Sebastian Bachs selbst die Umwandlung der reinen Polyphonie und des imitatorischen Stils – und des Begriffs der Kirchentonarten – zu der auf das Dur- und Mollgeschlecht gestützten harmonischen Schreibweise vollzog, so gelangen wir jetzt aus der Zeit der Harmonik, die eigentlich die ganze Wiener Klassik und deren Jahrhundert beherrscht hat, langsam, aber unaufhaltsam in eine Epoche mit vorwiegend polyphonem Charakter. Mit diesem Hinweis auf die Polyphonie ist in der sogenannt ›atonalen‹ Musik ein weiteres Merkmal jeder echten Musik aufgezeigt.

Aus einer Erfahrung, die ich nicht nur aus dem eigenen Schaffen schöpfe, sondern auch aus dem von Künstlern, denen die Kunst so heilig ist wie mir (so unzeitgemäß sind wir von der Wiener ›atonalen‹ Schule nämlich!), kann ich sagen: Kein Takt – und sei er von der kompliziertesten harmonischen, rhythmischen und kontrapunktischen Faktur – steht in dieser – unserer – Musik, der nicht der schärfsten Kontrolle des Gehörs, des äußeren und des inneren Gehörs, unterworfen wäre und für dessen Sinn, an sich sowohl als in der Stellung zum Ganzen nicht ebenso die künstlerische Verantwortung übernommen wird wie für die auch dem Laien sofort einleuchtende Logik eines ganz primitiven Gebildes, etwa eines einfachen Motivs oder einer simplen Akkordfolge.

Würde das Wort ›atonal‹ den Anlaß gebildet haben, daß eine musikalische Justament-Theorie entstanden ist, die außerhalb der Linie des natürlichen Werdeganges der musikalischen Kunst steht, dann hätten die Gegner dieser neuen Musik recht mit dem, was hinter dem Wort ›atonal‹ eigentlich steckt und was so viel heißen soll wie musikwidrig, häßlich, einfallslos, mißklingend und destruktiv, und hätten weiter berechtigten Grund, über die Ton- und Klanganarchie, über die Zertrümmerung des alten Musikgutes und über unser hilfloses Entwurzeltsein wehzuklagen. Aber ich meine, daß dieser ganze Schrei nach Tonalität nicht so sehr dem Bedürfnis nach einer Bezogenheit auf einen Grundton entspringt, sondern vielmehr dem Bedürfnis nach bekannten Zusammenklängen – sagen wir es offen: nach dem Dreiklang –, und ich glaube behaupten zu können, daß eine Musik, wenn sie nur genügend solcher Dreiklänge enthält, nicht Anstoß erregt, auch wenn sie sonst noch so sehr den heiligen Gesetzen der Tonalität widerspricht. Wären mir diese Gesetze aber nicht heilig, wie brächte unsereins – aller Ungläubigkeit der Mitwelt zum Trotz – den Glauben auf zu einer *neuen* Kunst, für die der leibhaftige Antichrist keinen Namen hätte ersinnen können, der teuflischer wäre als dieses Wort: ›Atonal‹!«

Die erste Skizze des 2. Streichquartetts, op. 10, trägt das Datum 9. März 1907; vollendet wurde das Werk im Juli 1908 in Gmunden. Auf seine kompositionstechnischen Besonderheiten, die es als Übergang zur Periode der absoluten »Atonalität« definieren, hat Schönberg selbst (siehe Seite 38/39) hingewiesen. Hier sei nur noch ein »geheimes Programm« angedeutet, das der Komponist verschwieg, für das es aber einige Anhaltspunkte gibt. Die Texte der Gedichte von Stefan George (aus dem ›Siebenten Ring‹, erschienen 1907), die Schönberg den letzten beiden Sätzen zugrunde legte, und vor allem der musikalische Ausdruck, den die Linie der Sopranstimme erhielt, sind Zeichen einer schweren seelischen Krise, in der sich der Komponist damals befand. Dafür mögen zunächst die Anfänge der beiden Gedichte zeugen:

Litanei (Dritter Satz: Langsam)
Tief ist die trauer,
  die mich umdüstert,
Ein tret' ich wieder,
  Herr! in dein haus...
Lang war die reise,
  matt sind die glieder,
Leer sind die schreine,
  voll nur die qual...

Entrückung (Vierter Satz: Sehr langsam)
Ich fühle luft von anderem planeten.
Mir blassen durch das dunkel die gesichter,
Die freundlich eben noch sich zu mir drehten...

Ein weiteres Indiz für das »geheime Programm« bildet die Zitierung des Wienerliedes ›O du lieber Augustin, alles ist hin!‹ im Trio des Scherzos (zweiter Satz). Dika Newlin, eine Schülerin Schönbergs in Amerika, notierte sich während einer Diskussion über diese Stelle den Ausspruch Schönbergs:

»Alles ist hin – nicht ironisch, sondern in eigentlicher Bedeutung!«

Das Werk wurde am 21. Dezember 1908 in einem Abonnementkonzert des Rosé-Quartetts uraufgeführt; die Sopranpartie sang Marie Gutheil-Schoder von der Hofoper. Von den Szenen, die sich während und nach der Aufführung abspielten, berichtete eine Wiener Tageszeitung in ihrem sonst zumeist »Unglücksfällen und Verbrechen« gewidmeten »lokalen« Teil unter anderem: »Das, was sich gestern abend zwischen 8 und 9 Uhr im Bösendorfersaale ereignete, ist einzig in der Geschichte des Wiener Konzertlebens: es kam zu einem regelrechten Skandal während der Aufführung einer Komposition, deren Urheber auch schon mit anderen Erzeugnissen öffentliches Ärgernis erregt hatte. Aber so arg wie gestern hat er es noch nie getrieben. Man glaubte, eine veritable Katzenmusik zu vernehmen. Nichtsdestoweniger hielt das Publikum still. Schluß des ersten Satzes. Da werden im Stehparterre Beifallsrufe laut. Dies ist das Signal zum Skandal, der wie eine Lawine anwächst, abflaut, wieder anhebt und schließlich in ein Fortissimo ausklingt ... Im Foyer stand verzweifelt Ludwig Bösendorfer, der so enorm viel auf Anstand und Würde in seinem Saale hält. Einer seiner Freunde rief ihm zu: ›Jetzt wird Beethoven gespielt werden, lassen Sie doch vorher den Saal lüften!‹«

Wohlwollender schrieb der Musikschriftsteller Richard Batka in einem Sammelbericht nach Prag: »Bei der Aufführung eines neuen Quartetts des ultravioletten Musiksezessionisten Arnold Schönberg, welches Rosé und Genossen nebst Frau Gutheil-Schoder aufführten, kam es zum heftigen Aneinanderprall der Parteien. Es wurde mitten in den Sätzen gezischt und gelacht. Plötzlich erhob sich der Musikkritiker Karpath und schrie: ›Aufhören! Schluß!‹ Sein Kollege Specht rief dagegen: ›Ruhe! Weiterspielen!‹ Die Majorität des Publikums nahm gegen das Werk Partei, bei manchen Dissonanzen fuhren sich elegante Damen unter Wehlauten an die zierlichen Ohren, ältere Herren vergossen Tränen der Erregung, und mitten in dem Tumult ragte die Gestalt des Komponisten auf, der seinen Künstlern Dank und Ermunterung zuwinkte ... Ohne sich für die Justamentmusik Schönbergs engagieren zu wollen, steht man nach solchen Szenen mit seinen Sympathien unwillkürlich auf der Seite des vergewaltigten Künstlers. Rosé hat den Gegnern übrigens die einzig richtige männliche und künstlerische Antwort gegeben: Er spielt das fragwürdige Opus am 8. Januar noch einmal.«

Von dieser Wiederholung, die als »Schönberg-Abend« im Ehrbar-Saal auf der Wieden (im vierten Wiener Gemeindebezirk) stattfand und bei der die Eintrittskarten den schon früher erwähnten fürsorglichen Aufdruck hatten, werden keine Skandalszenen gemeldet. Hingegen fand ich unter alten Papieren ein unmittelbar nach der Aufführung entstandenes Gedicht, das der mit »ein Dilettant« unterzeichnete Begleitbrief einem »bekannten Wiener Musiker« zuschreibt. Als Erstdruck sei es im folgenden der Nachwelt überliefert:

Arnold Schönberg
(Eine traurige Ballade, frei nach Heine)

Die Mitternacht zog näher schon,
In stummer Ruh lag Babylon.

Nur in der Wiedener Chaussee
Da flackert's: da lärmt das Quartett Rosé.

Dort drüben in Herrn Ehrbars Saal
Gab Arnold Schönberg ein leckeres Mahl.

Die Gäste saßen in dichten Reih'n,
Der Kunst ein williges Ohr zu leih'n.

Es schwirrten die Bogen in wildem Gefecht,
So klang es dem störrigen Schönberg recht.

Und seine Wangen leuchten Glut,
Im Wahn erwuchs ihm frecher Mut.

Und blindlings reißt der Mut ihn fort,
Und er lästert die Gottheit mit sündigem Wort.

Und er brüstet sich frech und lästert wild,
Die Schülerschar ihm Beifall brüllt.

Er trug einen Glorienschein ums Haupt,
Der war aus dem Tempel Beethovens geraubt.

Und er rufet laut mit schäumendem Mund:
»Genug mit Schmarren, Tand und Schund!

Beethoven, dir künd' ich auf ewig Hohn –
Ich bin der einzige Musensohn!«

Doch kaum das grause Wort erklang,
Ward's allen heimlich im Busen bang.

Die Hörerschar saß kalt durchgraut,
Und saß gar still, gab keinen Laut.

Die Kritiker kamen, doch keiner verstand
Zu deuten die Weisen, die Schönberg erfand.

Er aber ward in selbiger Nacht
Nach Steinhof in Pension gebracht.

(Für Nichtwiener sei angemerkt, daß Steinhof die Wiener Irrenanstalt ist.)

Man wird begreifen, daß nach solchen und ähnlichen Vorfällen Schönbergs Haltung gegenüber den Wiener Musikkritikern nicht gerade die freundlichste war. Neben einigen persönlichen Polemiken gab er seiner Stimmung zunächst in einem Interview Ausdruck, das am 10. Januar 1909 im ›Neuen Wiener Journal‹ erschien. Über das Schicksal dieses Interviews und über Schönbergs allgemeine Einstellung gegenüber der Öffentlichkeit geben die nachfolgenden Zitate aus Briefen, die er damals an den gleichaltrigen Wiener Dichter und Satiriker Karl Kraus (1874 bis 1936) richtete, Aufschluß. (Die hier erstmals veröffentlichten Zitate sind Briefen entnommen, die ich 1946 im Nachlaß von Karl Kraus fand und von denen ich mit Erlaubnis der Besitzerin Abschriften nehmen durfte. Kopien dieser Abschriften sandte ich später an Frau Gertrud Schönberg, die mir die literarische Verwendung der Texte gestattete.) In einem der ersten Briefe an Karl Kraus, mit dem Schönberg schon seit mehreren Jahren freundschaftlichen Umgang pflegte, heißt es:

»Ich muß mich Ihnen gegenüber noch wegen meines Interviews im ›Neuen Wiener Journal‹ entschuldigen! Wirklich entschuldigen – einigen wenigen Menschen in Wien gegenüber fühle ich mich verantwortlich. – Ich habe diese Sache nur gemacht wegen der zwei Schlußsätze, und die sind weggeblieben! Ich stelle sie Ihnen zu beliebigem Gebrauch vor: ›Die Wiener Musikkritiker sind mit ganz wenigen Ausnahmen von einer derartigen Unfähigkeit und Unwissenheit, daß man sie nur mehr nach dem größeren oder geringeren Schaden, den sie verursachen, beurteilen kann. Die meisten fassen ihr Gewerbe auch richtig in diesem Sinne auf, indem sie Reklame für einen beliebten oder Stimmung gegen einen unbeliebten Künstler machen.‹ – Außerdem ist aber auch fast alles, was ich gesagt habe, verstümmelt, entstellt, abgeschwächt! Durch Verbesserungen, Auslassungen, falsche Worte und ähnliche geeignete Mittel. – Ich war ganz verzweifelt – soweit ich nicht durch das viele Mißgeschick etwas stumpf bin. Und dazu hatte ich noch die Angst, die Achtung der wenigen zu verlieren, auf die ich etwas gebe. – Gewiß – ich könnte auch ohne diese Achtung leben. Es wird mir so viel an Achtung versagt, und ich bin so sehr darauf angewiesen, selbst was von mir zu halten, daß es nicht leicht ginge. Und ich habe ja mein Bewußtsein: das meines Talentes und das meiner absoluten Reinlichkeit. Aber doch ..., das verstehen Sie, der Sie wohl auch nicht mutwillig ein Einsamer geworden sind, sicher am besten!«

In dieser Stimmung ging Schönberg an seine erste literarische Arbeit. Er verfaßte einen Artikel über Musikkritik und sandte ihn an Karl Kraus zur Veröffentlichung in der ›Fackel‹. In seinem Begleitbrief heißt es: »Ich weiß nicht, ob ich es wagen soll. Gestern hat's mir noch ganz gut gefallen; heute ist mir sehr katzenjämmerlich zumute. Und eben in diesem Moment kommt Ihr Brief, und nun kenne ich mich schon garnicht mehr aus, weiß garnicht, was ich tun soll. – Ich glaube: auslaufen lassen! Also bitte, lesen Sie mein Manuskript, und wenn es Ihnen nicht gefällt und Sie mir's nicht zurückschicken wollen, dann zerreißen Sie's! Vielleicht schreiben Sie mir ein paar Worte darüber. Wenn Sie's bringen könnten, wäre ich sehr froh. Es ist traurig für mich, der ich für meine ›Werke‹ nicht um Nachsicht bitten muß, Ihnen zu sagen: ich schreibe zum erstenmal. Und ich schreibe aus Notwehr; schreibe, um mich vorzubereiten auf bessere Abwehr, denn ich fühle, ich hab's nötig. Ich kann nicht mehr ruhig all den Groll hinunterschlucken. Bis jetzt bin ich lautlos dagestanden, jetzt wird mir's zu bunt.«

Kraus scheint gegen den Artikel Einwendungen erhoben zu haben, vor allem anscheinend deshalb, weil er glaubte, Schönberg würde sich damit schaden. Seine Vorhalte veranlaßten Schönberg zu der folgenden Erwiderung: »Inzwischen hat sich verflüchtigt, was Anlaß war zu jenem Aufsatz: meine Wut über die empörende Behandlung, die ich durch die Pressehunde erfahren habe, und ich gehe beruhigt neuen Anfällen entgegen. – Umsomehr aber sehe ich auch heute, daß mein Artikel nicht geeignet war, ein richtiges Bild von mir zu geben. Vielleicht eine Momentphotographie, eine Augenblicksaufnahme eines ungewöhnlichen Zustandes: Wut, Ärger, Haß. – Das ist aber keineswegs der Durchschnitt meiner Gemütsbewegungen, wenn ich auch mein Temperament keinen Moment verleugnen wollte... Ich stehe zwar nicht ganz auf Ihrem Standpunkte, als ob es für mich ungünstig wäre, wenn ich beweisen würde, daß ich eine satirische Feder vielleicht führen könnte. Könnte ich eine führen, wäre ich sehr froh darüber, und ich habe Sie stets darum beneidet. Es ist ein Glück, wenn man etwas zu sagen hat. Es ist aber ein größeres Glück, das so scharf sagen zu können, daß, wer es nicht glaubt, sich daran schneidet. Und außerdem noch manches andere! – Also wie gesagt: ich hielte das nicht im geringsten für ungünstig. Und ich verstehe auch nicht, warum es den Glauben, den meine Werke erwerben sollen, beeinträchtigen könnte. – Und wenn das möglich wäre, hätte ich nicht die geringste Lust, es zu vermeiden. Ich hielte es für schmählich und zwecklos, das Schicksal, mein Talent, überlisten zu wollen, indem ich mich anders stellte als ich bin. Kommt sowas aus mir heraus und ist es schlecht, nun dann bin ich eben schlecht und tauge nichts. Und der Glaube, den meine Werke erringen könnten, ist schon definitiv festgestellt. Der liegt in den Werken. Mehr ist nicht zu erzielen!«

Die grundlegenden Gedanken seines Artikels hat Schönberg kurz nachher in einem längeren Aufsatz niedergelegt, der unter dem Titel ›Über Musikkritik‹ im Oktober 1909 in der von Richard Specht herausgegebenen Wiener Musikzeitschrift ›Der Merker‹ erschien. Ein zentraler Abschnitt dieses Artikels lautete: »Um einen Kunsteindruck empfangen zu können, muß die eigene Phantasie schöpferisch mitwirken. Nur die Wärme, die man selbst abzugeben imstande ist, gibt das Kunstwerk, und schließlich ist eigentlich fast jeder Kunsteindruck ein von der Phantasie des Zuhörers Geschaffenes. Allerdings ausgelöst durch das Kunstwerk; aber nur dann, wenn man über einen dem Absendeapparat gleichgestimmten Empfangsapparat verfügt. Um einen Kunsteindruck in ein Kunsturteil umzuschaffen, muß man geübt sein, seine eigenen unbewußten Empfindungen zu deuten, man muß seine eigenen Neigungen und die Art, wie man auf Eindrücke reagiert, kennen. – Um nun gar ein Werturteil abzugeben, muß man Kunsteindrücke miteinander vergleichen können; man muß, entweder aus seiner Bildung (= Durchbildung) einen Gesichtspunkt finden, von dem aus man dem Wesen des Werkes näherkommen kann. Man muß Sinn für die Vergangenheit und Ahnungen für die Zukunft haben. Und schließlich, man darf wohl irren; aber dann muß man wenigstens wer sein!«

An den Passus vom »gleichgestimmten Empfangsapparat« hat mein 1933 verstorbener Freund Rudolf Ploderer angeknüpft mit einer ›Divination‹ betitelten Betrachtung, die auf meine Veranlassung in die von der Universal Edition 1934 zum sechzigsten Geburtstag Schönbergs herausgegebene Festschrift aufgenommen wurde. Er sagte: »Damals – 1909 – gab es noch kein Radio. Die Telegraphie ohne Draht steckte in den Kinderschuhen, bedeutete wenig mehr als einen interessanten, praktisch noch nicht verwertbaren technisch-physikalischen Versuch. Der Vergleich kann damals wohl nur als pretiös, weit hergeholt, überspitzt empfunden worden sein. Heute ist er jedem Kinde geläufig, von einem Objekte genommen, mit dem jedermann vertraut ist. – Für das Genie Schönbergs, der sich sicherlich mit jener Erfindung kaum mehr als jeder Gebildete seiner Zeit befaßt hat, muß damals ihre Allgemeingültigkeit, ihre Zukunftsbedeutung klar gewesen sein. Darum ergab sich ihm die Beziehung ungesucht. – Wie sollte es da anders sein als bei seiner der Zukunft zugewandten musikalischen Erfindung und Konstruktion?«

Von 1907 an ist bei Schönberg neben seinem musikalischen Schaffen intensive Betätigung als Maler wahrzunehmen. Freunde erzählen, die malerische Begabung sei bei ihm zu jener Zeit »plötzlich« in Erscheinung getreten; genau läßt sich der Zeitpunkt heute nicht mehr bestimmen. Sein Nachlaß enthält Gemälde und Zeichnungen, die zwischen 1910 und 1940 entstanden sind. Karl Linke nannte Schönbergs frühe Bilder »herausgemalte innere Gesichte«. Von der inneren Notwendigkeit, die auch diesen Bereich seines Schaffens beherrschte, zeugen seine Worte: »Es geschieht etwas mit mir. Meine Hand wird geführt.«

Schöne Reproduktionen von Gemälden Schönbergs finden sich in dem Huldigungsbuch vom Jahre 1912 und – in farbiger Wiedergabe – in dem Buch von Josef Rufer vom Jahre 1959. Im Huldigungsbuch findet sich auch das berühmte Selbstporträt vom Jahre 1911, auf dem Schönberg dem Beschauer den Rücken zukehrt und gemächlich ausschreitet, die Hände, die einen dicken Stock halten, hinten vereinigt. In jenem Buch finden sich auch zwei von Malern verfaßte Aufsätze über Schönbergs Bilder, aus denen im folgenden einiges zitiert wird:

A. Paris Gütersloh: »Arnold Schönberg, der Denker, versucht es, der Malerei endlich jenen Zustand psychischer Primitivität nachzuerschaffen, jene prähistorische Art Vorleben, ohne welches ihre jetzige Existenz nicht wahrhaft legitimiert erschiene, und er allein konnte diese für den Genießer ganz unwesentlichen Formen geduldig bilden, da er bereits von einer vorgeschrittenen und verstandenen Kunst, von seiner Musik, geschützt, beinahe immunisiert erscheint. Nur solche sind wahrhafte Entdecker, die schon irgendwo eine grenzenlose Sicherheit besitzen, und nicht jene, die ihre Sach' auf nichts gestellt und sich nur die Universalgebärde angeeignet haben.«

Wassily Kandinsky: »Die Bilder Schönbergs zerfallen in zwei Arten: die einen sind direkt nach der Natur gemalte Menschen, Landschaften; die anderen sind intuitiv empfundene Köpfe, die er ›Visionen‹ nennt. – Die ersten bezeichnet er selbst als ihm notwendige Fingerübungen, legt keinen besonderen Wert auf sie und stellt sie nicht gern aus. – Die zweiten malt er, um seine Gemütsbewegungen, die keine musikalische Form finden, zum Ausdruck zu bringen. – Diese beiden Arten sind äußerlich verschieden. Innerlich stammen sie aus einer und derselben Seele, die einmal durch die äußere Natur zum Vibrieren gebracht wird, ein anderes Mal durch die innere. – Diese Teilung ist natürlich nur im allgemeinen bezeichnend und ist stark schematisch gefärbt.

In weiterer Wirklichkeit kann man die äußeren und inneren Erlebnisse nicht so schroff voneinander teilen. Beide Arten Erlebnisse haben sozusagen viele lange Wurzeln, Fasern, Zweige, die sich gegenseitig durchdringen, sich umeinander wickeln und im letzten Resultat einen Komplex bilden, welcher für die Künstlerseele bezeichnend ist und bleibt. – Dieser Komplex ist sozusagen das Verdauungsorgan der Seele, seine umgestaltend-schöpferische Kraft. Dieser Komplex ist der Urheber der umgestaltenden inneren Tätigkeit, die sich in umgestalteter äußerer Form manifestiert. Durch die jedesmal eigenartigen Eigenschaften dieses Komplexes produziert der kunstbildende Apparat des einzelnen Künstlers Werke, die, wie man sagt, seinen ›Stempel‹ auf sich tragen und die ›Handschrift‹ des Künstlers erkennen lassen. Natürlich sind diese beliebten Bezeichnungen ganz oberflächlich, da sie nur das Äußere, das Formelle betonen und das Innere beinahe vollkommen aus dem Spiel lassen. Das heißt: hier wird, wie so oft, überhaupt dem Äußeren zu viel Ehre erwiesen. – Bei dem Künstler wird das Äußere durch das Innere nicht nur bestimmt, sondern auch geschaffen, wie in jeder Schöpfung bis zur kosmischen hinauf.

Von diesem Standpunkt aus gesehen, lassen uns die malerischen Werke Schönbergs unter dem Stempel seiner Form seinen seelischen Komplex erkennen. – Erstens sehen wir *sofort*, daß Schönberg malt, nicht um ein ›schönes‹, ›liebenswürdiges‹ usw.

Bild zu malen, sondern daß er beim Malen eigentlich an das Bild selbst nicht denkt. Auf das objektive Resultat verzichtend, sucht er *nur* seine subjektive ›Empfindung‹ zu fixieren und braucht daher *nur* die Mittel, die ihm im Augenblick unvermeidlich erscheinen. Nicht jeder Fachmaler kann sich dieser Schaffensart rühmen! Oder anders gesagt: unendlich wenige Fachmaler besitzen diese glückliche Kraft, zeitweise diesen Heroismus, diese Entsagungsenergie, welche allerhand malerische Diamanten und Perlen, ohne sie zu beachten, ruhig liegen lassen oder sie gar wegwerfen, wenn sie sich ihnen von selbst in die Hand drücken. Schönberg geht geradeaus, seinem Ziele entgegen, oder durch sein Ziel geleitet nur dem hier notwendigen Resultat entgegen . . .

Wir sehen, daß in jedem Bild Schönbergs der innere Wunsch des Künstlers in der ihm passenden Form spricht. Ebenso wie in seiner Musik (soviel ich als Laie behaupten darf) verzichtet Schönberg auch in seiner Malerei auf das Überflüssige (also auf das Schädliche) und geht auf direktem Wege zum Wesentlichen (also zum Notwendigen).«

Kandinsky war schon 1910 mit Schönberg bekannt geworden. Der Anknüpfungspunkt dürfte ein Auszug aus Schönbergs ›Harmonielehre‹ gewesen sein, der in diesem Jahr als Vorabdruck in der Berliner Zeitschrift ›Die Musik‹ (10/2, Seite 104) erschien. Kandinsky zitierte ihn in seinem Buch ›Das Geistige in der Kunst‹ (erschienen 1911), dessen Manuskript er 1910 fertigstellte. Dem Zitat ließ er die Sätze folgen: »Hier fühlt Schönberg genau, daß die größte Freiheit, welche die freie und unbedingte Atmungsluft der Kunst ist, nicht absolut sein kann. Jeder Epoche ist ein eigenes Maß dieser Freiheit gemessen. Und über die Grenzen *dieser* Freiheit vermag die genialste Kraft nicht zu springen. Aber *dieses* Maß muß jedenfalls erschöpft werden und wird jedesmal erschöpft. Es mag die widerspenstige Karre sich sträuben wie sie will! Diese Freiheit zu erschöpfen sucht auch Schönberg, und auf dem Wege zum innerlich Notwendigen hat er schon Goldgruben der *neuen Schönheit* entdeckt. Schönbergsche Musik führt uns in ein neues Reich, wo die musikalischen Erlebnisse keine akustischen sind, sondern *rein seelische*. Hier beginnt die ›Zukunftsmusik‹!«

Mit der im Dezember 1911 von Kandinsky und Franz Marc in München gegründeten Künstlervereinigung »Der Blaue Reiter« stand Schönberg von Anfang an in enger Verbindung. In der ersten Ausstellung der Gruppe, die am 18. Dezember 1911 eröffnet wurde, war er mit drei Ölbildern vertreten. Für den Mitte Mai 1912 herausgebrachten Almanach ›Der Blaue Reiter‹ schrieb Schönberg den Aufsatz ›Das Verhältnis zum Text‹ und stellte für die Notenbeilage das Manuskript seines Liedes ›Herzgewächse‹ (op. 20) zur Faksimilierung zur Verfügung. (Neben diesem Lied enthielt die Notenbeilage in gewöhnlichem Notendruck noch je ein Lied von Alban Berg und Anton Webern; ferner wurden in dem Almanach noch zwei Selbstporträts Schönbergs reproduziert.) – Über die späteren Beziehungen Schönbergs zu Kandinsky orientieren drei Briefe Schönbergs (enthalten in der von Erwin Stein 1958 im Schott-Verlag, Mainz, herausgegebenen Briefsammlung als Nr. 42, 63 und 64) und drei Briefe Kandinskys (auszugsweise wiedergegeben in dem Buch von Josef Rufer, Seite 179–180). In letzteren erinnert Kandinsky auch an die erste persönliche Begegnung.

Etwas vorausgreifend sei hier noch an die erste Ausstellung von Bildern Schönbergs erinnert, die im Oktober 1910 im Kunstsalon der Buchhandlung Hugo Heller (Wien I, Bauernmarkt) veranstaltet wurde und in der 41 Porträts und Studien des Künstlers gezeigt wurden. Bei der Eröffnungsfeier spielte das Rosé-Quartett die beiden Quartette Schönbergs. Einer Probe dazu wohnte Gustav Mahler bei, der kurz nachher nach Amerika reiste und erst als Sterbender im Mai 1911 nach Wien zurückkehrte. Sorgen um das weitere Schicksal Schönbergs beschäftigten ihn noch auf seinem Sterbebett.

Die Erwähnung der letzten Begegnung Schönbergs mit Gustav Mahler sei zum Anlaß genommen, hier eine kurze Betrachtung der gesamten Beziehungen zwischen den beiden Künstlern einzuschalten.

Ihres ersten persönlichen Zusammentreffens im Jahre 1904 anläßlich einer Probe des Streichsextetts ›Verklärte Nacht‹ wurde auf Seite 23/24 gedacht. Noch einige Jahre vorher war Schönberg dem Schaffen Mahlers sehr skeptisch gegenübergestanden. Er hatte in Wien 1899 die Zweite und 1900 die Erste Symphonie unter der Leitung des Komponisten gehört und war, wie er sich 1912 in seiner Prager Mahler-Rede ausdrückte, »ungläubig« geblieben, obwohl sein unmittelbarer Höreindruck stark gewesen war. 1904 war er jedenfalls schon ein »Gläubiger«, zumindest dem Menschen Mahler gegenüber. Davon zeugt ein Brief, den er diesem am 12. Dezember 1904 nach einer von Mahler geleiteten Aufführung der Dritten Symphonie schrieb: »Um dem unerhörten Eindruck, den mir Ihre Sinfonie gemacht hat, einigermaßen beizukommen, darf ich nicht wie der Musikant zum Musikanten, sondern ich muß wie der Mensch zum Menschen reden: Denn: ich habe Ihre Seele gesehen, nackt, splitternackt. Sie lag vor mir wie eine wilde, geheimnisvolle Landschaft mit ihren grauenerregenden Untiefen und Schluchten, und daneben heitere, anmutige Sommerwiesen, idyllische Ruheplätze. Ich empfand sie wie ein Naturereignis mit seinem Schrecken und Unheil und seinem verklärenden, beruhigenden Regenbogen. – Was verschlägt es da, daß, als man mir nachher ihr ›Programm‹ sagte, dieses zu meinen Empfindungen wenig zu passen schien. Kommt es darauf an, ob ich ein guter oder schlechter Zeichendeuter bin der Empfindungen, die ein Erlebnis in mir auslöst? Muß ich richtig verstehen, wo ich erlebt, empfunden habe? – Und ich glaube, ich habe Ihre Sinfonie empfunden. Ich fühlte das Kämpfen um die Illusionen; ich empfand den Schmerz des Desillusionierten, ich sah böse und gute Kräfte miteinander ringen, ich sah einen Menschen in qualvoller Bewegtheit nach innerer Harmonie sich abmühen; ich spürte einen Menschen, ein Drama, *Wahrheit*, rücksichtsloseste Wahrheit! – Ich mußte mich austoben, verzeihen Sie, mittlere Empfindungen gibt es nicht bei mir, entweder – oder!«

Über den persönlichen Verkehr zwischen Mahler und Schönberg berichtet Alma Maria Mahler in ihrem 1940 in Amsterdam erschienenen Buch ›Gustav Mahler. Erinnerungen und Briefe‹ sehr drastisch: »Durch Zemlinsky kam Schönberg in unser Haus. Der war voll jugendlichen Protestes gegen den älteren Künstler, den er auch verehrte. So kamen sie eines Abends. Beide falsch instrumentiert. Man aß schrecklich einfach bei uns, dann ging man ans Klavier und fachsimpelte. Am Anfang ganz friedlich, aber plötzlich – irgendein hochmütiges Wort von Schönbergs Seite, von Mahler eine etwas von oben herab betonte Zurechtweisung – und es krachte von allen Seiten. Schönberg gefiel sich in Paradoxen ärgster Art. Mahler erwiderte dozierend, doktrinär. Schönberg sprang auf und lief mit kurzem Gruß davon. Zemlinsky folgte kopfschüttelnd. – Als die Türe sich hinter den beiden geschlossen hatte, sagte Mahler: ›Daß du mir diesen eingebildeten Kerl nicht wieder einlädst!‹ – Schönberg sagte auf der Stiege wütend: ›Dieses Haus betrete ich nicht mehr!‹ – Aber nach ein paar Wochen sagte Mahler: ›Sag einmal, warum kommen denn Eisele und Beisele (so nannte er die beiden im Spaß gern) nicht mehr zu uns?‹ – Ich aber sagte nicht: ›Du wolltest es ja nicht!‹, sondern lud sie schnell wieder ein. – Und die beiden, die darauf gewartet hatten, kamen ebenso schnell. – Trotzdem wurde diese Beziehung erst viel später erquicklich.«

In dem Buch sind (auf Seite 365–366) noch zwei sehr herzliche Briefe Schönbergs an Mahler vom Sommer 1906 enthalten. Der zweite enthält in bezug auf Frau Mahler den hübschen Satz: »Darf ich Sie bitten, ihr meine herzlichsten Grüße auszurichten und ihr zu sagen, daß ich froh bin, daß sie endlich dahinter gekommen ist, daß ich ein ›lieber Kerl‹ bin – ich habe das ja stets behauptet, es glaubt mir's leider nur selten jemand.«

Schönbergs Bewerbung um eine Lehrstelle an der Wiener Musikakademie (siehe Seite 67) förderte Mahler mit dem folgenden (undatierten) Brief an den Akademiepräsidenten Karl Wiener: »Mit Vergnügen beantworte ich Ihre geehrte Anfrage dahin, daß ich den Antrag des A. Schönberg in jeder Hinsicht unterstütze. Er gehört zu jenen unbedingt Opposition, aber auch ebenso sicher Anregung und Bewegung erweckenden Feuerköpfen, die seit jeher befruchtend und fördernd auf die Geister gewirkt haben. Und besonders, wenn, wie im vorliegenden Falle, eine so eminente didaktische Begabung hinzutrete, sollte jede Verwaltung eines Konservatoriums mit allen Händen zugreifen.«

An Mahlers Begräbnis, am 21. Mai 1911, nahm Schönberg mit einigen seiner Schüler teil. Ihr Kranz trug die Inschrift: »Der Reiche, der uns in die tiefste Trauer versetzte: den heiligen Menschen Gustav Mahler nicht mehr zu besitzen, hat uns fürs Leben das unverlierbare Vorbild seines Werkes und seines Wirkens hinterlassen.«

Der Gedanke der »Heiligkeit« findet sich in allen Äußerungen Schönbergs kurz nach dem Tode Mahlers. Zuerst auf dem Widmungsblatt der ›Harmonielehre‹, die Schönberg 1911 veröffentlichte. Dort heißt es: »Dem Andenken Gustav Mahlers ist dieses Buch geweiht. – Die Widmung wollte ihm eine kleine Freude bereiten, als er noch lebte. Und seinem Werk, seinen unsterblichen Kompositionen wollte es die Verehrung ausdrücken und bezeugen, daß, woran die gebildeten Musiker mit überlegenem Achselzucken, ja mit Verachtung vorübergehen, daß dieses Werk von einem, der vielleicht auch etwas versteht, angebetet wird. – Gustav Mahler hat auf größere Freuden verzichten müssen, als die gewesen wäre, die die Widmung ihm bereiten wollte. Dieser Märtyrer, dieser Heilige mußte gehen, ehe er sein Werk auch nur so weit gefördert hatte, daß er es ruhig seinen Freunden überlassen konnte. Ich hätte mich damit begnügt, ihm eine Freude zu bereiten. Aber heute, wo er tot ist, wünsche ich, daß mein Buch mir Achtung einbringe, damit niemand mehr daran vorübergehen könne, wenn ich sage: ›Das ist ein Ganz-Großer gewesen.‹«

Eine Zusammenfassung seiner Ansichten über die Persönlichkeit und die Kunst Mahlers gab Schönberg in seiner 1912 – nicht 1913, wie in einigen Publikationen irrtümlich zu lesen! – in Prag gehaltenen großen Gedenkrede. (Abgedruckt im Sammelband ›Gustav Mahler‹, Tübingen 1966.) Ein verschollener Aufsatz Schönbergs über Mahler, der im März 1912 in der Wiener Zeitschrift ›Der Merker‹ erschien, verdient als wichtige Ergänzung dieser Prager Rede besondere Beachtung:

»Gustav Mahler war ein Heiliger. – Jeder, der ihn nur einigermaßen kannte, muß das gefühlt haben. Verstanden haben es vielleicht nur wenige. Und auch von den wenigen haben ihn nur die verehrt, die den Willen zum Guten haben. Die anderen reagierten auf den Heiligen so, wie die ganz Bösen immer auf das vollkommen Gute und Große reagierten: sie machten ihn zum Märtyrer. Sie brachten es dahin, daß dieser Große an seinem Werk zweifelte. Keinen Kelch durfte er an sich vorübergehen lassen. Auch diesen bittersten mußte er schlürfen: selbst, wenn auch vorübergehend, den Glauben an sein Werk zu verlieren. – Wie wollen sie es verantworten, daß Mahler sagen mußte: ›Es scheint, daß ich mich geirrt habe‹, wie wollen sie sich rechtfertigen, wenn man sie anklagt, einen der größten Tondichter aller Zeiten dahin gebracht zu haben, daß er um jenen einzigen und höchsten Lohn kam, den das Schaffen findet, um die Belohnung, die der Glaube an sich selbst erteilt, indem er dem Künstler gestattet, sich zu sagen: Ich habe mich *nicht* geirrt!? – Man bedenke, der Schaffensdrang geht weiter, die größten Werke werden empfangen, ausgetragen und geboren, aber der Schöpfer, der das hervorbringt, fühlt nicht die Wonnen der Zeugung, fühlt sich nur als Sklave eines höheren Auftrages, unter dessen Zwang er rastlos seine Arbeit tut. – ›Als ob es mir diktiert worden wäre‹, sagte Mahler einmal, um die Schnelligkeit und halbe Unbewußtheit, mit der er seine Achte Sinfonie in zwei Monaten schuf, zu kennzeichnen. – Das, woran später einmal alle glauben werden, er glaubte nicht mehr daran. Er hatte resigniert.

Selten hat einem die Mitwelt so arg mitgespielt; keinem vielleicht ärger. So hoch stand er, daß oft selbst die Besten an ihm versagten. Weil selbst die Besten nicht an seine Höhe heranreichen. Weil selbst in den Besten noch so viel Unreines ist, daß sie in dieser höchsten Region der Reinheit, die schon Mahlers Erdenaufenthalt war, nicht atmen konnten. Was soll man dann von den weniger Guten und von den ganz Unreinen erwarten? Nekrologe! Mit ihren Nekrologen verpesten sie die Luft, wollen wenigstens noch einen Augenblick jenes Dünkels genießen, in dem der Schmutz sich wohlfühlt. – Und, je genauer so einer weiß, wie sehr er selbst verachtet werden wird und wie recht ihm damit geschieht, desto ›geachtetere‹ Schriftsteller zitiert er, die sich an Mahler vergangen haben. Als ob das nicht immer so gewesen wäre, daß diejenigen, die ohne Achtung für das Werk der Großen waren, dafür die Achtung ihrer Zeitgenossen erhielten. Aber was hat die Nachwelt dazu gesagt?

Freilich, um diese Nachwelt kümmern solche sich nicht, sonst müßten sie sich umbringen. Ich glaube nicht, daß es einen Menschen gäbe, der leben wollte, wenn er die Schmach erkennen könnte, die er auf sich geladen, indem er sich an dem Höchsten verging, was es unter Menschen gibt. Es müßte schrecklich sein, wenn in einem solchen, der in den Tag hineinlebt ohne zu denken, plötzlich das Bewußtsein seiner Schuld im ganzen Umfange auftauchte. – Weg von ihnen! – Zum Werke Gustav Mahlers! – In dessen reine Luft! – Hier ist dieser Glaube, der uns hochbringt. Hier glaubt einer in seinen unsterblichen Werken an eine ewige Seele. Ich weiß nicht, ob unsere Seele unsterblich ist, aber ich glaube es. Aber ich weiß: die Menschen, die höchsten Menschen, die wie Beethoven und Mahler, werden so lange an eine unsterbliche Seele glauben, bis die Kraft dieses Glaubens dem Menschen sie verschafft haben wird. – Einstweilen haben wir unsterbliche Werke. Und wir werden sie zu hüten wissen.«

Die Bedeutung dieses Aufsatzes reicht weit über den besonderen Anlaß hinaus. Die flammenden Worte Schönbergs spiegeln auch eindringlich eine Krise seines eigenen Denkens und Schaffens wider, die zu jener Zeit ihren Höhepunkt bereits überschritten hatte.

Jene Krise scheint 1906, während der Entstehung der Kammersymphonie op. 9, in ein akutes Stadium getreten zu sein. Webern gebrauchte 1932 in seinen Vorträgen ›Wege zur Neuen Musik‹ (Wien 1960, Universal Edition) dafür das Wort »Katastrophe«; Schönberg selbst bekennt (siehe Seite 58), daß es ihm »an Kraft und Sicherheit gebrach«, einem ihm schon seit Jahren vorschwebenden »Ausdrucks- und Formideal« näherzukommen. Der Hinweis auf die Begriffe »Ausdruck« und »Form« zeigt an, daß die Bezugnahme auf einen bestimmten Grundton oder eine bestimmte Grundtonart bei den schöpferischen Erwägungen des Komponisten eine durchaus sekundäre Rolle spielte. Ausdruck und Form waren die wesentlichsten Elemente, die für die klangliche Erscheinung sämtlicher Werke von Schönbergs Reifezeit bestimmend waren, und für die klangliche Erscheinung waren bei ihm immer nur die sich aus innerster Notwendigkeit ergebenden Bilder seiner starken und reichen Phantasie maßgebend. Es ist auch gewiß kein Zufall, daß die allmähliche erste Verwirklichung seiner Klangideale parallel ging mit seinen früher geschilderten ersten Manifestationen innerhalb der optischen Bildwelt.

Die für diese Epoche fundamentalen musikalischen Werke wurden, wenn auch meist mehrere Monate vorher begonnen, alle im Jahre 1909 vollendet. Es sind dies: 15 Gedichte aus ›Das Buch der hängenden Gärten‹ von Stefan George für eine Singstimme und Klavier, op. 15 (vollendet: 28. Februar 1909), Drei Klavierstücke, op. 11 (vollendet: 7. August 1909) und Fünf Orchesterstücke, op. 16 (vollendet: 11. August 1909). Wie souverän Schönberg den neuen Stil beherrschte, mag aus der Tatsache ersehen werden, daß er sein nächstes Werk, das eine Aufführungszeit von etwa einer halben Stunde in Anspruch nehmende Monodram ›Erwartung‹, op. 17, innerhalb von 17 Tagen, 27. August und 12. September 1909, fertigstellte.

Über den Weg, der zu diesen Werken führte, machte der Komponist im ›Rückblick‹ die folgende Bemerkung: »Die meisten Kritiker dieses neuen Stils haben es unterlassen, zu untersuchen, bis zu welchem Grade die ›ewigen‹ Gesetze der musikalischen Ästhetik befolgt, verletzt oder bloß den veränderten Umständen gemäß modifiziert wurden. Diese Oberflächlichkeit brachte Beschuldigungen wie Anarchie und Revolution mit sich, obwohl es sich hier sicherlich nur um Evolution handelte, um einen Schritt in der Entwicklung der Musik, der nicht weittragender war als das, was immer wieder in der Geschichte der Musik sich zugetragen hat.«

Schönberg hat öfter hervorgehoben, daß seine musikalischen Einfälle zumeist melodischer Natur sind, also in der Horizontalen auftreten, und daß die sich dann bildenden Harmonien Verdichtungen dieser melodischen Linien in der Vertikalen sind.

Diese Art der Inspiration erklärt auch die sich damals immer deutlicher zeigende »Emanzipation der Dissonanzen«, da es ja in der Horizontalen dissonante Zusammenklänge überhaupt nicht gibt. Entscheidend für die musikalische Gestaltung – beziehungsweise für deren durch logischen Zusammenhang bedingte Faßlichkeit – werden die thematische (motivische) Entwicklung und die formale Anlage. Beides sind Dinge, die sich aus Schönbergs genauester Vertrautheit mit den Errungenschaften der großen Meister der Vergangenheit ergaben, die er bewußt und unbewußt weiterentwickelte.

Prinzipielle Aussagen Schönbergs zu seiner neuen Schaffensperiode ergaben sich anläßlich eines vom »Ansorge-Verein«, der nunmehr den Namen »Verein für Kunst und Kultur« führte, am 14. Januar 1910 im Ehrbar-Saal veranstalteten »Schönberg-Abends«, an dem die George-Lieder op. 15 (gesungen von Martha Winternitz-Dorda) und die Klavierstücke op. 11 (gespielt von Etta Werndorf) zur Uraufführung gelangten. Ferner erklang an diesem Abend der erste Teil der ›Gurrelieder‹ (mit einer von Anton Webern hergestellten sechshändigen Klavierbegleitung). Im Programmblatt schrieb Schönberg: »Die ›Gurrelieder‹ habe ich Anfang 1900 komponiert, die ›Lieder nach George‹ und die ›Klavierstücke‹ 1908 (bis 1909). Der Zeitraum, der dazwischen liegt, rechtfertigt vielleicht die große stilistische Verschiedenheit. Die Vereinigung solch heterogener Werke im Aufführungsrahmen eines Abends bedarf, da sie in auffälliger Weise einen bestimmten Willen ausdrückt, vielleicht ebenfalls einer Rechtfertigung. – Mit den ›Liedern nach George‹ ist es mir zum erstenmal gelungen, einem Ausdrucks- und Formideal näherzukommen, das mir seit Jahren vorschwebt. Es zu verwirklichen, gebrach es mir bis dahin an Kraft und Sicherheit. Nun ich aber diese Bahn endgültig betreten habe, bin ich mir bewußt, alle Schranken einer vergangenen Ästhetik durchbrochen zu haben; und wenn ich auch einem mir als sicher erscheinenden Ziele zustrebe, so fühle ich dennoch schon jetzt den Widerstand, den ich zu überwinden haben werde; fühle den Hitzegrad der Auflehnung, den selbst die geringsten Temperamente aufbringen werden, und ahne, daß selbst solche, die mir bisher geglaubt haben, die Notwendigkeit dieser Entwicklung nicht werden einsehen wollen. – Deshalb schien es mir angebracht, durch die Aufführung der ›Gurrelieder‹, die vor acht Jahren keine Freunde fanden, heute aber deren viele besitzen, darauf hinzuweisen, daß nicht Mangel an Erfindung oder technischem Können oder an Wissen um die anderen Forderungen jener landläufigen Ästhetik mich in diese Richtung drängen, sondern daß ich einem inneren Zwange folge, der stärker ist als Erziehung, daß ich jener Bildung gehorche, die als meine natürliche mächtiger ist als meine künstlerische Vorbildung.«

In Erinnerung an diesen Schönberg-Abend schrieb Erwin Stein ein Vierteljahrhundert später in der Festschrift der Universal Edition vom Jahre 1934: »Den Hörer hat damals vor allem der neue Klang frappiert. Es war, als hätte sich eine neue Dimension im Raume aufgetan. Man nahm Konturen wahr, die kaum mehr dem Bereich der Musik anzugehören schienen. In seltsamem Licht wurden die zartesten Stufungen seelischer Erregung deutlich. Man hörte neue Harmonien von der Leuchtkraft der bunten Gartenblumen, die sie schilderten. Bald schwebten die Klänge jenseits jeder Takteinteilung, als wollte der Zeitablauf stillstehen, bald zeichneten scharf rhythmisierte Figuren im Verein mit harten Akkorden Klangbilder von geradezu schmerzhafter Dynamik. Und über allem eine Singstimme, weit hinausgehoben aus dem Klang der Begleitung, die den natürlichen Tonfall der Sprache und ihre verhaltenen und ausbrechenden Erregungen zu Melodien von nie gehörtem Glanz und ungeahnter Zartheit steigerte. – So trat uns Schönbergs Klangwelt in seinen ›George-Liedern‹ gegenüber.«

Hingegen ließ sich der Schönberg im allgemeinen wohlgesinnte Kritiker Richard Batka unmittelbar nach dem Konzert im Wiener ›Fremden-Blatt‹ nach einer langen Diskussion von Schönbergs Programmaufsatz folgendermaßen vernehmen: »Wenn Schönberg von jenen spricht, die ihm bisher glaubten, so setzt das die Existenz von Leuten voraus, die das Gegenteil getan haben. Es gibt in der Tat Musiker, welche die Schönbergsche Musik für Schwindel, für eine Düpierung der Snobs halten, und wer jetzt seine drei Klavierstücke gehört hat, fühlt sich versucht, einer solchen Annahme lebhaft beizustimmen. Man hatte wirklich den Eindruck, daß jedermann, der ein schweres Klavierstück im halbdunklen Zimmer a prima vista spielt, seinen Hörern aus dem Stegreif ähnliche Genüsse bereiten kann, wie sie uns hier als Früchte einer jahrelangen Entwicklung dargeboten werden ... Sollte ich die Stimmung nennen, aus der heraus eine Musik wie jene der Schönbergschen Klavierstücke im Geiste der alten Ästhetik denkbar wäre, so käme etwas wie ein auf den Flügel übertragenes körperliches Übelbefinden heraus, während sich Schönberg damit weiß Gott welche sublime

Gedanken vom Herzen gespielt hat. Ceterum censeo: wenn *das* Kunst ist, dann ist die Kunst überhaupt keine Kunst mehr! ...« – Nach einem Lob der ›Gurrelieder‹ und fünf vorangegangener früher Gesänge heißt es bei Batka weiter: »Und eine dunkle Frage schwebte wohl allen Besuchern auf den Lippen: wie es nur möglich ist, daß der Autor dieser Gesänge in das eitle Ohrengeschinder seiner Klavierstücke und in die stillverzückte Pose seiner Georgiaden entarten konnte. – Je nun, man sagt, daß Perversitäten oft aus der Nichtbefriedigung normaler Triebe hervorgehen. Sollte nicht der Mangel an Resonanz, den seine früheren Arbeiten fanden, den Künstler in seine unselige, perverse ›letzte Periode‹ gedrängt haben? Der Fall stünde nicht vereinzelt da. Die sensible Natur des Phantasiemenschen erträgt nicht ohne Schaden jahrelange Nichtachtung und Verhöhnung. Auch andere Exzentritäten Schönbergs sind unschwer aus diesem einen Punkte zu verstehen ... Er hat's nun erreicht. Er hält auf dem Gipfel seiner Tollheiten. Weiter geht es nimmer. Also? Vielleicht lesen wir nächstens doch im ›Kleinen Anzeiger‹: Arnold, kehre zurück, alles verziehen!«

Zu den fünf Orchesterstücken, op. 16, gibt es eine interessante, von Rufer veröffentlichte Tagebuchnotiz Schönbergs vom 27. Januar 1912 (Berlin): »Brief von Peters, der mir für Mittwoch in Berlin ein Rendezvous gibt, um mich kennenzulernen. Will Titel für die Orchesterstücke; aus verlagstechnischen Gründen. Werde vielleicht nachgeben, da ich Titel gefunden habe, die immerhin möglich sind. Im ganzen die Idee nicht sympathisch. Denn Musik ist darin wunderbar, daß man alles sagen kann, so daß der Wissende alles versteht, und trotzdem hat man seine Geheimnisse, die, die man sich selbst nicht gesteht, nicht ausgeplaudert. Titel aber plaudern aus. Außerdem: was zu sagen war, hat die Musik gesagt. Wozu dann noch das Wort. Wären Worte nötig, wären sie drin. Aber die Kunst sagt doch mehr als Worte. – Die Titel, die ich vielleicht geben werde, plaudern nun, da sie teils höchst dunkel sind, teils Technisches sagen, nichts aus. Nämlich I. Vorgefühle (hat jeder), II. Vergangenheit (hat auch jeder), III. Akkordfärbungen (Technisches), IV. Peripetie (ist wohl allgemein genug), V. Das obligate (vielleicht besser das ›ausgeführte‹ oder das ›unendliche‹) Rezitativ. – Jedenfalls mit einer Anmerkung, daß es sich ums Verlagstechnische und nicht um den ›poetischen‹ Inhalt handelt.« – In der 1912 im Verlag C.F. Peters, Leipzig, erschienenen Partitur wurden den einzelnen Stücken keine Titel vorangestellt. Schönbergs Tagebuchnotiz ist aber, als für seine allgemeine Einstellung zur »Programmmusik« charakteristisch, von prinzipieller Bedeutung.

Das dritte Stück, für das Schönberg den »technischen« Titel »Akkordfärbungen« ersann, ist auch wichtig als erste vollkommene Verwirklichung der »Klangfarbenmelodien«, von denen er am Schluß der »Harmonielehre« ausführlich sprach und die er als eine eigene Dimension der Musik aufgefaßt wissen wollte. Das Stück wird fast ausschließlich von dem Akkord C-Gis-H-E-A beherrscht, der es in allen möglichen, häufig wechselnden Lagen und Instrumentalkombinationen konstituiert. Zu den ganz ungewöhnlichen und sehr heiklen Ausführungsproblemen, die durch das Stück aufgeworfen werden, bemerkte der Komponist in der Partitur: »Es ist nicht Aufgabe des Dirigenten, einzelne ihm (thematisch) wichtig scheinende Stimmen in diesem Stück zum Hervortreten aufzufordern oder scheinbar unausgeglichen klingende Mischungen abzutönen. Wo eine Stimme mehr hervorscheinen soll als die anderen, ist sie entsprechend instrumentiert und die Klänge wollen nicht abgetönt werden. Dagegen ist es seine Aufgabe, darüber zu wachen, daß jedes Instrument genau den Stärkegrad spielt, der vorgeschrieben ist: genau (subjektiv) seinem Instrument entsprechend und nicht (objektiv) sich dem Gesamtklang unterordnend. – Der Wechsel der Akkorde hat so sacht zu geschehen, daß gar keine Betonung der einsetzenden Instrumente sich bemerkbar macht, so daß er lediglich durch die andere Farbe auffällt.« – Zu den übrigen Stücken ist – ohne auf technische Einzelheiten einzugehen – im allgemeinen zu bemerken, daß in ihnen die in den Klavierstücken op. 11 und in den George-Liedern op. 15 entwickelten Verfahren auf den Klangkörper des großen Orchesters (17 Holzbläser, 12 Blechbläser, Schlagwerk, Harfe, Celesta und Streicher) angewandt sind, wobei die »thematische Arbeit«, entsprechend den vervielfachten linearen und klanglichen Möglichkeiten des Instrumentariums, erheblichen Ausbau erfährt. An einigen Stellen finden sich thematische Komplexe, deren kompositionelle Behandlung schon an die erst viel später systematisch entwickelte Zwölftontechnik gemahnt.

Webern, der im ›Huldigungsbuch‹ als erster analytische Bemerkungen zu den Orchesterstücken veröffentlichte, wies insbesondere auf deren Loslösung von jeder überlieferten Form hin und charakterisierte Schönbergs Formgebung durch das bekenntnishafte Zitat aus der ›Harmonielehre‹: »Ich entscheide beim Komponieren nur durch das Gefühl, durch das Formgefühl. Dieses sagt mir, was ich schreiben muß, alles andere ist ausgeschlossen. Jeder Akkord, den ich hinsetze, entspricht einem Zwang; einem Zwang meines Ausdrucksbedürfnisses, vielleicht aber auch dem Zwang einer unerbittlichen, aber unbewußten Logik in der harmonischen Konstruktion. Ich habe die feste Überzeugung, daß sie auch hier vorhanden ist; mindestens in dem Ausmaß, wie in den früher bebauten Gebieten der Harmonie. Und ich kann als Beweis dafür anführen, daß Korrekturen des Einfalls aus äußerlich-formalen Bedenken, zu denen das wache Bewußtsein nur zu oft geneigt ist, den Einfall meist verdorben haben. Das beweist für mich, daß der Einfall zwingend war, daß die Harmonien, die dort stehen, Bestandteile des Einfalls sind, an denen man nichts ändern darf.«

Die Uraufführung der fünf Orchesterstücke fand am 3. September 1912 in einem »Promenade Concert« in London statt; Dirigent war Sir Henry Wood.

Die Entstehung des Monodrams ›Erwartung‹ (27. August bis 12. September 1909) fällt in eine Zeit, in der sich Schönberg besonders intensiv als Maler betätigte. Die Bezeichnung »Vision«, die er vielen seiner Gemälde und Zeichnungen gab, ist, ins Akustische übertragen, auch auf den geistigen Inhalt und die klangliche Erscheinung der ›Erwartung‹ anzuwenden. Die Idee zu dem Monodram rührte von ihm selbst her, der auch an der von Marie Pappenheim unternommenen Gestaltung des Textes eifrig mitarbeitete. Als innerer Monolog des einzigen auf der Bühne erscheinenden lebenden Menschen – der Frau, die des Nachts im Walde ihren Geliebten sucht und ihn schließlich tot, als Opfer seiner Leidenschaft für eine andere, auffindet – haben die szenischen Ereignisse eine entschiedene Ähnlichkeit mit der Selbstenthüllung, die während einer Psychoanalyse von den Patienten gefordert wird. Die häufige Berufung auf das unbewußte Denken, die wir auch schon in früheren Äußerungen Schönbergs finden, läßt auf eine gewisse Verwandtschaft zwischen seinen Ideen und denen seines Zeit- und Ortgenossen Sigmund Freud schließen, obwohl die beiden sich nicht persönlich kannten und Schönberg von den Theorien Freuds wahrscheinlich nicht mehr wußte als jeder gebildete Mensch seiner Zeit. – Auf die Ähnlichkeit der abgerissenen und oft unvollendeten Reden der Frau mit Aussagen der Patienten in der Psychoanalyse hat der amerikanische Dirigent Robert Craft im Beiheft zu seiner Schallplattenaufnahme der ›Erwartung‹ vom Jahre 1960 sehr überzeugend hingewiesen und damit ihrem eingangs erwähnten visionären

Charakter einen neuen Aspekt hinzugefügt. Dieser Hinweis erscheint mir zutreffender als die häufig unternommene Berufung auf die »Erlösungsidee« Richard Wagners und auf die Parallelisierung des Schicksals der »Frau« mit dem Liebestod Isoldens, zumal hier die Musik Schönbergs trotz all ihrer Klangfülle mit der Gestaltungsweise Wagners kaum etwas zu tun hat.

Sehr treffend sprach der Schweizer Musikschriftsteller Willi Schuh anläßlich der schweizerischen Erstaufführung der ›Erwartung‹ in Zürich im Oktober 1949 von dem expressionistischen Stil der Musik, »wobei die Mittel des großen Orchesters in äußerster kammermusikalischer Differenzierung eingesetzt erscheinen«, und von dem »jeglicher musikalischen Konvention und allem Formelhaften abschwörenden radikalen Verfahren Schönbergs, wie es sich in der athematischen (gemeint ist die thematische Wiederholungen völlig vermeidende Gestaltung des Werkes – W. R.) Durchführung eines monodramatischen Ablaufs, im Übereinanderlagern harmonischer Komplexe, in der Sensibilierung des Rhythmus und in der unerhörten psychologischen Verfeinerung und Vergeistigung der Orchestertechnik darstellt. Die Sicherheit, mit der sich Schönberg in dem grenzenlos-unübersehbaren neuen Tonreich bewegt, findet ihre Erklärung einzig darin, daß er diese Musik gleichsam unter dem Zwangsdiktat seiner inneren Gesichte gestaltete.«

Die Uraufführung der ›Erwartung‹ fand am 6. Juni 1924 am Neuen Deutschen Theater in Prag unter Leitung von Zemlinsky statt; die Partie der Frau wurde von Marie Gutheil-Schoder gesungen; Regie führte Louis Laber, der auch die Bühnenbilder schuf. Die Premiere hatte einen starken Erfolg, doch war das damals aufkommende Gerücht von den »fast unüberwindlichen Schwierigkeiten« seiner Einstudierung der Weiterverbreitung des Werkes abträglich. Gegen dieses Gerücht wandte sich Zemlinsky 1927 in einem größeren Aufsatz (in ›Pult und Taktstock‹, Wien, März/April 1927), der unter anderem die folgenden Sätze enthielt: »Gewiß, bei erstem Durchlesen der Partitur scheinen die Schwierigkeiten außergewöhnliche zu sein. Aber nach meiner Erfahrung ist das Schwerste überwunden, wenn zwei Künstler, eine Sängerin und ein Dirigent, die vom hohen Wert dieses Werkes überzeugt sind, sich ganz dem Studium bis zu völligem Gelingen hingeben: ein Dirigent, der nicht mit dem Orchester mitwitzelnd probiert, und eine Sängerin, die nebst einer schönen Stimme – die Partie muß unbedingt schön *gesungen* werden! – über ein starkes dramatisches Gestaltungsvermögen verfügt. Ist diesen Anforderungen Genüge geschehen, dann ist auch das Schwerste überwunden. Der Orchesterpart ist nicht viel schwerer als der anderer moderner Werke und hat noch den Vorteil über diese, daß er, wundervoll gesetzt, nahezu von selbst klingt ... Zur Erleichterung gewisser Intonationsschwierigkeiten im Gesang ließ ich in einer Versenkung der Bühne ein Harmonium einbauen, auf welchem der Sängerin gelegentlich der ›Ton‹ angegeben wurde, und das ganz ohne Störung für den Zuhörer. Es gelang auf diese Weise eine Aufführung, die nichts von allen Schwierigkeiten auch nur ahnen ließ.«

Das letzte Werk, das Schönberg während seines diesmaligen Aufenthaltes in Wien vollendete, waren die Sechs kleinen Klavierstücke op. 19 (entstanden zwischen dem 19. Februar und 17. Juni 1911). Das letzte Stück soll unmittelbar nach der Heimkehr Schönbergs von der Beerdigung Mahlers skizziert worden sein; das auf drei Akkorden basierende, äußerst zarte Klangbild zeugt von unendlicher Trauer.

In ihrer besonderen Kürze (9 bis 18 Takte) sind diese Klavierstücke charakteristisch für die Krise, in die das Instrumentalschaffen Schönbergs nach Aufgabe der traditionellen Bindungen an bestimmte Grundtöne oder Tonarten in bezug auf die Bildung größerer Formen geraten war. In der nächsten Zeit vollendete er nur Vokalwerke, bei denen die Umfänge der Formen ja im wesentlichen durch die Texte bestimmt waren. Daneben ging ein unablässiges Suchen nach neuen Gesetzmäßigkeiten einher, die wieder das Hervorbringen größerer Instrumentalformen ermöglichen sollten; ein Suchen, das schließlich zur Auffindung der »Methode, mit zwölf nur aufeinander bezogenen Tönen zu komponieren«, führte.

Der »aphoristische« Stil, den die Klavierstücke op. 19 so eindringlich dokumentieren, fand auch bedeutsame Entsprechungen im Schaffen von Schönbergs Schülern Anton Webern und Alban Berg. Bei Webern sind da alle Instrumentalwerke zwischen Opus 5 und Opus 11 aus den Jahren 1909 bis 1914 zu nennen, bei Berg die fünf Orchesterlieder nach Ansichtskartentexten von Peter Altenberg (1912) und die Vier Stücke für Klarinette und Klavier (1913).

Als literarische Apotheose des »aphoristischen« Stils darf die Vorrede gelten, die Schönberg im Juni 1924 zu Weberns 1913 entstandenen Sechs Bagatellen für Streichquartett, op. 9, verfaßte: »So eindringlich für diese Stücke die Fürsprache ihrer Kürze, so nötig ist andrerseits solche Fürsprache eben für diese

Alexander Zemlinsky und Arnold Schönberg. Karikatur von E. Weiss anläßlich der Uraufführung der ›Erwartung‹ beim Prager Musikfest 1924.

Kürze. – Man bedenke, welche Enthaltsamkeit dazu gehört, sich so kurz zu fassen. Jeder Blick läßt sich zu einem Gedicht, jeder Seufzer zu einem Roman ausdehnen. Aber: einen Roman durch eine einzige Geste, ein Glück durch ein einziges Aufatmen auszudrücken: solche Konzentration findet sich nur, wo Wehleidigkeit in entsprechendem Maße fehlt. – Diese Stücke wird nur verstehen, wer dem Glauben angehört, daß sich durch Töne etwas nur durch Töne Sagbares ausdrücken läßt. – Einer Kritik halten sie sowenig stand wie dieser und wie jeder Glaube. Kann der Glaube Berge versetzen, so kann dafür der Unglaube sie nicht vorhanden sein lassen. Gegen solche Ohnmacht ist der Glaube ohnmächtig. – Weiß der Spieler nun, wie er diese Stücke spielen, der Zuhörer, wie er sie annehmen soll? Können gläubige Spieler und Zuhörer verfehlen, sich einander hinzugeben? – Was aber soll man mit den Heiden anfangen? Feuer und Schwert können sie zur Ruhe verhalten; in Bann zu halten aber sind nur Gläubige. – Möge ihnen diese Stille klingen!«

»Kunst ist der Notschrei jener, die an sich das Schicksal der Menschheit erleben. Die nicht mit ihm sich abfinden, sondern sich mit ihm auseinandersetzen. Die nicht stumpf den Motor ›dunkle Mächte‹ bedienen, sondern sich ins laufende Rad stürzen, um die Konstruktion zu begreifen. Die nicht die Augen abwenden, um sich vor Emotionen zu behüten, sondern sie aufreißen, um anzugehen, was angegangen werden muß. Die aber oft die Augen schließen, um wahrzunehmen, was die Sinne nicht vermitteln, um innen zu schauen, was nur scheinbar außen vorgeht. Und innen, in ihnen, ist die Bewegung der Welt; nach außen dringt nur der Widerhall: das Kunstwerk.« – Dieser 1910 veröffentlichte Aphorismus und der Satz »Ich glaube: Kunst kommt nicht von Können, sondern von Müssen!«, der den Aufsatz ›Probleme des Kunstunterrichtes‹ (›Musikalisches Taschenbuch‹ II, Wien 1911) einleitete, enthalten in konzentriertester Form die gesamte Kunstauffassung Schönbergs.

Sie gelten auch für seine musikalische Lehrtätigkeit, zu der er vom Innersten her berufen war wie wohl kein anderer je zuvor, Ein überwältigendes Zeugnis für diese Behauptung bildet seine 1911 veröffentlichte ›Harmonielehre‹, die 1921 in erweiterter und verbesserter dritter Auflage herauskam und aus der hier schon einiges zitiert worden ist. Einen vollständigen Begriff von dem sinnreichen Aufbau des ganzen Werkes und seiner geistvollen Diktion zu geben, ist in diesem Rahmen nicht möglich; es sei nur nachdrücklich hervorgehoben, daß der Lehrgang zwar bis an die äußersten Grenzen der tonalen Kompositionsmethode führt, diese aber nie aufgibt, sondern nur auf den letzten Seiten einige Beispiele von tonal kaum deutbaren Akkorden aus damals entstandenen Musikwerken vorlegt. – Für das persönliche Wesen des Lehrers Schönberg ist der Beginn des Vorworts bezeichnend: »Dieses Buch habe ich von meinen Schülern gelernt. – Wenn ich unterrichtete, suchte ich nie dem Schüler bloß das zu sagen, was ich weiß. Eher noch das, was *er* nicht wußte. Aber auch das war nicht die Hauptsache, obwohl ich dadurch schon genötigt war, für jeden Schüler etwas Neues zu erfinden. Sondern ich bemühte mich, ihm das Wesen der Sache von Grund auf zu zeigen. Darum gab es für mich niemals diese starren Regeln, die so sorgsam ihre Schlingen um ein Schülerhirn legen. Alles löste sich in Anweisungen auf, die für den Schüler so wenig bindend sind wie für den Lehrer. Kann es der Schüler ohne die Anweisungen besser, dann mache er es ohne sie. Aber der Lehrer muß den Mut haben, sich zu blamieren. Er muß sich nicht als der Unfehlbare zeigen, der alles weiß und nie irrt, sondern als der Unermüdliche, der immer sucht und vielleicht manchmal findet. Warum Halbgott sein wollen? Warum nicht lieber Vollmensch?«

Um seine künstlerische und materielle Position in Wien zu stärken, strebte Schönberg damals eine Lehrstelle als Privatdozent für »Vorlesungen über musiktheoretische Fächer beziehungsweise Unterricht in den Gegenständen der Kompositionslehre« an der kaiserlich-königlichen Akademie für Musik und darstellende Kunst in Wien an. Die endgültige Fassung – »deren Zahmheit viel Mühe gemacht hat« – des Gesuches, das er zu diesem Zwecke am 17. März 1910 an den ihm wohlgesinnten Akademiepräsidenten Karl von Wiener sandte, ist in der von Erwin Stein im Schott-Verlag, Mainz 1958, veröffentlichten Briefsammlung vollständig wiedergegeben; hier sei daraus nur ein einziger, im Mittelpunkt der Ausführungen Schönbergs stehender Satz hervorgehoben: »*Ich bin durch meine Natur auf das Lehren gewiesen und suche darum einen Wirkungskreis.*«

Um zugunsten Schönbergs künstlerische Rückendeckung für einen Antrag an das Kuratorium des Instituts zu erhalten, wandte sich Wiener an Gustav Mahler, Ferdinand Löwe, Karl Goldmark und Felix von Weingartner, die damals wohl als die »prominentesten« Musiker Wiens anzusehen waren, mit der Bitte, ihm ihre Meinung über Schönbergs Persönlichkeit und seine Fähigkeiten als Lehrer mitzuteilen. Mahlers Antwort wurde hier auf Seite 54 zitiert. Bezüglich der Stellungnahme Weingartners, der damals Direktor der Hofoper war, wurde mir nur der fragmentarische Text bekannt, den Carl Nemeth in der Zeitschrift ›Phono‹ (Wien 1961, V/VI) veröffentlichte: »Weingartner hatte bis dahin nur ein Streichquartett von Schönberg gehört und sich mit anderen Kompositionen durch Lektüre vertraut gemacht. Schönbergs Art zu komponieren bedeutete für den Dirigenten und Operndirektor ›allerdings das Gegenteil desjenigen, was er unter Musik verstand‹. Dennoch war er nicht völlig gegen eine Berufung Schönbergs, sondern empfahl bloß, ›daß die Wirkung, die der Unterricht bei den Schülern hervorruft, von Zeit zu Zeit durch eine Kommission geprüft werde‹.«

Der Bruckner-Schüler und Dirigent Ferdinand Löwe schrieb,

nachdem er kurz vorher Heinrich Schenker als Theorielehrer empfohlen hatte: »Es ist für diejenigen, denen Resultate der privaten Lehrtätigkeit Arnold Schönbergs nicht bekannt geworden sind und die andrerseits auch von seinen Werken bisher nur einen zweifelhaften Eindruck gewinnen konnten, sehr schwer, über das Ansuchen des Komponisten, ihm die Abhaltung eines Kurses über Musiktheorie und musikalische Komposition an der k. k. Akademie zu gestatten, eine entschiedene Meinung abzugeben. – Wenn ich mich in diesem Fall dennoch eher in zustimmendem Sinn äußern möchte, so geschieht es vor allem unter Berufung auf das an mich gerichtete Schreiben, in welchem unter anderen Begründungen insbesondere die große Begeisterung Schönbergs für das Lehramt und ein gewiß allerwichtigstes Moment, die Anhänglichkeit und Liebe seiner Schüler, hervorgehoben wurde. – In Würdigung dieser Gründe spreche ich mich für die Gewährung des Ansuchens, und zwar in der Form, wie es gestellt wurde – freier, außerhalb des Rahmens der Akademie stehender Kurse – aus.«

Von allgemeinem menschlichem und künstlerischem Interesse ist die am 17. April von Karl Goldmark aus Abbazia abgesandte Antwort: »Durch andauernde Abwesenheit von Wien hatte ich leider wenig Gelegenheit, Herrn Arnold Schönberg als Komponist kennenzulernen, und tatsächlich kenne ich keine Note von ihm. Aber darauf kommt es im vorliegenden Fall, wie ich glaube, auch gar nicht an. Alles, was ich über ihn hörte, war, daß er ein Künstler voll Idealität, aber auch von äußerst extrem moderner Richtung sei. Die (implizite) an mich gestellte Frage, ob ich den Unterricht eines Lehrers von so extremer Richtung für gefährlich halte, kann ich nur mit einem bestimmten ›Nein!‹ beantworten. – Angenommen, Herr Arnold Schönberg würde in seinen Vorträgen – was ja noch nicht bewiesen ist – gegen alles Bestehende Front machen, um seine Art zu propagieren, was also im herkömmlichen Sinn schädlich wäre, so bin ich der tiefsten Überzeugung, daß ein echtes Talent durch keine ihm innerlich widerstrebende Richtung auf die Dauer sich dahin zwingen läßt, während eine andere stürmische Natur, wenn auch noch so konservativ erzogen, bei erstem Anhören eines der letztmodernen Werke sich sofort zu ihm bekennt und durchbricht. – Ich meine, durch Unterricht wird überhaupt keine ›Richtung‹ erzeugt; immer nur durch das lebendige Beispiel, und das ist, wenn auch noch so schädlich, nicht wegzuschaffen. Die Jugend, angezogen von dem Neuen, stürzt sich kopfüber hinein. Aber bald differenziert sie sich, der größte Teil kehrt mit der Zeit der Reife zurück und schwört auf Mozart. Und tut sie das nicht, um so schlimmer für sie. In keinem Fall aber ist jemand hierfür verantwortlich zu machen, am allerwenigsten der Unterricht, und darum gewiß auch A. Schönberg nicht, soweit es sich nicht um Beispiel, sondern um seinen Unterricht handelt. Und darum stimme ich für Herrn Arnold Schönberg um Gewährung seines Ansuchens. – Reine, vornehme, künstlerische Gesinnung halte ich für ein wesentliches Moment in musikalischer Erziehung, und diese dürfte wohl kaum jemand Herrn A. Schönberg absprechen. Und zur äußersten Sicherheit ist ja auch noch die (unmerkliche) Kontrolle des Direktors da. – Also keinerlei Gefahr.«

Obwohl es im Parlament eine Interpellation gab, »wie die Regierung dergleichen verantworten könne«, bewilligte das Kuratorium der Akademie auf Grund dieser Gutachten Schönbergs Ansuchen, und er konnte im Schuljahr 1910/11 an der Akademie, aber außerhalb ihres offiziellen Lehrplans, einen Kompositionskurs abhalten. Das materielle Ergebnis dieser Lehrtätigkeit und auch seiner sonstigen Wiener Unternehmungen war aber derart ungünstig, daß er sich auf Betreiben einiger Freunde, die er in Berlin hatte, entschloß, dorthin zu übersiedeln.

Für die katastrophale Verschlechterung, die seine materielle Lage im Laufe des Jahres 1911 erfahren hatte, zeugt der folgende, ohne sein Wissen von Alban Berg im September verfaßte Aufruf: »Die Schüler und Freunde Arnold Schönbergs halten es für ihre Pflicht, seine Notlage zur öffentlichen Kenntnis zu bringen. Ihn selbst hält die Scham davor zurück; darum rufen wir über seinen eigenen Kopf hinweg um Hilfe. Der Gedanke, daß dieser Künstler an der gemeinen Notdurft des Lebens scheitern soll, öffnet uns den Mund. Die Katastrophe ist unerwartet schnell über ihn hereingebrochen, und Hilfe von langer Hand würde zu spät kommen. Denn zur Zeit, da diese Zeilen geschrieben werden, ist Schönberg ohne alle Mittel in einem Dorf bei München. (Der vorstehende Aufruf wird zum Zweck einer Geldsammlung an Kunstfreunde verschickt werden. Wir bitten Sie nun, die geplante Aktion durch Ihre Unterschrift zu unterstützen. Antwort dringend baldigst erbeten an: Alban Berg, Wien XIII., Trauttmansdorffgasse 27.)« – In dieser Form brachte der Aufruf etwa vierzig Unterschriften, doch war die vorgesehene allgemeine Geldsammlung inzwischen hinfällig geworden, da sich Schönbergs materielle Lage durch seine Übersiedlung nach Berlin gebessert hatte.

Etwa acht Monate später erreichte Schönberg in Berlin auch eine Anfrage von Karl von Wiener, ob er gewillt sei, an der Akademie eine Professur für Harmonielehre und Kontrapunkt zu übernehmen. Schönbergs Absagebrief ist in der Sammlung von Erwin Stein vollständig abgedruckt; hier werden nur zwei Absätze wiedergegeben, die die Einstellung widerspiegeln, die Schönberg damals Wien gegenüber hatte: »Mein Hauptgrund ist: ich kann augenblicklich noch nicht in Wien leben. Ich habe noch nicht verschmerzt, was man mir dort angetan hat, ich bin noch nicht ausgesöhnt ... Vielleicht, wenn Sie mir jetzt grollen sollten, wie ich jetzt Wien grolle, vielleicht werden Sie in einiger Zeit milder denken, und vielleicht werde ich in einiger Zeit die Liebe zur Heimat stärker fühlen als jetzt; vielleicht werden Sie dann an mich denken und ich werde dann sicher wieder zurück wollen. – Aber jetzt kann ich nicht.«

Schönberg war im Spätsommer 1911 in Berlin eingetroffen und hatte sich in dem an der Peripherie gelegenen Stadtteil Zehlendorf niedergelassen. Seinen Unterricht am Sternschen Konservatorium konnte er unter günstigeren Bedingungen aufnehmen als im Jahre 1902, denn seine materielle Lage war durch einen namhaften Beitrag eines Mäzens zunächst gesichert. Wesentlich gefördert wurde sein Berliner Wirken durch den dort seit 1894 ansässigen Komponisten und Pianisten Ferruccio Busoni (1866 bis 1924) und dessen Freundeskreis. Busoni hatte schon 1909 eine etwas problematische Bearbeitung des zweiten Klavierstücks aus Opus 11 »für den Konzertgebrauch« hergestellt, die er bei ihrer Veröffentlichung 1910 mit den folgenden großherzigen Worten einleitete: »Diese Komposition fordert vom Spieler die verfeinertste Anschlags- und Pedalkunst, einen intimen, improvisierten ›schwebenden‹ Vortrag, ein liebevolles Versenken in seinen Inhalt, dessen Interpret – rein als Klaviersetzer – hiermit sein zu dürfen, sich zu künstlerischer Ehre rechnet. F. B.«

Eine wirkungsvolle Vorbereitung von Schönbergs Berliner Entree war die Aufführung von ›Pelleas und Melisande‹, die Oskar Fried (1871–1941) im Oktober 1910 im Rahmen einer Konzertreihe der im Herbst 1907 gegründeten Berliner »Gesellschaft der Musikfreunde« veranstaltete. Es war das erste Mal, daß ein größeres Werk Schönbergs außerhalb Wiens dargeboten wurde. Die Aufführung hatte, im Gegensatz zu der von Schönberg am 26. Januar 1905 in Wien geleiteten Uraufführung, einen starken Publikumserfolg. Der junge Hermann Scherchen (1891 bis 1966) hatte damals als neubackener Bratschist des Blüthner-Orchesters seine erste Begegnung mit der Musik Schönbergs, deren begeisterter Vorkämpfer er später wurde. Fast ein halbes Jahrhundert nachher sagte er von jener Aufführung: »War ich in Mahlers Siebenter Sinfonie zuerst jenem neuen Kunstgefühl begegnet, das den Expressionismus einzuleiten begann, so schlug mir dessen Feueratem voll entfacht in Schönbergs ›Pelleas und Melisande‹ entgegen.«

Aber auch in Berlin begegnete Schönberg gleich von Anbeginn sehr unfreundlichen Stimmen. So zum Beispiel in dem »offenen« Begrüßungsbrief, den der Kritiker und Musikschriftsteller Walter Dahms am 26. Februar 1912 im ›Kleinen Journal‹

an ihn richtete. Zu Beginn hieß es da: »Mein Herr! Als Sie noch in Wien Ihr Dasein führten und man von Ihren Vergewaltigungen der Kunst nur durch Zeitungsberichte erfuhr, konnten Sie uns gleichgültig sein. Denn (offen gestanden) was gehen uns die Scharlatane an, die in Wien, der Stadt Haydns, Mozarts und Beethovens, jetzt ihr Wesen treiben? Wien, in welchem die Lust an der Sensation und nicht die Liebe zur Kunst herrscht, läßt uns völlig kalt. Erst als einige sensationslüsterne Künstler, um aus ihrem Nichts aufzutauchen, versuchten, Ihre Ku-Ku-Kunst (Verzeihung!) auch in Berlin einzuführen, wurde die Sache ernster. Irgendein Pianist, dessen Namen ich ganz und gar vergessen habe, spielte im vorigen Winter in der Singakademie Ihre Drei Klavierstücke op. 11. Man lachte ihn aus, ein Zeichen, daß man Ihre Bemühungen, der Musik den Garaus zu machen, von der humoristischen Seite nahm. Dann führte Fried in der ›Gesellschaft der Musikfreunde‹ Ihre sinfonische Dichtung ›Pelleas und Melisande‹ auf. Leute, denen die Musik etwas Hohes und Ernstes ist, bekamen Bauchgrimmen und liefen hinaus. Alfred Kerr und einige andere von der Pan-Clique applaudierten. Damit war die Situation klar. Daß man Ihr Machwerk zu Ende spielen ließ und daß man nachher nicht hör- und fühlbar dagegen demonstrierte, liegt in der Zurückhaltung des Berliner Publikums begründet. Der an der Gleichgültigkeit des Publikums vermiedene Mißerfolg ermutigte nun einige Ihrer hiesigen ›Anhänger‹ unter Führung des Meisters Busoni und anderer Pan-Leute, Sie durch einen Aufruf in der Pan-Presse hierher zu berufen. Nun ja, es existieren hier so viele Jobber und Humbugmacher aller Fakultäten, daß es auf einen mehr schließlich nicht ankommt. Jetzt bemüht man sich aber, Ihre ›Kompositionen‹ (verzeihen Sie dieses veraltete Wort!) hier des öfteren vorzuführen. Und nun ist es Zeit, Ihnen die Wahrheit zu sagen ...« – Nach weiteren heftigen Anwürfen und Drohungen heißt es am Schluß: »Also, Herr Schönberg, bei passender Gelegenheit einige gut funktionierende Hausschlüssel, ein paar von den beliebten Wurfgeschossen und eine kleine (Geld)sammlung, um Ihnen schleunige Rückkehr nach Wien zu ermöglichen. – Mit diesen Wünschen verbleibe ich Ihr Walter Dahms.«

Nach einer Matinee mit Werken Schönbergs (am 4. Februar 1912) besprach einer der angesehensten Berliner Musikkritiker – Leopold Schmidt – ein Lied Schönbergs, das zwar auf dem Programm stand, dessen Vortrag aber, wie während des Konzerts angesagt wurde, entfiel. Schönberg huldigte dem geistes-

Ein Komité von Freunden und Verehrern des Komponisten

ARNOLD SCHÖNBERG

teilt mit, dass dieser beabsichtigt **in diesem Jahr in Berlin**

Kurse in Harmonielehre, Kontrapunkt, Formenlehre und Instrumentation

in derselben Art abzuhalten, wie er sie bisher in Wien an der k. k. Akademie hatte.

Die Bedingungen für die Teilnahme an diesen Kursen sind:

Harmonielehre (mindestens 6 Hörer), wöchentlich 2–3 Stunden, Honorar 360 Mark oder 40 Mark monatlich.

Kontrapunkt (mindestens 5 Hörer), wöchentlich 2–3 Stunden Honorar 450 Mark oder 50 Mark monatlich.

Komposition (mindestens 4 Hörer), wöchentlich 2–3 Stunden, Honorar 540 Mark oder 60 Mark monatlich.

Intrumentation (höchstens 3 Hörer), wöchentlich 2–3 Stunden, Honorar 720 Mark oder 80 Mark monatlich.

Die Kurse dauern vom 1. Oktober bis 1. Juli. Beitritt wird nur für die ganze Dauer d‹s Kurses angenommen. Anmeldungen umgehend erbeten.

Anmeldungen bei:

T. E. CLARK, Friedenau, Rheingauer Str. 16.

Inserat in der ›Allgemeinen Musik-Zeitung‹ vom 22. September und 6. Oktober 1911. In der Nummer vom 10. November fand sich auf Seite 1158 folgende Notiz: »Der Wiener Komponist und Aesthetiker Arnold Schönberg, der bekanntlich seinen Wohnsitz nach Berlin verlegt hat, wird demnächst eine Reihe von Vorträgen über Aesthetik und Kompositionslehre im Saal des Sternschen Konservatoriums halten. Dieselben finden Montag nachmittags von 6 bis 7 Uhr statt und beginnen am 20. November. Anmeldungen nimmt das Sekretariat des Sternschen Konservatoriums, Bernburgerstraße 22a entgegen.«

abwesenden Rezensenten in einem ironischen Aufsatz (erschienen am 22. Februar 1912 in der Zeitschrift ›Pan‹), der den Titel ›Schlafwandler‹ führte.

Auf dieselbe Schönberg-Matinee bezieht sich die folgende, 1912 für den ›Pan‹ verfaßte Studie Ferruccio Busonis: »Sollte der Sentimentalismus eine Wiedergeburt erfahren? Nach dem Anhören (– Durchspielen und Mitstudieren –) von Arnold Schönbergs Klavierstücken und Liedern hätte es beinahe den Anschein. Zerdrückte Tränen, Seufzerwehen, Windstöße durch Bäume der Trauer, raschelnde Herbstblätter: – hier und dort ein kurzer Trotz oder der Widerschein einer schnell verschwindenden Vorfrühlingssonne. Dazwischen einige Eulenspiegeleien. Einsame Stimmen schleichen rezitativisch in ungeahnten Intervallen – wir empfinden noch kaum ihre Zusammengehörigkeit. Eine dreiste Harmonik, die durch ihre Fortgesetztheit sich selbst die Spitze abbricht – Kurzgestrecktheit der Sätze – häufigstes Atemholen und Zurücklauschen – Naivität in fast barbarischem Maße. Und wiederum so viel Ungezwungenheit, Hellsicht und Ehrlichkeit. – Zum Schluß: drei Stücke auf zwei Klavieren zu acht Händen (aus den Fünf Orchesterstücken op. 16. W.R.). – Vor den Tastaturen sitzen vier Jünglinge mit feinen, charakteristischen Köpfen: es wirkt fast ergreifend, wie sie ihre jungen Intelligenzen in den Dienst des noch Unenträtselten stellen, hingebend und tüchtig. Im Hintergrunde des kleinen Podiums glimmen unruhig zwei Augen, bewegt sich kurz und nervös ein Taktstock. – Man erblickt nur den Kopf und die Hand Schönbergs, der die vier Wackeren suggeriert, ihnen mehr und mehr von seinem Fieber mitteilt. – Ein ungewöhnliches Bild, das, durch den ungewöhnlichen Klang unterstützt, eine Faszination ausübt. – Jedenfalls anders als das eines Sonatenabends zweier königlicher Professoren.«

Über Schönbergs persönliche Lage in seiner Berliner Frühzeit orientieren die Briefe Weberns – der von Oktober 1911 bis Mitte Mai 1912 in Berlin-Zehlendorf wohnte – an seinen Freund und Mitschüler Alban Berg. Webern berichtet darin unter anderem über den rasch abnehmenden Zuspruch, den Schönbergs Vorträge im Sternschen Konservatorium fanden, über den Mangel an Privatschülern und über die dadurch bedingte erhebliche Verschlechterung seiner materiellen Situation. Auch über Schönbergs in jener Zeit ausgeführte Kompositionen sind den Briefen einige wichtige Daten zu entnehmen.

Zunächst wurde – am 7. November 1911 – die Instrumentation der ›Gurrelieder‹ vollendet. Über die Entwicklung der ganzen Arbeit gab Schönberg 1912 in einem Brief an Alban Berg einen genauen Überblick. Alban Berg nahm diesen in den von ihm verfaßten und 1913 in der Universal Edition erschienenen, hundert Seiten mit 129 Notenbeispielen umfassenden »großen« Führer zu dem Werk auf. Später wurde auch eine stark gekürzte »kleine« Ausgabe herausgegeben.

Im folgenden einige Auszüge aus dem Text:

»Im März 1900 habe ich den I. und II. Teil und vieles aus dem III. Teil komponiert. Darauf lange Pause, ausgefüllt mit Operetteninstrumentation. März (also anfangs) 1901 *Rest vollendet*! Dann Instrumentation im August 1901 begonnen (wieder durch andere Arbeiten verhindert, denn ich bin ja immer am Komponieren verhindert worden). In Berlin Mitte 1902 fortgesetzt. Dann große Unterbrechung wegen Operetteninstrumentationen. 1903 zuletzt daran gearbeitet und fertiggestellt bis zirka Seite 118 (der Partitur, entspricht der Seite 105 des von Alban Berg hergestellten Klavierauszuges). Daraufhin liegen gelassen und ganz aufgegeben! Wieder aufgenommen Juli 1910 (in Wien). Alles instrumentiert bis auf den Schlußchor, den vollendet in Zehlendorf 1911. – Die ganze Komposition war also, och glaube, im April oder Mai 1901 vollendet. Bloß der Schlußchor stand nur in einer Skizze da, in der allerdings die wichtigsten Stimmen und die ganze Form bereits vollständig vorhanden waren. Instrumentationsanmerkungen waren in der ursprünglichen Komposition nur ganz wenige notiert. Ich notierte damals derartiges nicht, weil man sich ja den Klang merkt. Aber auch abgesehen davon: man muß es ja sehen, daß der 1910 und 1911 instrumentierte Teil im Instrumentationsstil ganz anders ist als der I. und II. Teil. Ich hatte nicht die Absicht, das zu verbergen. Im Gegenteil, es ist selbstverständlich, daß ich zehn Jahre später anders instrumentierte. – Bei der Fertigstellung der Partitur habe ich nur einige wenige Stellen überarbeitet. Es handelt sich bloß um Gruppen von 8–20 Takten; insbesondere zum Beispiel in dem Stück ›Klaus-Narr‹ und im Schlußchor. Alles übrige ist (selbst manches, das ich gerne anders gehabt hätte) so geblieben wie es damals war. Ich hätte den Stil nicht mehr getroffen, und ein halbwegs geübter Kenner müßte die 4–5 korrigierten Stellen ohneweiters finden können. Diese Korrekturen haben mir mehr Mühe gemacht als seinerzeit die ganze Komposition.«

Dem von Jens Peter Jacobsen (1847–1885) um 1868 verfaßten Gedichtzyklus ›Gurresange‹ (Gurrelieder) lag eine alte dänische Sage zugrunde, die von dem dänischen König Waldemar und seiner heimlichen Liebschaft mit dem schönen Mädchen Tove in Gurre handelt. Helwig, die Gattin Waldemars, läßt Tove aus Eifersucht umbringen. Waldemar zieht nach seinem Tode als Gespenst mit der »Wilden Jagd« durch die Lande, auf der Suche nach Tove.

Die Übersetzung der ›Gurrelieder‹ von Robert Franz Arnold (ein Pseudonym des Wiener Philologen und Schriftstellers Levisohn, 1872–1938) wurde zuerst 1899 veröffentlicht, in zweiter Fassung 1921. In Schönbergs Vertonung finden sich aber zahlreiche mehr oder minder belangreiche Abweichungen von dem 1899 publizierten Text, was auf eine enge persönliche Zusammenarbeit der beiden Autoren schließen läßt. So lautet zum Beispiel der Schluß des zweiten Liedes der Tove in der Fassung von 1899:

> Höher und höher nun tragen die Stiegen
> Meinen herrlichen Rittersmann,
> Bis ich mein Herz an das seine schmiegen
> Und ihn zu Tode küssen kann.

Schönberg vertonte aber folgenden Text:

> Und die steigenden Wogen der Treppe
> Tragen zum Hafen den fürstlichen Held,
> Bis er auf alleroberster Staffel
> Mir in die offenen Arme fällt.

Die Gedichte Jacobsens wurden von Schönberg in drei Teile und ein längeres Nachspiel gegliedert. Im ersten Teil singen Waldemar und Tove abwechselnd von ihrer Sehnsucht und von der Erfüllung ihrer Liebe; die neun Lieder bilden geschlossene Formen, die durch kurze Zwischenspiele miteinander verbunden sind.

An das letzte Lied ist das Nachspiel angeschlossen, zuerst orchestral, dann in das ›Lied der Waldtaube‹ übergehend, in dem der Tod Toves und der Schmerz Waldemars geschildert werden. – Der zweite Teil besteht aus einem einzigen Lied, in dem Waldemar Gott der Grausamkeit und der sinnlosen Tyrannei anklagt. – Der dritte Teil umfaßt wieder neun Lieder und bringt zunächst die gespenstische wilde Jagd des toten Waldemar und seiner Mannen, die dann von ›Des Sommerwindes wilder Jagd‹ abgelöst wird, in der die Natur zu neuem strahlendem Leben erwacht und im Morgentraum des Sonnenaufganges glanzvoll verklärt wird.

Für die angestrebte monumentale Klangwirkung – vor allem des dritten Teils – ist folgende Besetzung nötig: Den Solisten (Sopran, Mezzosopran oder Alt, zwei Tenöre, Baß und ein Sprecher) stehen gegenüber: drei vierstimmige Männerchöre, ein achtstimmiger gemischter Chor und ein rund 150 Musiker umfassendes Orchester, das sich zusammensetzt aus: 25 Holzbläsern, 25 Blechbläsern, 11 Schlaginstrumenten (unter Verwendung einiger großer eiserner Ketten), 4 Harfen, 1 Celesta und über 80 Streichern (Violinen zehnfach, Bratschen und Violoncelli achtfach geteilt). Es sei aber auch darauf hingewiesen, daß an mehreren Stellen, vor allem in der Partie der Tove, durch den solistischen Einsatz einiger Instrumente die zartesten kammermusikalischen Wirkungen erzielt werden. In den später fertiggestellten Teilen macht sich auch in der Instrumentation der Drang nach klarster kontrapunktischer Linienführung deutlich bemerkbar.

In der Thematik dominieren Züge, die der Tonwelt Richard Wagners entstammen; die in den Gesangslinien häufig angewandten weiten Intervalle weisen aber schon auf die spätere Setzweise Schönbergs hin. Die Harmonik zeigt weitere Verfeinerungen der von Wagner in ›Tristan und Isolde‹ erstmals hervorgebrachten Erscheinungen der erweiterten oder in »schwebendem« Zustand erhaltenen Tonalität. Ein typisches Beispiel für letzteres ist das eng mit dem ersten Lied verbundene, entschiedene Es-Dur als Haupttonart besitzende Vorspiel des ersten Teiles, in dem der reine tonische Dreiklang erst im 143. Takt (am Schluß des ersten Liedes) erklingt. – In der Entwicklung und Verarbeitung der Themen und in der formalen Gesamtanlage ging Schönberg schon in den ›Gurreliedern‹ weit über die Durchführungstechnik Wagners und seiner eigenen Zeitgenossen hinaus. Neben reiches neues Material bringenden »dramatischen« Partien, bei denen die Leitmotivik Wagners oft in kühner Variationstechnik weiterentwickelt wird, stehen Abschnitte »erzählenden« Charakters, in denen »Rückschau« gehalten wird in der Art einer symphonischen »Durchführung«. Als Beispiel hierfür sei vor allem der Schluß des ersten Teils, mit dem berichtenden und reflektierenden Lied der Waldtaube, genannt. – Die Aufzeigung der unendlich subtilen motivischen Zusammenhänge und ihres Einbaus in das symphonische Gesamtgefüge bildete das Hauptziel, das sich Alban Berg mit seinem ›Führer‹ gesetzt hatte. Hier sei nur noch auf den Schluß des Werkes hingewiesen, mit dem grandiosen achtstimmigen Sonnenhymnus, dem das Thema des Anfangs – in der Umkehrung und von Es-Dur nach C-Dur transponiert – zugrunde liegt, und auf ›Des Sommerwindes wilde Jagd‹, die dem Hymnus unmittelbar vorausgeht und in der ein Sprecher den in Notenwerten vorgezeichneten Text melodramatisch vorträgt. Zu diesem Melodram hat sich Schönberg in einem Brief folgendermaßen ausgesprochen: »Hier ist die Tonhöhennotation keinesfalls so ernst zu nehmen wie in den Pierrot-Melodramen. Keinesfalls soll hier eine gesangartige Sprechmelodie entstehen wie dort. Gewahrt bleiben muß durchaus der Rhythmus und die Tonstärke (entsprechend der Begleitung). Bei einigen Stellen, in denen es sich fast melodisch ausnimmt, könnte *etwas* (!!) musikalischer gesprochen werden. Die Tonhöhen sind nur als ›Lagenunterschiede‹ anzusehen; das heißt: die betreffende Stelle (!!! nicht die einzelne Note) ist höher, respektive tiefer zu sprechen. Nicht aber Intervallproportionen!«

Gemeinsam mit der ebenfalls einen riesigen Klangapparat heranziehenden symphonischen Dichtung ›Pelleas und Melisande‹ bedeuten die ›Gurrelieder‹ Schönbergs Abschied von der üppigen, von Liszt und Wagner inaugurierten und von Mahler, Richard Strauss und vielen ihrer Zeitgenossen zu äußerster Entfaltung gebrachten Klangwelt der Spätromantik. Zur Kennzeichnung der besonderen Art, in der Schönberg das musikalische Erbgut der Vergangenheit in den ›Gurreliedern‹ behandelte, zitierte Alban Berg die folgenden Worte aus dem Gedicht, die auch Jacobsen der Erstausgabe des Zyklus vorangestellt hatte:

> Tief ist der Sinn und
> Weitum bekannt:
> Ist der Vergangenheit
> Große Bedeutung doch,
> Daß in die Zukunft sie
> Tragen den Namen kann
> Des, der dem Dunkel sie
> Wieder entrissen,
> Tag ihr gebracht.

Die Uraufführung der ›Gurrelieder‹ fand am 23. Februar 1913 im Großen Musikvereinssaal in Wien statt. Die Leitung hatte

Franz Schreker inne, dessen »Philharmonischer Chor« durch den »Kaufmännischen Gesangverein« verstärkt wurde; die Solisten waren: Ferdinand Gregori (Sprecher), Martha Winternitz-Dorda (Tove), Marya Freund (Waldtaube), Hans Nachod (Waldemar), Alfred Boruttan (Klaus-Narr) und Herr Nosalewicz (Bauer); den instrumentalen Teil besorgte das Tonkünstlerorchester »ganz wacker«, wie es in einer Kritik hieß. Der Publikumserfolg war außerordentlich; es war der erste Triumph, den Schönberg in seiner Geburtsstadt vor einem größeren Auditorium feiern konnte. Dazu zunächst ein anschaulicher »Stimmungsbericht«, mit dem Richard Specht am 20. September 1913 in der Berliner Zeitschrift ›März‹ einen größeren Artikel einleitete, der den spannenden Titel führte: ›Der Haß gegen Schönberg‹.

»Ein Publikum harrt dieser Schöpfung, in dem sich nicht nur alle Musiker, alle Snobs und alle Kunstsehnsüchtigen zusammengefunden haben, sondern auch jene gewissen angenehmen Menschen, die nicht die Sache, sondern nur die Sensation oder auch den Skandal suchen und denen insbesondere die Aufführung eines Schönbergschen Werkes immer im Zeichen einer ›Hetz‹ zu stehen scheint, die sie sich beileibe nicht entgehen lassen dürfen und in der, nebenbei gesagt, nichts weniger als die gutmütige Wiener Spottlust und das Vergnügen am Spaßmachen über das Fremdartige zum Ausdruck kommt; sondern das tückische Sichwehren gegen Ungewohntes, dessen Ernst zur Auseinandersetzung zwingt; der Haß gegen solche, die unbekümmert und trotzig ihres Weges gehen, ohne durch Zugeständnisse zu schmeicheln, und die es nicht ertragen, sich für die Vielzuvielen aufzureißen und zu erschließen; und nicht zuletzt die Beschämung, die solches Beispiel weckt, und der Neid und die Wut gegen diese hoffärtigen Künstler, die es wagen, so frei und verachtungsvoll zu leben und der andern und ihrer Zustimmung nicht zu bedürfen. So war es bei Mahler, so war es bei Klimt, so ist es bei Schönberg.

In hundert Augen lauert schon die Schadenfreude: heute wird man's ihm wieder einmal ›zeigen‹, ob er sich's wirklich erlauben darf, zu komponieren wie er will und nicht wie die anderen es ihm vorgemacht haben. – Aber schon die ersten Takte bringen eine Enttäuschung: dieses Glitzern und Schweben, diese duftvoll zarte Dämmerstimmung in Tönen, in denen müde Meereswellen träumend an das von letzter Sonne beschienene Ufer zu schlagen scheinen, in denen die ruhevoll atmende Erde ihr Abendlied singt und deren leise rauschende, matt aufblitzende

Einförmigkeit gleich einem köstlichen Naturlaut wirkt, – und dann der erste Gesang König Waldemars, der zu Tove ins Gurreland reitet, und in dem ein solch herrliches Stillewerden der Seele in lichter, fast heiterer Ergriffenheit zu leisem Klingen wird –, schon dieser Beginn schlägt alle in den Bann einer Selbstvergessenheit, die immer befreiender und immer beglückender alles Schwere und alles Unreine fortschwemmt. Man fühlte sofort: hier ist ein ganz hoher Sinn in reine und wundervolle Zusammenhänge gebracht; fühlte die durchaus erlebte, durchaus notwendige, in Stolz und Pracht aufflammende Tonsprache eines Künstlers, den Wagner das Reden gelehrt hat, aber der es nicht nötig hat, nachzuahmen, und in dem die ordnende Kraft lebt, die einem geistigen Inhalt die in ihm latente Form schafft.

In diesen herrlichen, romantisch blühenden und schwärmenden Liebesgesängen Waldemars und Toves lebt der ganze Schönberg, der jetzt auf solch einsamen Pfaden die tödlichen Abenteuer einer ungewissen Zukunft sucht und der einmal gesagt hat: Kunst kommt nicht von Können, sondern vom Müssen. – Er hat auch hier gemußt, so heftig und widerstandslos, wie er heute ›muß‹. Nur daß dieses innere Gebot ihn damals noch nicht so weit weg von allem Ererbten geführt hatte; daß sein Neues in den ›Gurreliedern‹ weniger in der Art dieser trunken lohenden, unsäglich bezwingenden Melodie liegt als in dem Zauber der Persönlichkeit, die sie in solch unvergeßlich reicher und großartiger Fülle ausspricht. Eine Persönlichkeit, die hier noch gleichsam im Kostüm geht, und vor allem eine, die sich noch nicht von allem lossagt, was sie als ›formalistisch‹ oder ›verstandesmäßig‹ empfindet (so wenig Formalistisches und Verstandesmäßiges in diesen ›Gurreliedern‹ zu finden ist), und die in jungem, verheißendem Vertrauen an das Leben glaubt und in der Sonne wandelt; sie weiß noch nichts von den unheimlichen Stunden der Angst vor den dunklen Rätseln des Daseins, von den traumwachen Augenblicken, in denen die Stimmen der Nacht ertönen und in denen ihr die Schrecknisse abgründiger Geheimnisse zu gespenstigen tönenden Visionen werden. Hier singt noch die große Liebe in ihrer Seligkeit und ihren Schmerzen ihr ewiges Lebenslied . . .

Aber die Enttäuschung der ›Hetzsucher‹ dauerte weiter: das jubelnde Rufen, das schon nach dem ersten Teil losbrach, stieg zum Tumult nach dem dritten, als nach dem spukhaften Tripelchor der schauerlich hinsausenden wilden Jagd und der dämonischen Scherzo-Burleske des Klaus-Narr in dem genialsten

Melodram, das je geträumt worden ist, ›des Sommerwindes wilde Jagd‹ in ein Klanggespinst eingefangen ward, in dem die große Sinfonie zu klingen begann, die jeder hört, der wachen Herzens zur Julizeit im sonnenheißen Grase liegt: ein wehendes, fliegendes Tönen in seltsam betörender Harmonie: das Tönen luftdurchrauschter Wipfel, flüsternder Wiesen, funkelnder, murmelnder Quellen, das Singen und Summen goldener reifer Felder, in die sich der Wind legt, um wie durch feine Orgelpfeifen zu fliegen. – Und als dann der machtvoll aufbrausende Sonnenaufgangsgruß des Chors vorüber war, in dem die Harmonik des Beginns, ja das dort wie vorahnend vorübergehende Ges-Dur (hier in einer überwältigenden Fis-Dur-Episode gleich einer metaphysischen Erfüllung wirkend) in solch erlöstem, prunkvollem Glanz wiederkehrt, kannte das Jauchzen keine Grenzen mehr; mit tränennassen Gesichtern wurde dem Tondichter ein Dank entgegengerufen, der wärmer und eindringlicher klang, als es sonst bei einem ›Erfolg‹ zu sein pflegt: er klang wie eine Abbitte. – Ein paar junge Leute, die ich nicht kannte, kamen mit schamglühenden Wangen und gestanden mir: sie hätten Hausschlüssel mitgebracht, um zu Schönbergs Musik die ihnen angemessen erscheinende hinzuzufügen, und nun seien sie so ganz zu ihm bezwungen worden, daß sie nun nichts mehr von ihm abbringen könne. Ihre Beschämung und ihr Bedauern war der schönste Triumph, den der leidensvoll ringende, unverzagt alle Schmerzen des Eroberers auf sich nehmende Künstler sich wünschen mochte.«

Die nun wiedergegebenen Schlußsätze eines siebenspaltigen, sehr kritischen, aber im allgemeinen Ton doch wohlwollenden Feuilletons des damals »führenden« Wiener Musikrezensenten Julius Korngold bedürfen einer informierenden Vorbemerkung: Jacobsen hat die ›Gurrelieder‹ in eine Rahmenerzählung eingebaut. Diese spielt in der Wohnung eines alten Kriegsrates, der eine schöne Tochter – Julie – besitzt, die von fünf jungen Männern verehrt wird, die im Nebenberuf auch dichten. Eines Abends sind diese jungen Männer beim Kriegsrat versammelt, um das Erblühen eines sehr seltenen Kaktus abzuwarten, der nach neunjähriger sorgfältiger Pflege endlich eine Knospe angesetzt hat, die noch in dieser Nacht aufgehen soll. Um die Zeit bis zu diesem großen Ereignis auszufüllen und um dem Hausherrn und seiner schönen Tochter gefällig zu sein, lesen die jungen Männer, einer nach dem anderen, durch ausgiebigen Obst- und Teegenuß erfrischt, ihre jüngsten Dichtungen vor.

Als dritter liest Herr Paul, der sich vorher durch drei Gläser Wasser gestärkt hat, die von ihm verfertigten ›Gurrelieder‹, und er erntet dafür nur die zartfühlende Bemerkung des alten Kriegsrates: »Ohne Kritik zu dem Nächsten!« – Korngolds siebenspaltige Kritik in der ›Neuen Freien Presse‹ vom 1. März 1913 schloß mit den Worten: »Reicht uns eine stachlige Künstlererscheinung wie die Schönbergs inmitten hartnäckiger Auflehnung ein umgänglich Werk wie die ›Gurrelieder‹, so dürfen wir mit allen Hoffnungen auf das nächste harren, dürfen uns, wie die in Jacobsens Erzählung erwartungsvoll Versammelten, darauf freuen, daß ›ein Kaktus blüht‹.«

Schönbergs Jugendfreund David Josef Bach sagte in der ›Arbeiter-Zeitung‹ vom 28. Februar 1913 am Schluß seines liebevollen Berichtes: »Die Ergriffenheit der Hörer entlud sich in minuten- und viertelstundenlangem Jubel. Der war echt, mag sich auch mit diesem oder jenem Besucher der falsche Ton des Snobismus eingeschlichen haben. Was tut's? Schönberg hat lange genug nach Anerkennung gedürstet, um mit der Süßigkeit des Erfolges nicht auch ein bißchen unschädliches Gift mitschlürfen zu dürfen.« – Ein saftiges bißchen Gift ließ nicht lange auf sich warten: Am 31. März 1913, fünf Wochen nach dem Triumph der ›Gurrelieder‹, leitete Schönberg an derselben Stätte ein vom »Akademischen Verein für Literatur und Kunst« veranstaltetes Konzert. Das Programm enthielt Werke von Webern (Orchesterstücke op. 6), Zemlinsky (Orchesterlieder), Schönberg (Kammersymphonie op. 9), Alban Berg (Lieder nach Ansichtskartentexten von Altenberg, op. 4, Nr. 2 und 4) und Mahler (Kindertotenlieder). Schon nach den Stücken von Webern und Schönberg war es im Publikum zu Demonstrationen und Gegendemonstrationen gekommen; während des ersten Liedes von Berg kam es aber zu einem derartigen Tumult, daß das Konzert abgebrochen werden mußte. Eine genaue Schilderung der sich bei diesem Anlaß abspielenden Skandalszenen wurde auf Grund eines Berichtes einer Wiener Tageszeitung in der Schönberg-Festschrift der Universal Edition vom September 1924 und in meinem Alban-Berg-Buch (Zürich 1963) wiedergegeben. Hier sei nur noch erwähnt, daß im Anschluß an die Prügeleien, die sich im Konzertsaal abgespielt hatten, eine Gerichtsverhandlung stattfand, von der Egon Wellesz berichtete, daß ein als Zeuge vorgeladener bekannter Operettenkomponist zum Richter sagte: »Auch ich habe gelacht, denn, warum soll man nicht lachen, wenn etwas wirklich komisch ist?« Während ein anderer – ein

Arzt – behauptete, die Wirkung dieser Musik sei »für einen großen Teil des Publikums entnervend und derart schädigend für das Nervensystem gewesen, daß viele Besucher schon äußerlich Zeichen einer schweren Gemütsdepression zeigten«. Von einem anderen Nachspiel berichtet Hermann Scherchen, der eigens zu dem Konzert nach Wien gereist war: »Auf der Rückfahrt begegnete ich auf dem Weg in den Speisewagen Schönberg. Das sonst so friedliche Gesicht des Meisters hatte einen geradezu kriegerischen Ausdruck. Mit zornfunkelnden Augen sah er mich an und fragte: ›Was sagen Sie zu dem Skandal?‹ – Und ohne meine Antwort abzuwarten, fügte er hinzu: ›Man hätte einen Revolver bei sich haben müssen!‹«

Nach dieser Vorausnahme sich anderthalb Jahre später ereignender Triumphe und Skandale wenden wir uns dem Berliner Schaffen Schönbergs zu. Da ist zunächst das im Dezember 1911 vollendete Lied ›Herzgewächse‹ (nach einem Gedicht von Maurice Maeterlinck), op. 20, zu erwähnen, das kurze Zeit danach im Jahrbuch des »Blauen Reiter« in Faksimile veröffentlicht wurde. Es ist für hohen Sopran, Celesta, Harmonium und Harfe gesetzt, wobei in die Harmoniumstimme viele Weisungen zur Registrierung eingetragen sind, die den Orchesterklang andeuten, der dem Komponisten wahrscheinlich ursprünglich vorschwebte. Die Gesangspartie ist in der technischen Ausführung wohl die schwierigste, die Schönberg geschaffen hat. Nachdem sie sich anfangs in der kleinen und eingestrichenen Oktave bewegt, steigt sie im Mittelteil sprunghaft empor und erreicht kurz vor dem Schluß, auf der ersten Silbe der Phrase »mystisches Gebet«, das dreigestrichene F (einen und einen Vierteltakt pppp ausgehalten!) und senkt sich dann wieder in die eingestrichene Oktave herab. In einem Brief an Berg (vom 17. Dezember 1911) bezeichnet Webern das Lied als den »Gipfelpunkt der Musik«. – Das Lied ist nur äußerst selten im Konzertsaal zu hören, doch gibt es seit einigen Jahren davon eine Schallplattenaufnahme (Columbia ML 5099).

Ein Vierteljahr später berichtet Webern Berg von einem Kompositionsauftrag, den Schönberg kürzlich erhalten hätte und der ihm »doppelt günstig« käme, weil er selbst »schon lange an so etwas gedacht« hätte. Der Auftrag kam von der aus Wien stammenden, mit einem Leipziger Rechtsanwalt verheirateten Schauspielerin Albertine Zehme, die sich zu jener Zeit in der Darstellung von Melodramen »spezialisiert« hatte. Ich konnte nicht ermitteln, wer Schönberg auf den 50 »Rondels« umfassenden Gedichtband ›Pierrot Lunaire‹ hingewiesen hatte, dessen von dem belgischen Dichter Albert Giraud 1884 veröffentlichter französischer Originaltext von Otto Erich Hartleben (1864–1905) übersetzt und 1892 in sehr freier, den Inhalt des Zyklus wesentlich vertiefender deutscher Fassung herausgegeben wurde. Ein ausführlicher, reich dokumentierter Bericht über die Schicksale des ›Pierrot Lunaire‹ findet sich in dem von Helmut Kirchmeyer unter dem Titel ›Die zeitgeschichtliche Symbolik des ‚Pierrot Lunaire'‹ verfaßten Beiheft zu der 1962 herausgebrachten Wergo-Schallplatte WER 60001 des Schönbergschen Werkes.

Das Opus 21, »Der ersten Interpretin Frau Albertine Zehme in herzlicher Freundschaft« zugeeignet, trägt den Titel ›Dreimal sieben Gedichte aus Albert Girauds ‚Pierrot Lunaire' (deutsch von Otto Erich Hartleben). Für eine Sprechstimme, Klavier, Flöte (auch Piccolo), Klarinette (auch Baßklarinette), Geige (auch Bratsche) und Violoncell (Melodramen)‹. Die Auswahl und die von der Reihenfolge des Originals abweichende Anordnung der Gedichte sowie die Gliederung des Ganzen in drei Teile wurde von Schönberg selbst vorgenommen. Bei einigen Stücken wird deutliche Trennung durch Pausen gefordert, andere, geistig eng zusammenhängende, gehen mit kurzen Zwischenspielen ineinander über; ein längeres Zwischenspiel findet sich nur im zweiten Teil (zwischen Nr. 13 und 14). Der volle Klangkörper (acht Instrumente) wird nur im letzten Stück eingesetzt; fünf Instrumente treten in sieben Stücken in Erscheinung; in einem Stück (Nr. 7) wird die Sprechstimme nur von der Flöte begleitet. Zu eigenartigen musikalischen Varianten gab die strikte Beibehaltung der Textanlage der Rondelform Anlaß, nach der jeweils von den 13 Zeilen des Gedichtes die erste, siebente und dreizehnte beziehungsweise die zweite und achte Zeile identisch sind.

Eine allgemeingültige Charakterisierung der geistigen Haltung des Werkes ist kaum zu geben; denn auch der »leichte, ironisch-satirische Ton«, den Schönberg einmal als die Grundlage seiner ursprünglichen Konzeption bezeichnete, ist nicht überall gewahrt. Am vollständigsten wohl im ersten Teil, dessen Stücke die Überschriften haben: Mondestrunken – Colombine – Der Dandy – Eine blasse Wäscherin – Valse de Chopin – Madonna – Der kranke Mond. Hier tritt auch der Mond als der passive Urheber all der bizarren Visionen machtvoll in Erscheinung. – Im zweiten Teil (Nacht – Gebet an Pierrot – Raub –

Rote Messe – Galgenlied – Enthauptung – Die Kreuze) wird das Bizarre vielfach ins wahrhaft Dämonische gesteigert. – Der dritte Teil (Heimweh – Gemeinheit – Parodie – Der Mondfleck – Serenade – Heimfahrt – O alter Duft) bringt einen oft von groteskem Humor erfüllten Rückblick auf die im Zeichen des Mondes durchlebte phantastische Traumwelt, an die am Schluß der Beschauer durch »alten Duft aus Märchenzeit« gemahnt wird.

Im instrumentalen Teil des ›Pierrot Lunaire‹ hat Schönberg ein wahres Wunderwerk an kontrapunktischen und koloristischen Finessen geschaffen, deren – notwendigerweise fragmentarisch bleiben müssende – kompositionstechnische Analyse viele Seiten Text und zahlreiche Notenbeispiele erforderlich machen würde. Hier möge nur auf zwei Stücke als prägnante Beispiele für subtile musikalische Gestaltungen hingewiesen werden, zu denen der Komponist durch den dichterischen Inhalt unmittelbar angeregt wurde: In Nr. 18 (›Der Mondfleck‹) wird berichtet, daß Pierrot beim Spazierengehen auf dem Rükken seines schwarzen Rockes einen hellen, von den Strahlen des Mondes verursachten Fleck entdeckt. Da eine solche Entdekkung nur durch Betrachtung im Spiegel möglich war, ist das Stück mit den kühnsten Umkehrungen und Spiegelungen der musikalischen Gestalten erfüllt. – Im letzten Stück (›O alter Duft aus Märchenzeit‹) ergreift der Dichter selbst das Wort und spricht unter anderem von »Freuden, die ich lang verachtet«. Hier werden plötzlich, ohne daß eine bestimmte Tonalität fixiert wird, Erinnerungen an die schöpferische Frühzeit Schönbergs wachgerufen, die noch von traditionellen, aber allmählich kühn bis zu den äußersten Grenzen geführten tonalen Beziehungen beherrscht war. Analoges ließe sich in irgendeiner Art aus jedem Stück des Zyklus ableiten.

Obzwar Schönberg noch in seinen letzten Jahren, so in einem am 15. Februar 1949 an den Dirigenten Hans Rosbaud gerichteten Brief, auf die überragende Bedeutung hinwies, die im ›Pierrot Lunaire‹ dem Instrumentalkörper zukomme, in dem alles Thematische und musikalisch Wichtige vor sich gehe, so ist das absolut Neue und Bahnbrechende des Werkes doch in der Behandlung der Sprechstimme zu erblicken, für die der Komponist in seinem ›Vorwort‹ unter anderem die folgenden Anweisungen gibt: »Die in der Sprechstimme durch Noten angegebene Melodie ist (bis auf einzelne besonders bezeichnete Ausnahmen) *nicht* zum Singen bestimmt. Der Ausführende hat die Aufgabe, sie unter guter Berücksichtigung der vorgezeichneten Tonhöhen in eine *Sprechmelodie* umzuwandeln. Dies geschieht, indem er 1. den Rhythmus haarscharf so einhält, als ob er sänge, das heißt mit nicht mehr Freiheit, als er sich bei einer Gesangsmelodie gestatten dürfte; 2. sich des Unterschiedes zwischen *Gesangston* und *Sprechton* genau bewußt wird: der Gesangston hält die Tonhöhe unabänderlich fest, der Sprechton gibt sie zwar an, verläßt sie aber durch Fallen oder Steigen sofort wieder ...«

Pierre Boulez hat diese Sätze in einer Anmerkung zu der von ihm 1962 geleiteten Wergo-Aufnahme des Werkes als »rätselhaft« bezeichnet und die Vermutung ausgesprochen, daß Schönberg die Beziehungen zwischen Sprechstimme und Singstimme – insbesondere die Variabilität der Umfänge der Register nicht genügend berücksichtigte. Meines Erachtens hat Boulez hier das von Schönberg vorgesehene *Gleiten* der Sprechstimme zwischen den jeweils notierten Tonhöhen nicht in Betracht gezogen, jenes Gleiten, das einen Hauptreiz der Sprechmelodie ausmacht und das Alban Berg einmal als »Bel parlare« dem Belcanto an die Seite gestellt hat.

Schönberg komponierte ›Pierrot Lunaire‹ zwischen dem 12. März und dem 30. Mai 1912 – mit Ausnahme von Nr. 14 (›Kreuze‹), das erst am 9. Juli vollendet wurde. Aus der von Rufer vorgelegten genauen Aufstellung der Entstehungszeiten geht hervor, daß 14 Stücke – zwei Drittel des Ganzen – an je einem Tag geschaffen wurden und daß die Reihenfolge der Entstehung von der endgültigen Anordnung erheblich abwich.

Im September 1912 begannen die Proben im Hause von Albertine Zehme in Berlin-Zehlendorf. Hermann Scherchen, der ursprünglich für den Geigen- und Bratschenpart vorgeschlagen war, hatte das Angebot, da er sich spieltechnisch nicht genügend sicher fühlte, abgelehnt, sich aber ausbedungen, an allen Proben als Zuhörer teilnehmen zu dürfen. Das Ensemble bestand aus dem Geiger Jakob Maliniak, einem Kollegen Scherchens in der Unterhaltungskapelle des Nachtcafés Kutschera in der Wilmersdorfer Straße in Berlin-Charlottenburg, den Mitgliedern der Königlichen Kapelle H. W. de Fries (Flöte) und Karl Eßberger (Klarinette), dem holländischen Cellisten und späteren Dirigenten Hans Kindler und dem Pianisten Eduard Steuermann (1892–1964), der damals in Berlin bei Busoni Klavier und bei Schönberg Komposition studierte und von 1936 an als einer der kompetentesten Musiker des Schönberg-Kreises in Wien und in den USA wirkte. Obwohl Scherchen und Maliniak bis drei Uhr morgens im Nachtcafé musizierten, waren sie doch bei jeder Probe pünktlich zur Stelle, und schon die erste persönliche Begegnung mit Schönberg hinterließ in Scherchen den tiefsten Eindruck, von dem er Jahrzehnte nachher berichtet: »Ich sah ihn zunächst nur durch eine Glastüre in einem Parterrezimmer, in dem er allein mit Frau Zehme die Probe vorbereitete, und hörte ihn Worte aus dem Werk mit dröhnender Sprachgewalt vortragen. Seine Stimme und seine ausdrucksvolle Gestik ließen die Verzückung eines ganz außer sich Geratenen erkennen.«

Die Berliner Uraufführung von ›Pierrot Lunaire‹ fand – nach 40 Proben – am 16. Oktober 1912 im Choralion-Saal in der Bellevuestraße statt; ihr war am 9. Oktober eine Generalprobe vor geladenen Gästen vorangegangen. Albertine Zehme sprach ihren Text im Kostüm eines Pierrot vor einer schwarzen spanischen Wand, hinter der die von Schönberg dirigierten Instrumentalisten musizierten. Den Gedichttexten waren im Programmheft die folgenden Sätze von Novalis vorangestellt: »Es lassen sich Erzählungen ohne Zusammenhang, jedoch mit Assoziation, wie Traum, denken – Gedichte, die bloß wohlklingend und voll schöner Worte sind, aber auch ohne allen Sinn und Zusammenhang, höchstens einige Strophen verständlich, wie Bruchstücke aus den verschiedenartigsten Dingen. Diese wahre Poesie kann höchstens einen allegorischen Sinn im Großen und eine indirekte Wirkung wie Musik haben.«

Die direkte Wirkung des ›Pierrot Lunaire‹ auf das Publikum war im wesentlichen positiv; der Beifall erzwang sogar eine Wiederholung; hingegen waren die Reaktionen der Kritiker und Fachleute, von einigen Stimmen aus Schönbergs Berliner Anhängerkreis abgesehen, sehr ablehnend. Als einziges Beispiel dafür sei hier das angstvolle Stoßgebet zitiert, das der deutsche Komponist Otto Taubmann (1859–1929) im November 1912 im Berliner ›Börsenkurier‹ veröffentlichte: »Wenn das die Musik der Zukunft ist, dann bitte ich meinen Schöpfer, mich eine zweite Aufführung nicht erleben zu lassen!«

Einer der Proben hatte auch Igor Strawinsky beigewohnt, der davon auch in seinen 1935 veröffentlichten Lebenserinnerungen kurz berichtet. Als er 1957 von Robert Craft nach seinen damaligen Eindrücken befragt wurde, antwortete er: »Es ist schwierig, sich Eindrücke, die fünfundvierzig Jahre zurückliegen, ins Gedächtnis zurückzurufen. Aber an etwas erinnere ich mich ganz genau: die instrumentale Substanz des ›Pierrot Lunaire‹ beeindruckte mich außerordentlich. Unter ›instrumental‹ verstand ich damals nicht nur die Instrumentierung dieser

Musik, sondern die gesamte kontrapunktische und polyphone Struktur dieses glänzenden instrumentalen Meisterwerkes.«

Eine »Manifestation der Dekadenz« nannte der amerikanische Musikschriftsteller und Musikkritiker der ›New York Times‹, James Huneker (1860–1921), den ›Pierrot Lunaire‹ in seinem Buch ›Ivory, Apes, and Peacocks‹ (New York 1915), und von Schönberg selbst sagte er: »Er ist von allen Komponisten der grausamste. In seine Musik mischt er spitze Dolche, die er zuvor zur Weißglut gebracht hat, und mit diesen Dolchen schneidet er das Fleisch seiner Opfer in dünne Scheiben. Dann wühlt er mit den Dolchen in den frischen Wunden und erzeugt so neue schaurige Schmerzen.«

Gleich nach der Uraufführung ging das Pierrot-Ensemble auf eine Tournee, die es in elf Städte Deutschlands und Österreichs, darunter München, Wien und Prag, führte. Die eine Hälfte der Aufführungen leitete Schönberg selbst, die andere Hermann Scherchen, der seine außerordentliche Dirigierbegabung schon in einigen Proben, bei denen er Schönberg vertrat, bewiesen hatte. – Publikumsskandale ereigneten sich auf dieser Tournee in einigen Städten; daß in Wien drei Monate danach die erfolgreichen ›Gurrelieder‹ gegen den problematischen ›Pierrot‹ ausgespielt wurden, war ja »selbstverständlich«. Zur Ehre Wiens sei aber auch vorgreifend festgestellt, daß es die erste Stadt war, in der ›Pierrot Lunaire‹ von Musikschülern öffentlich aufgeführt wurde. Im Jahre 1929 veranstaltete Franz Schmidt, der damals an der Spitze der Wiener staatlichen Musikhochschule stand, mit seinen Schülern einen Schönberg-Abend, in dem, dirigiert von Schmidt selbst, unter anderem auch ›Pierrot Lunaire‹, und in einer Art wiedergegeben wurde, die an verständnisvoller und klangschöner Gestaltung nichts zu wünschen übrigließ.

Wenn dieses Ereignis als höchst erfreuliches Symptom für die Durchsetzung des anfänglich so mißtrauisch aufgenommenen Werkes aufgefaßt werden kann, so ist dessen Umwandlung in ein Ballett, wie sie 1962 durch den amerikanischen Choreographen Glen Tetley vorgenommen wurde, sehr unerfreulich. Schönberg hat sich schon 1922 gegen derartige Pläne, bei denen er nicht selbst die volle künstlerische Verantwortung übernehmen könnte, ganz entschieden ausgesprochen.

Eine schöne »historische« Würdigung fand ›Pierrot Lunaire‹ in dem 1924 in Berlin erschienenen Buch ›Richard Strauss und die Neue Musik‹ des Berliner Musikkritikers Walter Schrenk: »Dieses Melodram gehört zu jenen einmaligen, unwiederholbaren Schöpfungen, die im Positiven und Negativen Weg und Schicksal der musikalischen Kunst zeigen. Von diesem hohen historischen Standpunkt aus gesehen, reiht es sich also Werken an wie Mozarts ›Don Giovanni‹, Beethovens ›Missa solemnis‹ oder seinen letzten Quartetten, Wagners ›Tristan‹, Mahlers ›Lied von der Erde‹ und Richard Strauss' ›Elektra‹. Es kommt hier gar nicht darauf an, Vergleiche zu ziehen, sondern die Zusammenstellung mit den soeben genannten Werken soll nur darauf hindeuten, daß der ›Pierrot Lunaire‹, ähnlich wie jene, gewissermaßen an einem Wendepunkt der Musik geschaffen wurde.«

Im Juni 1912, also kurz vor der Vollendung des ›Pierrot Lunaire‹, erschien in der Berliner Zeitschrift ›Die Musik‹ ein Aufsatz über Schönberg. Wenn man von dem 1912 fertiggestellten »Huldigungsbuch« absieht, war dies die erste größere literarische Würdigung des Komponisten. In den bisherigen Schönberg-Biographien fand ich sie nicht erwähnt. Sie führte den Titel ›Arnold Schönberg. Wesenhafte Richtlinien in der neueren Musik‹. Ihr Autor – Arno Nadel – gehörte dem Kreis um Busoni an. Das folgende Zitat möge für seine in ihrer bescheidenen Ausdrucksweise besonders sympathische Betrachtungsart zeugen: »Schönberg erhebt den innersten Zwang zur höchsten künstlerischen Tugend und schaltet selbstherrlich auf dem von ihm betretenen Gebiete. Selbstherrlich und eigensinnig, aber immer als Künstler. Wer naiv an die Kompositionen, an seine entschiedensten herantritt, der wird, seinem moralischen Temperamente folgend, entweder vor einem unauflösbaren Rätsel stehen, oder er wird ihren Schöpfer für einen Kranken oder für einen Lügner halten. Man muß schon fast unbescheiden werden, wenn man erklärt, man habe den Sinn eines Schönbergschen Stückes erfaßt. – Wie weit übrigens bei einem solchen intuitiven Erkennen der Geist das Gefühl unterstützt, das läßt sich vorläufig gar nicht feststellen. Ich meine: es ist fraglich, ob wir in einem solchen Falle mehr unserm Geiste oder unserer Empfindung folgen. – Mir ging es mit zwei kleineren Stücken, die aber Schönbergs Kunst vortrefflich charakterisieren, so, daß ich tatsächlich aus ihnen das Organische heraushörte. Mir schien beim Erleben des Liedes ›Nie werd' ich, Herrin, müd'‹ (op. 8, Nr. 4) und des zweiten Klavierstückes aus Opus 11 eine ferne, sehr ferne Sonne aufzugehen, mit fremdem Licht, mit fremder, stiller Wärme. Die völlig entlegene Diktion erschien mir durchaus notwendig, zum mindesten durchaus echt. Und da ich diese Stücke lobe, will ich damit sagen, daß ich auch das Objektive in ihnen wahrnahm, also das, was auch außerhalb unseres älteren Geschmackes sich bewährt. Denn in Schönbergs Kunst ist Strenge und Form. Aber es ist schwer, sehr schwer, ihm zu folgen, weil wir plötzlich unser ganzes Sinnensystem ändern müssen. Seine Musik verhält sich von der entgegengesetzten Seite zu unserer, wie die mittelalterliche Quintenmusik zu unseren Chören ...«

Wenige Monate nach diesem Aufsatz wurde Schönberg auch in Wien »biographisch« gewürdigt: im Oktoberheft (1912) der kurzlebigen Wiener Zeitschrift ›Modernes Musikleben‹ in Nr. VI der Reihe ›Biographische Skizzen moderner Musiker‹. Der vom Chefredakteur Dr. H. R. Fleischmann verfaßte, ziemlich trokkene Artikel begnügt sich im wesentlichen mit einer Aufzählung der bis zum ›Pierrot Lunaire‹ geschaffenen Werke, die mit allgemeinen Lobsprüchen und Hinweisen auf die Kühnheit ihrer Konzeption und Ausführung bedacht werden. Der Artikel schließt mit dem folgenden Hymnus auf die ›Harmonielehre‹: »Hier hat Schönberg mit strengster Sachlichkeit, mit der Frische, Unmittelbarkeit und Wahrhaftigkeit eines aus der Erfahrung Schöpfenden Gedanken niedergelegt, die durch ihren geradezu unheimlich gedrungenen Gehalt und durch die seltene sprachliche Vollendung ihres Ausdrucks dem Buche die Prägung eines Kunstwerkes verleihen, für dessen Bedeutung wohl die *allgemeine Anerkennung* spricht, die der ›Harmonielehre‹ bisher *allenthalben* beschieden war.«

Daß das Wort »allenthalben« einer gewissen Einschränkung bedarf, zeigt der erste Lexikonartikel, der Schönberg gewidmet wurde. Er ist im berühmten Musiklexikon von Hugo Riemann (8. Auflage, 1916) zu finden, wurde aber, wie das Werkverzeichnis beweist, wahrscheinlich schon 1914 konzipiert. In ihm heißt es unter anderem: »Schönberg, ein durch die Extravaganzen der Faktur seiner neuesten Werke Protest herausfordernder Komponist, dem aber trotz seiner Sucht, Unerhörtes zu leisten, Talent nicht abzusprechen ist und der auch in seinen früheren Werken ein normales Gesicht zeigt (Richtung Liszt-Wagner-Strauss) ... Seine 1911 erschienene ›Harmonielehre‹ ist ein seltsames Gemengsel von theoretischen Rückständigkeiten und Befangenheiten, die aus Simon Sechters System herrühren, und hypermoderner Verneinung aller Theorie. Das naive Geständnis des Verfassers, daß er ›nie eine Musikgeschichte gelesen habe‹, gibt den Schlüssel für dieses beispiellos dilettantische Machwerk. Das ›Kunsthandwerk‹, welches Schönberg zu lehren vorgibt, ist Gott sei Dank heute noch dem Gemeingefühl fremd.« – In den späteren, von Alfred Einstein und Willibald Gurlitt betreuten Ausgaben des Riemann-Lexikons sind diese beispiellosen Anwürfe Gott sei Dank eliminiert worden.

In der weiteren Betrachtung von Schönbergs Schaffen ist nun des Dramas mit Musik ›Die glückliche Hand‹, op. 18, zu gedenken, das im November 1913 vollendet wurde und dessen Titel der Komponist als »der Hauptsache nach symbolisch« bezeichnet hat. Mit diesem Symbolismus, der vor allem in den »höheren Schichten« des Werkes eine entscheidende Rolle spielt, hat sich Karl H. Wörner in einer größeren Studie (erschienen 1964 in der ›Schweizerischen Musikzeitung‹) sehr ausführlich und gründlich beschäftigt. Er wies auch sehr eindringlich auf die deutlichen Zusammenhänge hin, die zwischen den szenischen Vorgängen der ›Glücklichen Hand‹ und den um die Jahrhundertwende entstandenen Bühnenwerken August Strindbergs – ›Nach Damaskus‹, ›Totentanz‹ und ›Ein Traumspiel‹ – bestehen.

Die Anfänge von Schönbergs Arbeit an der ›Glücklichen Hand‹ reichen – wie eine kleine Notennotiz (drei kurze musikalische Einfälle und nebenstehend die Worte »Taten, Beschwichtigung, Schein – Glück«) vom 11. Oktober 1908 beweist – bis in die Zeit der Arbeit am Monodram ›Erwartung‹ zurück. Diesmal gestaltete Schönberg den Text allein, und die sprachliche Formung dieses ersten von ihm geschaffenen »Librettos« ist für ihn ebenso interessant und reizvoll wie die musikalische Gestaltung.

Ebenso wie in ›Erwartung‹ spielt sich auch in der ›Glücklichen Hand‹ das eigentliche Drama in der Seele eines einzigen Menschen – dort einer Frau, hier eines Mannes – ab. Im Gegensatz zu dem Monodram werden aber hier die den Träger des Dramas erschütternden Gedanken und Ereignisse nach außen projiziert. Die qualvollen Selbstbetrachtungen des Mannes werden durch einen gespenstisch aufscheinenden Chor von sechs Frauen und sechs Männern vollzogen, deren Diktion hauptsächlich in den kurz nachher im ›Pierrot Lunaire‹ systematisierten Sprechmelodien besteht, die aber auch mehrmals in Gesang übergehen. Die übrigen Personen – ein schönes Weib, ein eleganter Herr und eine Gruppe von Metallarbeitern – agieren rein mimisch. Eine sehr wesentliche, den musikalischen Vorgängen fast gleichwertige Rolle spielt die Beleuchtung in ihrem Wechsel an Farbe und Intensität; für alle ihre Nuancen sind in der

Partitur entsprechende Angaben zu finden; einmal – nach der Arbeiterszene im dritten Bild – sind sogar parallele Crescendi des Lichtes und des Sturmes vorgeschrieben.

Ehe die »Handlung« einsetzt, wird der Mann in einer Art visionärer Schau gezeigt. Er liegt, in fast völliger Dunkelheit, auf dem Boden, das Gesicht der Erde zugewandt. Auf seinem Rücken sitzt ein bösartiges Fabeltier, »das sich in seinen Rücken verbissen zu haben scheint«. Durch kleine Luken wird der Mann von je sechs Frauen und Männern, deren Gesichter grün beleuchtet sind, betrachtet; sie sprechen und singen sehr leise und mit tiefstem Mitleid: »Still, o schweige, Ruheloser! – Du weißt es ja; du wußtest es ja; und trotzdem bist du blind? Kannst du nicht endlich Ruhe finden? So oft schon! Und immer wieder? Du weißt, es ist immer wieder das Gleiche. Immer wieder das gleiche Ende. Mußt du dich immer wieder hineinstürzen? Willst du nicht endlich glauben? Glaub der Wirklichkeit; sie ist so, so ist sie und nicht anders. – Immer wieder glaubst du dem Traum; immer wieder hängst du deine Sehnsucht ans Unerfüllbare; immer wieder überläßt du dich den Lockungen deiner Sinne, die das Weltall durchstreifen, die unirdisch sind, aber irdisches Glück ersehnen! Irdisches Glück! Du Armer! – Irdisches Glück! – Du, der das überirdische in dir hast, sehnst dich nach dem irdischen! Und kannst nicht bestehn! Du Armer!«

Der Mann erhebt sich und singt mit tiefer Ergriffenheit: »Ja, o ja!« – In diesem Augenblick erhellt sich die Bühne, und in den beiden folgenden Bildern entfaltet sich die eigentliche Handlung: Sie zeigt zunächst die Liebe des Mannes zu dem Weib, das ihm aber durch den »Herrn« abspenstig gemacht wird. Dann wird das kämpferische und schöpferische Wesen des Mannes vorgeführt, gegen das die Arbeiter eine feindliche Haltung einnehmen. Noch einmal versucht der Mann die Liebe des Weibes zu gewinnen, wird aber von ihm zurückgestoßen und sinkt an derselben Stelle wie am Anfang zu Boden.

Wieder erscheinen in den Luken die sechs Männer und sechs Frauen; ihre Gesichter sind aber jetzt graublau erleuchtet, und ihre Worte klingen »anklagend streng«: »Mußtest du's wieder erleben, was du so oft erlebt? Mußtest du? Kannst du nicht verzichten? Nicht dich endlich bescheiden? Ist kein Friede in dir? Noch immer nicht! – Suchst zu packen, was dir nur entschlüpfen kann, wenn du's hältst. Was aber in dir ist und um dich, wo du auch seist. – Fühlst du dich nicht? Hörst du dich nicht? Fassest nur, was du greifst! Fühlst du nur, was du berührst, deine Wunden erst an deinem Fleisch, deine Schmerzen erst an deinem Körper? – Und suchst dennoch! – Und quälst dich! – Und bist ruhelos!« – Während sich etwas Rot in das Graublau der Gesichter mischt, ertönen, ehe es ganz finster wird, die letzten Worte des Dramas: »Du Armer!«

Die hier versuchte kurze Schilderung des Bühnengeschehens hat wohl die Grundidee des Dramas deutlich hervortreten lassen: die Tragödie des schöpferischen, mit einer »glücklichen Hand« ausgestatteten Mannes, der das Glück des Schöpfertums mit dem Verzicht auf irdisches Glück bezahlen muß, und es ist bezeichnend, daß Schönberg dieses Drama gerade in der Zeit seiner tiefsten irdischen Erniedrigung gedichtet und musikalisch gestaltet hat. – Seine Musik, die dem Mann die Baritonstimme zugeteilt hat, verwendet das gleiche, etwa neunzig Instrumentalisten umfassende Orchester wie in ›Erwartung‹; der Gesamtklang ist aber transparenter und die Linienführung meistens härter; an zwei Stellen ist – in einen bitonalen Akkord hineintönend – »grelles, höhnisches Lachen einer Menschenmenge« vorgeschrieben. Soweit als möglich wird die Parallelisierung des akustischen mit dem optischen Geschehen – insbesondere mit den angestrebten Farbwirkungen – durchgeführt.

Angesichts der engen Bindung des Dramas an das Optische ist es begreiflich, daß man kurz nach Vollendung der ›Glücklichen Hand‹ mit dem Plan einer Verfilmung des Werkes – natürlich als Stummfilm mit begleitender Musik – an Schönberg herantrat. Vermittler scheint, wie ein Brief des Komponisten von Ende 1913 oder Anfang 1914 vermuten läßt, Emil Hertzka, der Leiter der Universal Edition, gewesen zu sein. Schönberg war, unter der Voraussetzung, daß an der Substanz seiner Musik nichts geändert würde und er an der Einstudierung maßgebend teilnehmen könnte, mit dieser Idee sehr einverstanden. Er war eventuell sogar dazu bereit, bei der Ausführung des instrumentalen Teils auf das Orchester zu verzichten und dessen Part einer mechanischen Orgel zu überlassen. Er sah damals der Entwicklung solcher Orgeln mit großen Hoffnungen entgegen und schrieb: »Ich verspreche mir von diesen Instrumenten mit ihren herrlichen Bässen und den unzähligen genau fixierten Klangfarben das Großartigste.« – Bezüglich der optischen Gestaltung machte er zu vielen Einzelheiten sehr genaue Vorschläge; noch viel wichtiger war aber seine allgemeine Vorstellung von der filmischen Erscheinung, der er mit den folgenden Worten Ausdruck gab: »Ich will: *Höchste Unwirklichkeit!* – Das Ganze soll (nicht wie ein Traum), sondern wie Akkorde wirken. Wie Musik. Es darf nie als Symbol, oder als Sinn, als Gedanke, sondern bloß als Spiel mit Erscheinungen von Farben und Formen wirken.« – Ehe an die Verfilmung gegangen werden sollte, hätte ein Maler die Hauptszenen zu entwerfen gehabt, wobei er an erster Stelle Oskar Kokoschka nannte, an zweiter Wassily Kandinsky und an dritter Alfred Roller. Das Filmprojekt wurde nicht verwirklicht. Seine Realisierung wäre aber auch heute, da die technischen Möglichkeiten größer denn je sind, wünschenswert, zumal ›Die glückliche Hand‹ unter den größeren Werken Schönbergs das wohl am seltensten aufgeführte ist.

Die Uraufführung fand am 14. Oktober 1924 in der Wiener Volksoper statt. Dirigent war Fritz Stiedry, Regie führte Josef Turnau. Als Solisten fungierten Alfred Jerger (der Mann), Hedy Pfundmayr (die Frau) und Josef Hustinger (der Herr).

Außer durch seine Schaffens- und Lehrtätigkeit war Schönberg in den Jahren 1912 bis 1914 durch Dirigiergastspiele sehr in Anspruch genommen, Ereignisse, die nicht nur das Anwachsen seines künstlerischen Rufes anzeigten, sondern die auch zur Verbesserung seiner materiellen Lage wesentlich beitrugen. Nach Absolvierung der ›Pierrot Lunaire‹-Tournee leitete er Aufführungen von ›Pelleas und Melisande‹ in Amsterdam (November 1912) und Sankt Petersburg (Dezember 1912). Im Jahre 1913 waren vor allem die schon früher erwähnten Wiener Konzerte (Uraufführung der ›Gurrelieder‹ am 23. Februar durch Franz Schreker und das von Schönberg geleitete »Skandalkonzert« vom 31. März) wichtig. 1914 dirigierte Schönberg unter anderem die fünf Orchesterstücke, op. 16, in London und Amsterdam und die ›Gurrelieder‹ in Leipzig. Andere bedeutsame Aufführungen gab es in Prag (die Sechs Orchesterlieder, op. 8, unter Leitung von Zemlinsky), in Leipzig (die Kammersymphonie, op. 9, unter Artur Nikisch) und in Berlin (zweimal die Kammersymphonie unter Leitung von Scherchen). Bei der zweiten Wiedergabe der Kammersymphonie in Berlin kam es zu einem heftigen Skandal, der, wie mir Scherchen erzählte, seine im Saal anwesende Mutter furchtbar aufregte und sie schließlich zu folgendem rührendem Eingriff veranlaßte: Sie schlich sich vorsichtig an den leidenschaftlichsten »Pfeifer« heran, berührte ihn leise an der Schulter und sagte zu ihm: »Aber mein Herr, warum pfeifen Sie denn? – Der Junge hat sich doch solche Mühe gegeben!«

Ferner wurde am 19. November 1913 unter Leitung von Franz Schalk von den Wiener Philharmonikern unter Mitwirkung von Pablo Casals zur Feier des zwanzigjährigen Bestehens der von Guido Adler herausgegebenen ›Denkmäler der Tonkunst in Österreich‹ ein Werk Schönbergs aufgeführt. Es handelte sich um das im Band 39 (1912) der ›Denkmäler‹ mit der von Schönberg geschaffenen Generalbaßbearbeitung aufgenommene Violoncellokonzert in g-Moll von Matthias Georg Monn (1717–1750).

In den Jahren 1912 und 1913 wurden Schönberg die Zinsen der Gustav-Mahler-Stiftung – jeweils zirka 3000 Kronen – zuerkannt. Die Juroren waren Ferruccio Busoni, Bruno Walter und Richard Strauss. Während die ersten beiden auch der zweiten Verleihung ohne weiteres zustimmten, schrieb Strauss dazu an Alma Maria Mahler: »Ich stimme Ihnen bei, die Zinsen der Stiftung Arnold Schönberg zu geben. Wenn ich auch glaube, daß es besser wäre, wenn er Schnee schaufeln würde, als Notenpapier vollzukritzeln – so geben Sie ihm immerhin die Stiftung ... da man ja nie weiß, wie die Nachwelt darüber denkt.« – Durch eine Indiskretion erhielt Schönberg vom Inhalt dieses Briefes Kenntnis, was ihn in einem Brief – er findet sich in dem von Erwin Stein herausgegebenen Sammelband – zu einem heftigen Ausfall gegen den Menschen und Künstler Richard Strauss veranlaßte.

Mitte 1913 kam es zur ersten persönlichen Fühlungnahme zwischen Schönberg und dem österreichischen Komponisten Josef Matthias Hauer (1883–1959), dem Begründer eines eigenständigen Zwölftonsystems, von dem später noch ausführlich die Rede sein wird (siehe Seite 145). Im Augenblick sei nur erwähnt, daß der dreißigjährige Hauer Schönberg im Frühjahr 1913 von Wiener Neustadt aus um eine Unterredung in Berlin ersucht hatte, wahrscheinlich in der Absicht, ihm seine bisherigen Kompositionen (er hielt damals bei Opus 3) zu zeigen und seine Meinung darüber einzuholen. Schönberg entschuldigte am 23. Juni seine verspätete Antwort mit Überlastung und Übermüdung und riet Hauer, sich zunächst mit einem seiner Wiener Schüler – Webern, Berg oder Karl Linke – zu beraten und ihm deren Meinung mitzuteilen; wenn diese es für zweckmäßig hielten, könne man ja dann eventuell ein Zusammentreffen vereinbaren. Hauer scheint in seiner Anfrage auf das Lob hingewiesen zu haben, das seine bisherigen Kompositionen bei einigen Menschen gefunden hatten, und auf diesen Hinweis dürfte sich der Satz beziehen, mit dem Schönberg seinen Brief schloß: »Zum Komponieren gehört Mut, und wenn man was zu sagen hat, muß man die Lober genau so geringachten wie die Tadler.«

Etwas früher, im Dezember 1912 und Januar 1913, findet ein Briefwechsel Schönbergs mit dem seit 1901 in Blankenese bei Hamburg ansässigen Dichter Richard Dehmel (1863–1920) statt. Er wird erst jetzt besprochen, weil Schönberg in ihm einige Gedanken entwickelte, die erst in späterer Zeit zu voller schöpferischer Auswirkung gelangten. Der sieben Dokumente umfassende Briefwechsel wurde, mit kurzen Kommentaren versehen, von Joachim Birke 1958 in Heft 3 der Zeitschrift ›Die Musikforschung‹ veröffentlicht.

Dehmels erstem Brief an Schönberg vom 12. Dezember 1912 war kurz zuvor eine persönliche Begegnung der beiden Künstler vorangegangen. Schönberg erwähnte diese in seinem Brief vom 13. Dezember. Vertonungen von Gedichten Dehmels finden sich in Schönbergs Opera 2, 3 und 6; das dem Streichsextett ›Verklärte Nacht‹ zugrunde liegende Gedicht wurde hier auf Seite 16 wiedergegeben. An einer Hamburger Aufführung des Sextetts knüpfte jener erste Brief Dehmels an, den dieser nach dem Konzert schrieb und worin er dem Komponisten von seiner Bezauberung durch die Musik berichtete und mit dem folgenden, in den Druckausgaben von Dehmels Werken nicht enthaltenen Vierzeiler schloß:

Ein Wörtlein Dank – o schöner Schall:
des Schöpferwortes Widerhall.
Uns allen ahnt kein höher Glück:
nun tönt die Welt zu Gott zurück.

Schon am nächsten Tag richtete Schönberg in einem überaus herzlich gehaltenen Dankbrief an Dehmel die Frage, ob dieser ihm nicht den Text zu einem Oratorium verfassen würde, das er schon seit langem zu schreiben plane und als dessen erster Gedanke ihm die Worte »Das Gebet des Menschen von heute« eingefallen seien. – Als Inhalt des Werkes schwebte ihm vor: »Wie sich der Mensch von heute, der durch Materialismus, Sozialismus und Anarchie durchgegangen ist, der Atheist war, aber sich doch ein Restchen alten Glaubens bewahrt hat (in Form von Aberglauben), wie dieser moderne Mensch mit Gott streitet (siehe auch: ›Jakob ringt‹ von Strindberg) und schließlich dazu gelangt, Gott zu finden und religiös zu werden. Beten zu lernen!« – Im selben Brief berichtete Schönberg noch über viele Einzelheiten seiner Oratoriumsidee und erwähnte auch, daß er daran denke, Strindbergs 1897/98 als Fortsetzung von ›Inferno‹ entstandenes autobiographisches Fragment ›Jakob ringt‹ zu einem Oratorientext umzuformen, und auch beabsichtige, das Schlußkapitel (›Die Himmelfahrt‹) von Balzacs Roman ›Seraphita‹ – einem seiner Lieblingsbücher, aus dem er, wie Rufer 1958 berichtet, den Plan zu einer Oper ableitete – zu solchem Zwecke zu bearbeiten.

Dehmels Antwort begann mit den Worten: »Ihr Brief hat mir eine hohe Freude bereitet, wohl die höchste, die es für den Künstler geben kann; es ist ja der einzige Beweis für unsere geistige Schöpferkraft, daß wir andre Geister schöpferisch anregen.« – Schönbergs Wunsch nach einem Oratorientext konnte Dehmel aber zu seinem Bedauern nicht erfüllen, da er schöpferische Anregungen nicht von einem fremden Willen abhängig machen wollte, weil ihn die Erfahrung gelehrt hatte, daß dann seine Seele »nichts Innerstes hergab«. Er legte aber sein 1911 entstandenes Gedicht ›Schöpfungsfeier/Oratorium natale‹ bei und gab der Hoffnung Ausdruck, damit Schönberg irgendwie gedient zu haben.

In seinem Brief vom 28. Dezember 1912 zeigte Schönberg volles Verständnis für Dehmels Auffassung und erwähnte, daß er die ›Schöpfungsfeier‹ in anderer Weise als oratorienmäßig verarbeiten werde; er denke dabei an den Mittel- oder Schlußsatz einer Symphonie. – In seinem Brief vom 29. Dezember gab Dehmel noch nähere Erklärungen zur ›Schöpfungsfeier‹ und berichtete auch von Entwürfen, die einem »heroischen Drama« mit biblischen Figuren galten. – In seinem nächsten Schreiben (vom 12. Januar 1913) mußte Schönberg erklären, daß er in den nächsten Monaten nicht zum Komponieren kommen werde, da der »Betrieb« ihn erfaßt hätte. – Er meinte damit seine für die nächste Zeit eingegangenen Dirigierverpflichtungen, vor allem die Wiener Uraufführung der ›Gurrelieder‹.

Es ist nur noch ein Brief Schönbergs an Dehmel bekanntgeworden: das Schreiben, mit dem er dem Dichter zum fünfzigsten Geburtstag gratulierte. Er gedachte darin ausführlich der Anregungen, die er und alle Menschen von der Kunst Dehmels empfangen hätten und sagte dazu unter anderem: »Von Ihnen lernten wir die Fähigkeit, in uns hinein zu hören und dennoch ein Mensch *unserer* Zeit zu sein. Oder vielmehr eben darum: weil die Zeit vielmehr innen, in uns war, als außen,

Arnold Schönberg 1913. Karikatur von Lindluff.

in der Realität. Von Ihnen aber lernten wir auch das Gegenteil: wie man ein Mensch *aller* Zeiten sein kann, indem man einfach ein Mensch ist.«

Das letzte Werk, an dem Schönberg noch in Berlin arbeitete und das er dort zum größten Teil vollendete, waren die Vier Lieder für Gesang und Orchester, Opus 22. Die dichterischen Vorlagen dazu waren: das Gedicht ›Seraphita‹ von Ernest Dowson (in der Übersetzung von Stefan George) und zwei Gedichte aus dem ›Stundenbuch‹ (›Alle, welche dich suchen‹ und ›Mach mich zum Wächter deiner Weiten‹) und aus dem ›Buch der Bilder‹ (›Vorgefühl‹) von Rainer Maria Rilke. Die ersten drei Lieder wurden zwischen Oktober 1913 und Januar 1915 in Berlin geschaffen, das vierte im Juli 1916 in Wien. Das längste der Lieder (Nr. 1) hat 85 Takte, das kürzeste (Nr. 2) 25 Takte.

In einem im Februar 1932 für Radio Frankfurt am Main entworfenen (aber nicht selbst gehaltenen) Vortrag berichtete Schönberg, daß er zur Zeit der Entstehung dieser Lieder die Hauptschwierigkeiten, die ihm der Verzicht auf jede Bindung an die traditionellen Tonalitätsbeziehungen bereitete, zwar fast überwunden hatte, daß er sich aber bei der musikalischen Gestaltung der besonders starke Ausdruckskraft aufweisenden Texte nur von seinem inneren Formgefühl leiten lassen konnte, das ihn weit über alles bisher Geleistete hinausführte. Dies gilt vor allem für die allgemeine Klangatmosphäre, die in jedem Lied durch eine andere Orchesterbesetzung erzielt wird. Dafür hier als Beispiele die in Nr. 1 und Nr. 2 verwendeten Klangkörper. Nr. 1: 24 Geigen, 12 Violoncelli, 9 Kontrabässe, 6 Klarinetten, 1 Trompete, 3 Posaunen, 1 Baßtuba, Pauken, Becken, Xylophon, Tamtam; Nr. 2: 4 große Flöten, 1 Englischhorn, 3 Klarinetten, 2 Baßklarinetten, 1 Kontrafagott, 1 Harfe, 3 Soloviolоncelli, 1 Solokontrabaß. Für die Singstimme wird in den Liedern ein Umfang vom G der kleinen Oktave bis zum dreigestrichenen Cis gefordert. Die hinsichtlich der Diktion und des Vortrags an die Singstimme gestellten Anforderungen übersteigen aber die rein technischen noch erheblich.

Schönberg hat der 1917 von der Universal Edition veröffentlichten Ausgabe der Lieder ein längeres Vorwort vorangestellt, in dem er die Anlage der von ihm in dieser Ausgabe erstmals praktizierten »Vereinfachten Studier- und Dirigier-Partitur« ausführlich begründete. Diese Partitur hat, je nach Bedarf, zwei bis sechs Notenzeilen und ist nach dem Prinzip aufgebaut, jedes musikalische Ereignis im Notenbild auf die einfachste Art zu fixieren und dennoch die Möglichkeit zu bieten, den Verlauf jeder einzelnen Stimme genau zu verfolgen. Schönberg verglich das so entstehende Notenbild mit der Art, in der er die erste Niederschrift seiner Orchesterwerke zu vollziehen pflegte: Alle erklingenden Töne werden, im vorgesehenen Rhythmus, auf wenigen Zeilen notiert und dazu die vollständige Instrumentation vermerkt. Dieses »Particell« soll dann sowohl zur Herstellung der nur dem Ausschreiben der einzelnen Stimmen dienenden »Reinpartitur« verwendet werden als auch zur Anlage der »vereinfachten Studier- und Dirigier-Partitur«, in der jeweils nur so viele Liniensysteme eingesetzt sind, als gerade gebraucht werden, und in der die in gleichem Rhythmus gehenden Stimmen möglichst auf derselben Zeile notiert werden. Auch die Harmoniebildungen sollen nach Möglichkeit durch akkordische Schreibweise ersichtlich gemacht werden. Das Ganze hat entschiedene Ähnlichkeit mit für zwei oder mehr Hände gesetzten Klavierauszügen, vermehrt um die Instrumentationsangaben.

Die Redaktion der Wiener Musikzeitschrift ›Der Merker‹ sandte die Partitur von Schönbergs Opus 22 gleich nach deren Erscheinen (1917) an Siegfried Ochs, Artur Nikisch, Felix von Weingartner, Max von Schillings, Bruno Walter und Wilhelm Furtwängler, die angesehensten deutschen Dirigenten jener Zeit, und erbat deren Meinung zu Schönbergs Partiturreform. Die Antworten wurden im ›Merker‹-Heft vom 15. Juli 1918 veröffentlicht. Sie waren, was den Konzertgebrauch der Partituren anlangt, durchwegs ablehnend, zumeist aus »handwerklichen« Gründen; zu Studienzwecken ließ Schillings die Neuerung gelten. Weingartner schloß seine Ablehnung mit dem spöttischen Satz: »Im übrigen fand ich, daß Schönbergs Partitur-Notierung mit seiner Musik vollkommen übereinstimmt.«

Das nächste Werk, das Schönberg nach den Vier Orchesterliedern op. 22 veröffentlichte, waren die Fünf Klavierstücke op. 23, die 1923 im Verlag Wilhelm Hansen, Kopenhagen, erschienen.

In den zwischen der Entstehung der beiden Werke liegenden sieben Jahren vollzogen sich im Leben und Schaffen des Komponisten überaus wichtige Entwicklungen.

Nach Ausbruch des Ersten Weltkrieges wurde Schönbergs materielle Lage in Berlin immer schwieriger. Aus den Briefen, die Alban Berg in jener Zeit an den schon zum Militär eingezogenen Webern richtete, werden die rührenden Bemühungen des Wiener Schülerkreises deutlich, Schönberg mit ausreichenden Geldmitteln zu versehen. Berg bemühte sich vor allem darum, für Schönberg weitere Beträge aus der Mahler-Stiftung zu erhalten, und hatte deshalb auch harte Auseinandersetzungen mit Alma Maria Mahler, die sich schließlich doch für Schönberg einsetzte und ihm und seiner Familie im Juli 1915 sogar einen Sommeraufenthalt im Landhaus einer Freundin auf dem Semmering ermöglichte.

Schon vorher war er einige Male zu kürzeren Aufenthalten in Wien gewesen. Am 26. April 1915 hatte er dort im Großen Musikvereinssaal mit dem verstärkten Tonkünstlerorchester, dem Philharmonischen Chor, dem Kaufmännischen Gesangverein und einem ausgezeichneten Soloquartett Beethovens Neunte Symphonie aufgeführt (dem Werk war die Egmont-Ouvertüre vorausgegangen). Zu diesem Konzert, über das sich Alban Berg begeistert äußerte, übergab mir Berg die Abschrift einer Kritik, die am 1. Mai 1915 in der in Wien erscheinenden Tageszeitung ›Ostdeutsche Rundschau‹ zu lesen gewesen war und deren Ton an die blühendsten Nazizeiten gemahnt. Aus ihr seien hier einige Sätze wiedergegeben: »... Der Verlauf dieser Veranstaltung lüftete einmal ausgiebig den Schleier angeblicher Sonderbegabung, den eine Gruppe von Musikpolitikern, Kunstkaufleuten verschiedener Art und von anarchischer Richtung, beide auf gemeinsamer, sehr charakteristischer Gesinnungsgrundlage fußend, für eigene oder für fremde Rechnung über diesen Mann geschickt zu breiten verstanden hatte und anscheinend noch weiter breiten will. Auf ein so vollkommenes Versagen in jeder Beziehung, nicht nur in der technischen, sondern auch in jeglicher musikalischen, wie bei diesem aberwitzigen Dirigierversuch, waren wohl selbst die überzeugten Gegner dieses Menschen, der seit einer Reihe von Jahren stets die Ursache der widerlichsten Erscheinungen im Musikleben Wiens ist, nicht gefaßt. Seine Bewegungstätigkeit am Dirigentenpult bot ein Bild völliger Hilflosigkeit. Er verriet nicht einmal die Spur des Versuches einer dem inneren Gehalt des Werkes nachforschenden Auffassung, von einem Eindringen in den erhabenen Geist dieses ewigen Denkmals deutscher Kulturgröße ganz zu schweigen. – Herrn Schönberg fehlt auch das Körperliche, die einfache Handfertigkeit des Dirigierens, die Orientierung im Orchester in solchem Maße, daß gewiß bei jedem anderen nicht von Stammesvorurteilen bis zur Schamlosigkeit verteidigten Günstling der einstimmige Chorus der kritischen Stimmen mindestens ein ›Ganz talentlos!‹ donnern würde ... Die abgefeimte Idee, Herrn Schönberg Beethovens Neunte Sinfonie zu öffentlichen Dirigierversuchen auszuliefern, ist gründlich zuschanden geworden; aus dem Körnchen mephistophelischer Bosheit, das in ihr liegt, wird kein Giftbaum erwachsen, dazu fehlt es Herrn Schönberg am rechten Höllensaft. Aber wessen Geistes die Drahtzieher dieser Komödie sind, wessen sich die Kunst, die Künstler und Freunde der Kunst von Seiten jener Leute zu versehen haben, ist einmal recht klar geworden und wird in Hinkunft wohl zu beachten sein.«

Daß die Aufführung dennoch ein gewisser Publikumserfolg war, wird mittels »ostdeutscher« Rabulistik folgendermaßen bekanntgegeben:

»Zum Schlusse pflanzte sich ein hirnverbrannter, gottverlassener Haufen vor das Podium und verübte unter Beihilfe einiger bekannter Konzertsaalstrizzis einen Beifallsexzeß, woraus talmudische Rabulistik ableitete, daß dem Publikum die Geschichte gefallen habe.«

Am 20. Mai 1915 mußte sich Schönberg in Wien der militärischen Musterung unterziehen und wurde für diensttauglich befunden. Am 15. Dezember 1915 rückte er als Einjährig-Freiwilliger zum k. k. Infanterieregiment Nr. 4 Hoch- und Deutschmeister in Wien ein. Das Einjährig-Freiwilligen-Recht war ihm, der ja die Mittelschule vorzeitig, ohne Reifeprüfung, verlassen hatte, auf Grund eines Erlasses des ungarischen Honvéd-Ministeriums 1912 zuerkannt worden. Dieses Ministerium war dazu alleinberechtigt, weil Schönberg, dessen Familie im damals im Königreich Ungarn gelegenen Poszony – dem heutigen Bratislava – das Heimatrecht hatte, der ungarischen Gesetzgebung unterstellt war.

Nach absolvierter erster Ausbildung kam Schönberg nach Bruck an der Leitha in die Reserveoffiziersschule. Da er damals an asthmatischen Anfällen litt und sein Gesundheitszustand auch sonst nicht befriedigend war, bemühten sich seine Wiener Freunde und Schüler intensiv um seine Beurlaubung. Da für eine solche das ungarische Ministerium zuständig war, mußte in Budapest darum angesucht werden. Nachdem ein im Frühjahr von Wien aus an das Honvéd-Ministerium gerichtetes Gesuch abgewiesen worden war, wandte sich der Sekretär des Wiener Tonkünstlervereins am 12. Mai 1916 an Béla Bartók, der damals in Budapest ein staatliches Lehramt innehatte und Schönbergs Schaffen sehr schätzte, mit der Bitte um Hilfe und Rat. Diese Bitte wurde am 23. Mai in ausführlicherer Weise wiederholt. Beide Briefe wurden von Professor Denijs Dille, dem Leiter des Budapester Bartók-Archivs, im Rahmen eines Aufsatzes ›Bartók und Wien‹ im Novemberheft 1964 der ›Österreichischen Musikzeitschrift‹ veröffentlicht, wobei Dille die Vermutung aussprach, daß Bartók an der günstigen Erledigung des zweiten Gesuches wesentlichen Anteil gehabt haben dürfte. Am 20. Oktober 1916 wurde Schönberg auf unbestimmte Zeit vom Militärdienst enthoben. Am Tag darauf schrieb er dem Präsidenten des Wiener Tonkünstlervereins, dem Komponisten Julius Bittner (1874–1939), unter anderem: »Nun drängt's mich, Ihnen endlich (wo ich Zeit habe) meinen herzlichsten Dank zu sagen für all die viele Mühe, die Sie sich meinethalben gegeben haben. Sie dürfen nicht glauben, daß, weil ich es nicht früher schon getan habe, ich nicht daran gedacht habe. Im Gegenteil. Aber ich war wirklich außerstande dazu. Ich hatte ja wirklich immer nur Zeit nach Minuten. Und dann war ich verärgert oder müd oder auf tierisch-heitere Art stumpf. Langsam werde ich jetzt wieder Mensch werden, und schon mein erster Schritt auf diesem Gebiet bringt mich dazu, Ihnen für Ihre tadellose Kameradschaftlichkeit aufs allerherzlichste zu danken.«

Gleich nach seiner Befreiung vom Militärdienst begann Schönberg mit der Kompositionsarbeit an der ›Jakobsleiter‹ (siehe Seite 107). Wie sehr er aber auch in dieser Zeit um die Förderung der Jugend bemüht war, möge die folgende Stelle aus einem bisher unveröffentlichten Brief beweisen, den er im November 1916 aus seinem damaligen Domizil in Wien XIII, Gloriettegasse 43, an einen jungen Musiker in Krumau (Südböhmen) schrieb: »Wenn Sie einen Rat brauchen, wenden Sie sich an mich. Dann schreibe ich, wenn's dringend ist, sofort. – Für heute: recht viel Musik anschauen! Aber nicht bloß Modernes. Sondern vor allem wie ein jeder guter Musiker: seinen Beethoven, Mozart, Wagner, Brahms, Bach usw. *gut kennen!!!* Sehen

Sie, das ist das Wichtigste für Sie und für jeden, der Musiker heißen will. Wie wollen Sie die Heutigen ganz verstehen, wenn Sie das, worauf die beruhen, nicht kapiert und verdaut haben? – Schopenhauer schreibt irgendwo, wer seine Werke lesen wolle, der müsse erst *das* und *das* und *jenes* gelesen und verstanden haben. Sehen Sie: so ähnlich geht's auch mit der neuesten Musik. Man muß eine Menge kennen; wenn man sich dann nicht mehr auskennt, dann fängt man an zu verstehen! Freilich liebt jeder *einen* Autor am meisten; oft ist es der, den er gerade gelesen hat (was ja ein sehr sympathischer Zug ist); aber gerecht wird man einem Autor, wenn man ihn am meisten liebt, obwohl man die anderen kennt und auch liebt. – Aber schließlich, die Hauptsache ist: viel musizieren. Und viel Musik hören. – Gibt's nichts dergleichen in Ihrer Nähe? Wie steht's denn mit der Kirche?«

Im September 1917 wurde Schönberg, der einen sogenannten C-Befund hatte, zu leichterem Militärdienst einberufen, den er bis zu seiner im Oktober 1917 aus Gesundheitsgründen erfolgten und endgültigen Entlassung mit großer Pflichttreue und unerbittlicher Konsequenz leistete. In dem im Juni 1966 in der Zeitschrift ›Melos‹ (Schott-Verlag, Mainz) erschienenen Aufsatz ›Arnold Schönberg als Soldat im Ersten Weltkrieg‹ berichtet der Wiener Gesangpädagoge Viktor Fuchs über einige sehr amüsante Begegnungen, die er mit dem Infanteristen Schönberg hatte. Ebenso amüsant und höchst charakteristisch ist die folgende Anekdote, die Hanns Eisler (1898–1962) in der Schönberg-Festschrift vom Jahre 1924 mitteilt: »Beim Militär war es Schönberg immer unangenehm, um musikalische Dinge befragt zu werden. Er wollte nur Soldat sein, sonst nichts. Besonders heftig reagierte er auf die Frage: ›Sind Sie dieser vielumstrittene Komponist?‹ – Als er nun einmal in eine andere Kompanie eingeteilt wurde, war beim Namensaufruf sofort diese Frage da. – Nach einigem Zögern antwortete Schönberg: ›Ich muß schon ‚ja' sagen; aber die Sache ist so: Einer hat's sein müssen, keiner hat's sein wollen; da hab' ich mich halt dazu hergegeben!‹ – Der Fragesteller fuhr aber noch weiter fort und erklärte, daß es eine große Ehre für jeden sei, mit Schönberg in derselben Kompanie zu dienen, worauf er die Antwort bekam: ›Es ist nicht so arg mit dieser großen Ehre. Die Kompanie besteht aus 400 Mann, da kommt ja auf einen nicht viel.‹«

In der Zeit zurückgreifend, sei nun von Schönbergs Schaffen seit Ausbruch des Krieges die Rede. – In dem vielzitierten Brief über die Erfindung seiner »Methode, mit zwölf Tönen zu komponieren«, den er am 3. Juni 1937 an den amerikanischen Komponisten und Musiktheoretiker Nicolas Slonimsky richtete, erzählt Schönberg von seinem ersten »Vorversuch«, den er im Dezember 1914 oder zu Beginn 1915 anstellte, als er eine Symphonie skizzierte, deren letzter Satz später in das Oratorium ›Die Jakobsleiter‹ einging. Das Scherzo dieser Symphonie basiert auf einem Thema, das aus allen zwölf Tönen der chromatischen Skala besteht. Dazu bemerkt der Komponist: »Aber das war nur eines der Themen. Der Gedanke lag mir noch völlig fern, ein solches ›Grundthema‹ als Mittel zu benützen, Einheit in einem ganzen Werk herzustellen.«

Aus Erhebungen Josef Rufers im Nachlaß Schönbergs und aus Briefen Bergs an Webern (vom 13. und 22. Juni 1915) wissen wir, daß Schönberg am 15. Januar 1915 die Dichtung eines Monologs ›Totentanz der Prinzipien‹ vollendete, der die Grundlage des oben erwähnten Scherzos bilden sollte, und daß er drei Tage später, am 18. Januar 1915, mit der Dichtung des Oratoriums ›Die Jakobsleiter‹ begann, die zunächst als vierter Satz der Symphonie vorgesehen war. Beide Dichtungen wurden in den 1926 von der Universal Edition herausgegebenen Band ›Texte‹ aufgenommen, der auch die Dichtungen ›Die glückliche Hand‹ und ›Requiem‹ enthält, von denen letztere 1920 oder 1921 entstand. Die Dichtung ›Die Jakobsleiter‹ wurde schon 1917 gesondert veröffentlicht.

Ob die Bezeichnung »III. Satz« am Beginn des Manuskripts von ›Totentanz der Prinzipien‹ sich auf den ganzen, im Druck etwas über fünf Seiten umfassenden Text bezog oder nur auf gewisse im Text angedeutete Orchesterstücke (Vorspiel und Zwischenspiel), ist nicht festzustellen. Daß der Gedanke, symphonische und melodramatische Elemente miteinander zu verbinden, Schönberg vertraut war, beweist eine Eintragung vom Dezember 1916 im »Dritten Skizzenbuch« (Nomenklatur nach Rufer) in der der Einbau eines Melodrams – mit dem Titel ›Wendepunkt‹ – in die Zweite Kammersymphonie angedeutet wird. Für die Vorstellung einer szenischen Verwirklichung des Monologs ›Totentanz der Prinzipien‹ zeugt die dem Haupttext vorangestellte Anmerkung: »Orchestervorspiel, kurze Skizze eines Ereignisses, in hartem, trockenem Ton, dann Begräbnis, Begräbnisrede, alles sehr kurz, kurze Pause, hierauf Turmglockenschlag hinter der Szene, der im Laufe des folgenden immer lauter und rascher wird, um nach und nach in wütendes Glockengeläute überzugehen.«

In das Geläute hinein tönen die ersten Worte des Sprechers. Wenn das Geläute verstummt, beginnt der eigentliche Monolog – ein leidenschaftliches, den Grundlagen des menschlichen Daseins nachspürendes Streitgespräch. Unter allen möglichen Aspekten wird das Leben betrachtet und diskutiert: mit spöttischer Heiterkeit, mit ironischem Pathos, mit altklugem Dozieren, mit wilder Verzweiflung. Es ist der ewige Kampf gegen das gnadenlose »Du sollst!«, dem der »Held« des Monologs noch nicht das für ihn allein entscheidende »Ich muß!« entgegensetzen kann.

Der geistige Gehalt des Monologs steht in enger Beziehung zu zwei Gedichten Schönbergs, die er den Ende September und Mitte Oktober 1926 komponierten beiden ersten Stücken für gemischten Chor, op. 27, zugrunde legte. (Es sind im ganzen vier Stücke. Die beiden anderen stützen sich auf Texte chinesischer Dichter aus Hans Bethges Sammelband ›Die chinesische Flöte‹, dem auch Mahler die Texte zum ›Lied von der Erde‹ entnahm.) Die Gedichte Schönbergs lauten:

Unentrinnbar

Tapfere sind solche, die Taten vollbringen, an die ihr Mut nicht heranreicht.
Sie besitzen nur die Kraft, den Auftrag zu konzipieren, und den Charakter, ihn nicht abweisen zu können.
War ein Gott noch so ungnädig, ihnen Erkenntnis ihrer Lage zu gewähren, dann sind sie nicht zu beneiden.
Und darum werden sie beneidet!

Du sollst nicht, du mußt

Du sollst dir kein Bild machen!
Denn ein Bild schränkt ein,
begrenzt, faßt,
was unbegrenzt und unvorstellbar bleiben soll.
Ein Bild will Namen haben:
Du kannst ihn nur vom Kleinen nehmen;
Du sollst das Kleine nicht verehren!
Du mußt an den Geist glauben!
Unmittelbar, gefühllos
und selbstlos.
Du mußt, Auserwählter, mußt, willst du's bleiben!

Das Bild des »Auserwählten« wird in der ›Jakobsleiter‹ weiter ausgeführt. Im ›Totentanz der Prinzipien‹ wird das Streitgespräch nach einer »langen Pause« mit den Worten abgebrochen: »Genug! Das ist unerträglich ...« – Und dann heißt es, nachdem das vollständige Verschwinden des Orchesters mitgeteilt wurde, zum Schluß: »Alles ist weg!« – (Es schlägt dreizehn) – »Dreizehn. – Zwar nicht zwölf, aber immerhin eine Grenze in dieser Leere! Zerknirschung bleibt: Aber sie erklärt nichts, denn sie nennt ihren Anlaß nicht. Sie ist nicht ohne Reue, aber ohne anschauliches Bild. Das geistige Auge ist blind vor ihr, der Wille nicht gesonnen, ihr Opfer zu bringen. – Nicht zum kleinsten Verzicht vermag sie zu bewegen. – Alles, was ihr Anlaß sein könnte, übt größere Verlockung: denn sie ist ohne Bild. – (Zwischenspiel) – Eine schale Hoffnung: man ist eben erwacht, hat heitere oder gleichgültige Traumbilder hinter sich – eigentlich keine wirkliche Hoffnung; nur: die Hoffnungslosigkeit ist für einige Augenblicke vergessen; wirklich nur vergessen. Trotzdem erfrischt sie und kräftigt: der Mensch lebt gerne und glaubt gern. Täuschung oder Vergessen genügt; blind sein! – Das Dunkel weicht – Aber die Sonne ist ohne Kraft.«

Die Arbeit an der Dichtung ›Die Jakobsleiter‹ können wir durch zwei Daten begrenzen: durch den ersten, mit 18. Januar 1915 datierten Textentwurf und durch die Notiz »26. Mai 1917« auf einer in Schönbergs Nachlaß aufgefundenen Reinschrift des ganzen Textes, die wahrscheinlich der Universal Edition als Vorlage für die im selben Jahr erfolgte Drucklegung diente. Ein weiteres wichtiges Datum ist der 22. Mai 1921, an dem die ganze Dichtung in einer Matinee des »Vereins für musikalische Privataufführungen« (siehe Seite 131) von dem am Deutschen Volkstheater in Wien tätigen Schauspieler Wilhelm Klitsch vorgetragen wurde. Alban Berg, der seinem Freund und Mitschüler Erwin Stein am 2. Juni über die Matinee begeistert berichtete, dürfte an der Vorbereitung der Vorlesung gemeinsam mit Schönberg intensiv teilgenommen haben. In seinem Nachlaß fand sich ein Textheft, in das er viele Kommentare zum Text eingetragen hatte. Die Flüchtigkeit der Handschrift läßt darauf schließen, daß diese Bleistiftnotizen auf Bemerkungen zurückgehen, die Schönberg entweder vor oder während der Arbeit mit dem Schauspieler machte. Letzteres ist wegen gewisser »Vortragsbezeichnungen« wahrscheinlicher.

In der nun folgenden knappen Betrachtung der Dichtung nehme ich weitgehend auf die bisher unveröffentlichten Notizen Bergs Bezug.

Die deutliche Zweiteilung der Dichtung – musikalisch überbrückt durch ein großes symphonisches Zwischenspiel – ist durch den fundamental verschiedenen Zustand der die »Handlung« des Oratoriums tragenden Einzelmenschen und Menschengruppen bedingt. Im ersten Teil sind es noch »unterwegs« Befindliche, im zweiten Teil sind es die Seelen der Gestorbenen, die entweder in höhere Regionen aufgenommen oder zu neuen Inkarnationen auf die Erde zurückgesandt werden. Die geistige Verbindung des ersten mit dem zweiten Teil stellt die Gestalt des Erzengels Gabriel her, die durch Befehle und Erklärungen im ersten Teil die Weiterbewegung der Menschen bewirkt und im zweiten Teil in zwei großen Reden die neuen Zielsetzungen andeutet. Der Grundgedanke des Ganzen ist die Verherrlichung der Kraft des Betens, die Schönberg in der letzten Rede Gabriels durch ein Zitat aus Balzacs ›Seraphita‹ hervorhebt: »Wer betet, ist mit Gott eins worden.«

Der Text beginnt mit den vielzitierten Worten Gabriels: »Ob rechts, ob links, vorwärts oder rückwärts, bergauf oder bergab – man hat weiterzugehen, ohne zu fragen, was vor oder hinter einem liegt.« – Die Forderung: »Ohne zu fragen!« wird für die in viele Gruppen geteilten Chormassen zum Anlaß, nach dem Sinn ihres Weitergehens, nach dem »Wohin?« und »Wie lange?« zu forschen. Die drei Hauptgruppen – Unzufriedene, Zweifelnde (Desillusionierte, Heiden) und Jubelnde –, in die der Chor schließlich zerfällt, kommen zu der gemeinsamen, aber ganz verschieden gedeuteten Feststellung: »Kein Anfang und kein Ende!« – Die Notwendigkeit des Betens wird nicht erkannt, »man nimmt's auf sich, wie's kommt«. – Damit hat sich die undifferenzierte Masse ihr Urteil selbst gesprochen und tritt zunächst – bis zu ihrem Wiedererscheinen am Schluß des zweiten Teils – in den Hintergrund.

Gabriel ruft nun einzelne auf, die glauben, »durch Taten näher gekommen zu sein«. Der erste ist »ein Berufener«, der als Schönheitssucher die Form allem Sinn untergeordnet hat und dadurch, zum reinen Formalisten geworden, mit sich selbst zufrieden ist. Gabriel erklärt das für einen Götzendienst, der heidnische Blindheit nach sich gezogen habe. – Als nächster erscheint »ein Aufrührerischer«, der in leidenschaftlicher Hetzrede den Zustand, den der Widerstreit zwischen dem Gott der

Triebe und dem Gott der Gebote im Menschen erregt, als Ursache der irdischen Pein hinstellt. Gabriel weist ihn auf die Sinnlosigkeit dieses Entweder-Oder hin, das das ruhige Staunen über die göttliche Größe unterdrückt. – »Ein Ringender«, der aus einer früheren Inkarnation dunkle Erinnerung an alte Schuld mit sich trägt und diese durch Entsagung – Schönberg macht hier die Bemerkung: »Schmerzlosigkeit« (Schopenhauer) – überwunden hat, beklagt seine Unfähigkeit, Recht von Unrecht zu unterscheiden, die es ihm auch unmöglich mache, neuer Schuld aus dem Wege zu gehen.

In feierlicher Rede stellt nun Gabriel diesen dreien »den Auserwählten« entgegen, den er mit den Worten einführt: »Tritt näher du, der auf mittlerer Stufe ein Abbild ist und den Glanz besitzt; der einem Viel-Höheren ähnlich ist, wie dem Grundton der ferne Oberton; während andere, tiefere, selbst fast Grundtöne, ihm, wie der helle Bergkristall, fremder sind als Kohle dem Diamanten!« – Die Gestalt des »Auserwählten«, die nun »näher tritt«, trägt Schönbergs eigene Züge. Darauf hat Alban Berg in einer zehn Seiten später angebrachten Notiz ausdrücklich hingewiesen. – Aber auch ohne diesen Hinweis läßt schon diese Rede des Auserwählten seine Identität mit Schönberg deutlich erkennen, so etwa seine Verbundenheit mit der ganzen Menschheit, die für ihn »Thema« ist, während er sich selbst als »Variation« fühlt; seine Sehnsucht nach Klarheit, die ihn einem unbekannten Ziele zutreibt, auf einen Weg, auf den er seine »Form« mitnimmt, während er sein Werk – er nennt es sein »Wort« – zurückläßt.

In seiner Antwort wendet sich Gabriel nicht an den Auserwählten selbst, sondern an dessen menschliche Umgebung, der er sein Wesen folgendermaßen erklärt: »Er muß schaffen, solange er unrein ist: aus sich heraus schaffen! – Wenn's vorbei, bewegt es ihn nicht mehr.«

Die weitere Entwicklung, die bis zum Ende des ersten Teils reicht, vollzieht sich – nach Ablauf einer längeren Zeitspanne – auf einer höheren Stufe: Vor Gabriel erscheint ein Mönch, der sich der Überhebung bezichtigt, weil er sich für einen Gerechten gehalten hat, während er doch alles, was ihm gelungen ist, nur der Gnade Gottes verdankt. Er glaubte immer, die Opfer, die er aus dem eitlen Drange, ein guter Diener Gottes zu sein, auf sich nahm, habe Gott gewollt. Nun fürchtet er, seine Opfer seien vergeblich, weil er auf Glückseligkeiten verzichtete, die er überhaupt nicht kannte und deren Versuchung er sich aus Feigheit nicht aussetzte.

Gabriel richtet ihn auf, indem er ihn darauf hinweist, daß er durch sein jetziges Wissen eine höhere Stufe erreicht habe als jene, auf der er als »Berufener« stand. Er sendet ihn zu neuer Inkarnation wieder auf die Erde zurück: um zu verkünden und zu leiden, als ein Prophet und Märtyrer. (Als Gabriel von den Sünden spricht, die der Mönch auch in seiner neuen Inkarnation begehen wird, gebraucht er die Worte: »Denn Sünden sind Strafen, die reinigen«, ein Gedankengang, der auf August Strindberg zurückgeht, dessen autobiographische Schriften und ›Blaubücher‹ Schönberg damals viel las und durch den er auch immer wieder, wie durch Balzac, auf Swedenborg hingewiesen wurde.)

Im Sinne der hier angedeuteten Höherentwicklung erscheint nun ein Sterbender – dessen Zustand nach Swedenborg das letzte Stadium vor dem »Engel« ist – und schildert, auf die Leiden zurückblickend, die er in den Jahrtausende währenden Inkarnationen durchmachen mußte, die Seligkeit des Traumes. Im Erlöschen geht seine Schilderung in wortlosen Gesang über. Ein ferner Chor hoher Frauenstimmen verkündet die Auflösung des Gestorbenen in den Zustand einer reinen Seele. Während die anderen von der Notwendigkeit des Weiterwanderns sprechen, zeigt Gabriel schließlich die neue Richtung an: »Nun klagst du nicht mehr; beginnst zu begreifen, was du bald wieder vergessen mußt. – Kehrst du wieder, so lasse die Klage hinter dir. Wenn du nicht mehr klagst, bist du nah. – Dann ist dein Ich gelöscht – – –«

Mit diesen Worten schließt der erste Teil des Oratoriums, bei Takt 603 der Komposition, die Schönberg am 19. Juni 1917 begann. Im Skizzenbuch stehen nach diesem Takt die Worte »einrücken zum Militär! 19. 9. 1917«.

In seinem zusammenfassenden Bericht über das gesamte Material zur Musik der ›Jakobsleiter‹ hat Winfried Zillig in einem im Mai 1961 in der ›Österreichischen Musikzeitschrift‹ erschienenen Aufsatz auf den tragisch-ironischen Nebensinn hingewiesen, den der Satz von der Auslöschung des Ichs im Hinblick auf den Schönberg nun bevorstehenden Militärdienst gewann. – Und weiter heißt es in dem Bericht Zilligs: »Sicherlich ist hier die tragische Wurzel dazu, daß das Werk ein Torso blieb. Der Impetus der Eingebung war unterbrochen, der Fluß des Unter- und Unbewußten gewaltsam abgerissen. Und gerade Schönberg mußte jedes große Werk stets in raschen Zügen schreiben, da seine stilistische Entwicklung so rapid vorwärts ging, daß er sich von Werk zu Werk sowieso stets auf einer neuen Station seines Weges befand, die nur allzuoft die vorherige nahezu ausschloß.«

Der zweite Teil der Dichtung beginnt mit einer großen Rede Gabriels, der die Seelen auf ihre nun nahenden Verwandlungen vorbereitet und mit den Worten schließt: »Nehmet nun Abschied von euren Dämonen, Genien, Sternen, Göttern und Engeln, jeder nach seinem Grad von dem Ebenbild, das für ihn hierbleibt und ihn vor dem Höchsten vertritt. Nehmt davon eine Erinnerung mit: das dunkle Gefühl eurer unsterblichen Seele.«

Gabriel spricht zu den Seelen der im ersten Teil noch auf Wanderschaft Begriffenen, einzeln und später in Gruppen treten neue Seelen höheren Entwicklungsstadiums auf. In der gleichen Anordnung sprechen sie mit ihren Dämonen, Genien, Sternen und Engeln und werden von diesen beraten. – Der Auserwählte betrachtet alle ihn Umgebenden, die ihre niederen Neigungen offenbaren, und fragt seinen Gott: »Und ich muß so nahe diesen stehn, daß ich fast glaube, ich gehöre zu ihnen?« – Der Gott beendet seine Antwort mit der Mahnung: »Allen gleich nah und fern, umschließen sie dich wie Mauern, denen du nur entrinnst, wenn dein entrückter Blick sie verliert.«

Es folgt nun das leidenschaftliche Bekenntnis der Auserwählten, das Alban Berg ausdrücklich als autobiographisch bezeichnet hat: »Aber ich weiß, ich werde sie sehen, diese Mauern, nur sie, und mit dem Kopf gegen sie anrennen, kaum den Blick von ihnen wenden können, in nutzlosem Kampf mich zerschlagen, die überirdische Freude und Helligkeit und Glaube, Liebe und Hoffnung verlieren, und du mein Gott wirst mich wieder nicht hören; ich werde wieder glauben müssen, allein zu stehn; allein auf mich angewiesen, verlassen und verraten; und als Zwang fühlen müssen, daß ich geführt bin; und doch nicht mich gestützt fühlen; werde sagen müssen, was ich nie zu denken, tun, was ich nie zu verantworten gewagt hätte – komme ich höher, wenn ich so fast ohne Bewußtsein handle? – Bin ich überhaupt hoch oder niedrig?«

In mehreren eindringlichen Reden klärt der Gott den Auserwählten über seine Sendung auf und sagt schließlich von den Niederen: »Sie sind dir nicht ferner als Bess're. Schicksal und Weg der Seelen sind ungleich; seinen Grad erhöht, wer die Aufgabe löst. Die größte Leistung der Seele jedoch, daneben das Übrige relativ klein scheint, ist die, die irdische Bürde zu tragen. – Die tragen sie alle wie du. Doch alle der andern, du trägst sie mit.«

Mit dieser Übernahme der Bürden der andern büßt der Auserwählte einen wesentlichen Teil seiner Schuld, und daher kann der Gott ihm zu seiner Erhebung als Mahnung mit auf den Weg geben: »In dir ist alles gesammelt, was Wesen ist der Geschöpfe. So bist du als Vorhut des Geistes, der einst die Teile zu sich zieht, im Kleinen ein Abbild der Zukunft, ihrmaßen du dich entwikkelst. – Dich fördernd, hebst du auch sie. Acht sie gering, du leidest für sie. – Du leidest mit ihnen: Hab Mitleid für sie!«

An den Begriff des Mitleids im weitesten Sinne knüpft die letzte große, im Sammelband der ›Texte‹ vier Seiten umfassende Rede Gabriels an, die in der Verherrlichung des Gebetes gipfelt: »Der Ewige, euer Gott, ist kein eifernder Gott, der rächt, sondern ein Gott, der mit eurer Unvollkommenheit rechnet, dem eure Unzulänglichkeit bekannt ist, der weiß, daß ihr versagen müßt und daß euer Weg weit ist. – Er erhört euch, gewährt euch im Sinne eures Weges, ihr seid ewig in seiner Hand, trotz freiem Willen geführt, behütet und beschützt, trotz böser Lust zur Sünde mit ihm verbunden, von ihm geliebt, wenn ihr zu beten vermögt. – Lernet beten: Klopfet an, so wird euch aufgetan!«

Nach dieser Rede entfaltet sich immer machtvoller das Schlußstück des Oratoriums. Es sollte musikalisch eine weiter gespannte und noch eindringlichere Variation des Schlusses des ersten Teiles werden. Vom Podium her sowie aus der Tiefe und aus der Höhe sollten die Gebete der Geschöpfe ertönen und sich schließlich zu einem einzigen gewaltigen Chor vereinen. Wie Schönberg sich diese Schlußwirkung dachte, lehrt eine Notiz aus dem Jahre 1921: »Eingreifen des Chors und der Solisten; zuerst hauptsächlich auf dem Podium, dann immer mehr auch von Fernchören bei den Fernorchestern, so daß am Schluß in den großen Saal von allen Seiten Musik strömt.«

Für die Beurteilung der Kompositionsarbeit an der ›Jakobsleiter‹, von Takt 603 an, ist das von Rufer mit »Nr. IV.« gekennzeichnete »große Skizzenbuch« maßgebend. Es bildet die wichtigste Ergänzung des in der Mitte des großen symphonischen Zwischenspiels bei Takt 686 abgebrochenen Particells, das auf wenigen Notenzeilen die Komposition fast vollständig, aber mit nur wenigen Instrumentationsangaben enthält. – Von einem kurzen, am 30. November 1917 unternommenen, aber wieder verworfenen Versuch abgesehen, setzte die Arbeit erst wieder am 7. Dezember 1917 ein; an dieser Stelle findet sich im Skizzenbuch die Bemerkung »Wieder enthoben«. – Die Komposition des ersten Teiles war in raschem, kontinuierlichem Flusse vollzogen worden und hatte genau drei Monate in Anspruch genommen; die weitere Arbeit ging nur stockend vor sich; die Eintragungen im Skizzenbuch reichen vom Januar 1918 bis zum Juli 1922 und betreffen 15 verschiedene, unzusammenhängende Stellen aus dem Text des zweiten Teiles. Dieses Verfahren lehrt, daß Schönberg im Geiste eine klare Vorstellung vom musikalischen Aufbau des ganzen Werkes hatte, daß es aber mit der Stetigkeit seiner Inspiration zu Ende war.

Als sehr plausiblen Grund für diese Erscheinung bezeichnet Zillig die von Schönberg in jener Zeit abgeschlossene Entwicklung seiner »Methode der Komposition mit zwölf nur aufeinander bezogenen Tönen«, von der er zum erstenmal im Sommer 1922 Josef Rufer Mitteilung machte. Dazu bemerkt Zillig: »Daß die endgültige Entdeckung des Zwölftonsystems zugleich das Ende der Arbeit an der ›Jakobsleiter‹ sein mußte, ist klar. Schönberg mußte sich in den neuen Möglichkeiten ausdrücken, und die rasche Folge der Zwölftonwerke, die von Werk zu Werk fortschreitende Konsolidierung des neuen Systems sind dafür der schlagende Beweis. Und obwohl in der ›Jakobsleiter‹ immer wieder Vorahnungen dieses neuen Systems sind, so hat ihn doch die Suche gerade in diesem Stück immer wieder auf andere Wege geführt, die nicht mehr begehbar waren.«

Was für Schönberg in den schweren Jahren von 1915 die Arbeit an der ›Jakobsleiter‹ bedeutete, geht aus einem Brief hervor, mit dem er am 20. Juli 1922, nach achtjähriger Unterbrechung, den Kontakt mit Kandinsky wiederaufnahm: »... Vielleicht war das Ärgste doch die Umstürzung all dessen, woran man früher geglaubt hat. Das war wohl am schmerzhaftesten. Wenn man von seinen Arbeiten her gewöhnt war, durch einen eventuell gewaltigen Denkakt alle Schwierigkeiten hinwegzuräumen und sich in diesen 8 Jahren vor stets neuen Schwierigkeiten gesehen hat, denen gegenüber alles Denken, alle Erfindung, alle Energie, alle Idee ohnmächtig war, so bedeutet das für einen, der alles nur für Idee gehalten hat, den Zusammenbruch, sofern er nicht auf einen anderen höheren Glauben immer mehr sich gestützt hat. Was ich meine, würde Ihnen am besten meine Dichtung ›Jakobsleiter‹ (ein Oratorium) sagen: ich meine – wenn auch ohne alle organisatorischen Fesseln – die Religion. Mir war sie in diesen Jahren meine einzige Stütze – es sei das hier zum erstenmal gesagt.«

Zwischen Oktober und Dezember 1944 nahm Schönberg die

Arbeit an der ›Jakobsleiter‹ nochmals auf und stellte ein mit neuen Instrumentationsangaben versehenes Particell der ersten 44 Takte her. Aus dieser Zeit stammt auch eine Notiz, die folgende Orchesterbesetzung angibt: je 4 Flöten, Oboen, Klarinetten, Fagotte und Hörner (dazu 1 Tenorhorn); je 3 Trompeten und Posaunen; Tuba, Schlagzeug und Streicher. – Diese Besetzung bedeutet eine sehr erhebliche Reduktion gegenüber dem von Schönberg 1917 vorgesehenen Instrumentalapparat. Dieser umfaßte, da Schönberg sich auch den Bläserklang chorisch vorstellte: 10 Pikkoloflöten, 10 große Flöten, 10 Oboen, 10 Englischhörner, 18 Klarinetten, 6 Baßklarinetten, 10 Fagotte, 10 Kontrafagotte, 12 Hörner, 10 Trompeten, 8 Posaunen, 4 bis 6 Kontrabaßtuben, 8 Harfen, Celesta, Schlagzeug, 50 Violinen, 30 Violen, 30 Violoncelli und 30 Kontrabässe. Neben diesem auf dem Podium plazierten Hauptorchester waren noch 4 Fernorchester vorgesehen. An Gesangkräften forderte Schönberg 13 Solisten, 1 zwölfstimmigen Doppelchor von 720 Sängern auf dem Podium sowie 2 unsichtbare Chöre aus der Höhe und Tiefe. – Schon im Juni 1921, als Schönberg sich ernstlich mit den Möglichkeiten einer Aufführung befaßte und bereits das Schema eines Probenplans entwarf, hatte er einen wesentlich kleineren Apparat im Auge.

1926 skizzierte Schönberg den Entwurf eines Röhrensystems, das die Verteilung des Klanges der Fernorchester im Saal regulieren sollte. Und vom Oktober 1944 gibt es eine Notiz in der die Ersetzung des Röhrensystems durch Mikrophone und Lautsprecher angeregt wird. Beide Ideen sind Vorausnahmen der heute allgemein Anwendung findenden Stereophonie, wie überhaupt Schönberg auch im technischen Denken seiner Zeit weit voraus war.

Von dieser außerordentlichen Hellsicht in technischen Dingen zeugt nicht nur die auf Seite 48 wiedergegebene Bemerkung über den »gleichgestimmten Empfangsapparat«, sondern auch ein längerer Artikel über mechanische Musikinstrumente, den Schönberg 1926 in ›Pult und Taktstock‹, einer von der Universal Edition in Wien herausgegebenen Fachzeitschrift für Dirigenten, veröffentlichte, der mit den Worten schloß: »Es ist sentimental, über Mechanisierung zu jammern und gedankenlos zu glauben, daß Geist, sofern er vorhanden ist, durch Mechanik verdrängt würde: es sind nur sehr kleine Geister, die sich an allem stoßen, wenn ihnen nicht genug Raum gelassen wird. Raum zum Jammer.«

Von besonderen technischen Schwierigkeiten war bei der Uraufführung des ersten Teils der ›Jakobsleiter‹ wenig zu bemerken. Sie fand am 16. Juni 1961 in einem Sonderkonzert des 35. Weltmusikfestes der »Internationalen Gesellschaft für Neue Musik« (IGNM) im Großen Konzerthaussaal in Wien statt. Die Ausführenden waren sieben hervorragende Gesangsolisten, der Kölner und Hamburger Rundfunkchor und das Kölner Rundfunksymphonieorchester; die musikalische Gesamtleitung hatte Rafael Kubelik inne. Der Aufführung ging eine Leseaufführung des ganzen Textes voraus, bei der 15 Schauspieler und der Kammersprechchor Zürich mitwirkten; Regie führte Gustav Rudolf Sellner.

Die Partitur, die der Aufführung zugrunde lag, war im Auftrag von Frau Gertrud Schönberg von Schönbergs Schüler Winfried Zillig (1905–1963) hergestellt worden, nachdem Karl Rankl, ebenfalls ein Schüler Schönbergs, dem der Meister am 27. Juni 1951, also zwei Wochen vor seinem Tod, jene Aufgabe übertragen wollte, die Arbeit nicht übernommen hatte. In seinem 1961 veröffentlichten, durch viele Notenbeispiele dokumentierten Arbeitsbericht nahm Zillig auf den Brief Schönbergs an Rankl Bezug, insbesondere auf den Passus: »Es sind viel und oft sehr weitgehende Hinweise auf meine orchestralen Absichten im Manuskript (des Particells – W. R.) zu finden. Es würde sich darum handeln, mit dem nötigen Takt solche Ausdeutungen und Ergänzungen anzubringen, die diesen Teil wirkungsvoll aufführbar machen.«

Unter diesem Aspekt erschien Zillig seine Aufgabe völlig klar: »Daß dem Schönbergschen Notentext keine Note hinzuzufügen war, das war selbstverständlich. Es war aber auch in keinem Takt der Partitur nötig; denn selbst da, wo in Schönbergs Particell die Bemerkung steht: ›Noch auszuführen‹ – nämlich bei Takt 142 –, genügt der vorhandene A-cappella-Chorsatz nicht nur völlig für das Dahindämmern der ›Gleichgültigen‹, er drückt dieses müde Verdämmern vollendet aus. Auch das Abbrechen des Zwischenspiels, das Schönberg offensichtlich so gerne noch vollendet hätte, wirkt nicht wie ein Abbrechen, sondern wie ein echter, in jenseitige Bezirke entschwebender Schluß. Ja, das Einmünden des instrumental beginnenden Zwischenspiels mit seinen vier Fernorchestern, die zum Hauptorchester hinzutreten, in den vokalen Bereich des Frauenchors und der hohen und höchsten Einzelsopranstimmen aus der Ferne, thematisch und sicher auch in der Ausführung identisch gedacht mit der Seele (des Sterbenden) und der sie realisierenden hohen Sopranstimme, scheint mir bereits ein für den Schluß des Gesamtwerks vorweggenommenes, überzeugend wirkendes Symbol zu sein für die Vereinigung der Seele mit Gott, als höchstes erstrebenswertes Ziel. – Das Problem, Schönbergs Willen durchzuführen und den fertig komponierten Teil der ›Jakobsleiter‹ ›wirkungsvoll aufführbar zu machen‹, lag nur im Instrumentalen ...«

Im Instrumentalen hat sich Zillig bei seiner Bearbeitung an den von Schönberg 1944 für das Hauptorchester notierten (siehe Seite 114) reduzierten Instrumentalapparat gehalten und bloß Celesta und zwei Harfen hinzugefügt; in den Fernorchestern, deren Instrumentarium dem Hauptorchester entnommen werden konnte, wurde zusätzlich noch je ein Harmonium verwendet. Sofern man von der Möglichkeit besonderer Instrumentationseffekte absieht, die dem Komponisten noch während der Vollendung der Partitur einfallen hätten können, war der klangliche Eindruck, den Zilligs Version bei der Aufführung machte, ein durchaus authentischer.

Zur Beurteilung des Kompositionsstils der ›Jakobsleiter‹ ist ein Hinweis von besonderer Wichtigkeit, den Schönberg am 22. Mai 1950 Hermann Scherchen gab, dem er erklärte, das Werk entspräche eher dem Stil der ›Erwartung‹ und der ›Glücklichen Hand‹. An vielen Stellen des Werks greift aber Schönberg noch weiter zurück als auf den Stil dieser beiden der sogenannten »atonalen« Epoche angehörenden Bühnenstücke. Auf dieses merkwürdige Phänomen hat Zillig, wie das nachfolgende größere Zitat zeigt, in seinem früher erwähnten Wiener Artikel sehr eindringlich hingewiesen:

»Seziert man die ›Jakobsleiter‹ nach ihrem musikalischen Gehalt in Hinblick auf Schönbergs Gesamtwerk, so ist man erstaunt, nach den unerbittlichen Kühnheiten der ›atonalen‹ Epoche vieles zu finden, was eher zurück auf den Schönberg der Kammersinfonie oder auf noch frühere Werke weist. Die melodische Führung ist weit einfacher als in den vorausgehenden Werken, der dort immer pointillistischeren Auflösung des Melos stehen hier plötzlich wieder große Melodiebögen gegenüber. Manchmal sind sogar tonale Erinnerungen da, oft bewußt, so wenn Schönberg aus einem langen komplizierten melodischen Gebilde durch Auslassungen eine reine Des-Dur-Linie gewinnt. Auch die Harmonik greift des öfteren auf einfachere Formen zurück als sie etwa die fünf Orchesterstücke op. 16 oder die

›Glückliche Hand‹ brachten. Lange Ketten von übermäßigen Dreiklängen sind immer wieder zu finden. Durch die stets wiederkehrenden sechs Töne des Hauptgedankens treten Wiederholungen auf, die zuweilen an klassische symmetrische Entsprechungen denken lassen. Kontrapunktische Formen, die zwar schon im ›Pierrot Lunaire‹ zu finden sind, jedoch dort gleichsam in einem Zerrspiegel erscheinen, werden hier streng und in alter Manier durchgeführt. Der hier gleichfalls zur Anwendung kommende Sprechgesang, den Schönberg im ›Pierrot‹ zu faszinierender Vollendung geführt hatte, differiert hier wesentlich von der früheren Anwendung dieser Technik, vor allem in den Chören. Während im ›Pierrot‹ Schönbergs Anweisung ausdrücklich besagt, daß die Sprechstimme sich keineswegs in der absoluten Höhe der notierten Tonlagen zu bewegen habe, sondern daß diese Tonhöhen nur eine gewisse Relation zum jeweils wechselnden Umfang der Sprechstimme darstellen sollen, was auch daraus hervorgeht, daß die Instrumentalbegleitung fast durchwegs andere Wege geht als die Sprechmelodie, sind in der ›Jakobsleiter‹ die melodischen und harmonischen Komplexe des Orchesters mit den gesprochenen Chören durchaus im Gleichklang geführt, so daß man daraus zwingend schließen muß, daß hier die Sprechmelodie sich auf absoluter Tonhöhe zu bewegen habe, sich also weit mehr dem Gesang nähere als in den Werken Schönbergs, in denen er bis dahin Sprechmelodien angewandt hatte. Für diese sozusagen tonale Deutung der Sprechmelodien in der ›Jakobsleiter‹ spricht auch die dadurch gewonnene Erhöhung des religiös-oratorischen Ausdrucks.«

Der »religiös-oratorische Ausdruck« der Musik trat auch bei allen Aufführungen der ›Jakobsleiter‹ immer stark in den Vordergrund. Wenn Schönberg in einem seiner letzten Briefe (am 13. Juni 1951 an Josef Rufer) in bezug auf ›Moses und Aron‹ die religionsphilosophische Bedeutung des Stoffes und seiner Behandlung nachdrücklich hervorhob, so gilt dies schon in ähnlichem Sinne von der Thematik und deren Durchführung in der ›Jakobsleiter‹. Von der Fülle und Mannigfaltigkeit der in dem Oratorium nachweisbaren religiösen und philosophischen Elemente hat der deutsche Musikwissenschaftler Karl H. Wörner in seinem in der ›Schweizerischen Musikzeitung‹ (1965/Nummer 5 und 6) erschienenen großen Artikel mit dem bezeichnenden Untertitel ›Musik zwischen Theologie und Weltanschauung‹ einen umfassenden Begriff gegeben. Wörner untersuchte den Text der ›Jakobsleiter‹ in seinem Verhältnis zur

Bibel, zur Theosophie (hierarchische Stufenleiter als Weg zu Gott), zur Anthroposophie (Vergleich mit den vier Mysteriendramen Rudolf Steiners: ›Die Pforte der Einweihung‹, ›Die Prüfung der Seele‹, ›Der Hüter der Schwelle‹ und ›Der Seelen Erwachen‹), zu den in den Werken Balzacs verarbeiteten Lehren Swedenborgs, zur Mystik Swedenborgs (insbesondere zu dessen Lehre von den Entsprechungen) und zum Chassidismus. Zum Schluß erwähnt Wörner als Hypothese die Identität des ›Auserwählten‹ mit Schönberg, ein Faktum, das die hier zitierten Notizen Alban Bergs bekräftigt haben.

Daß jene Notizen unmittelbar auf eigene Äußerungen Schönbergs zurückgehen, hat ein Aufsatz des Dichters Berthold Viertel (1885–1953) bestätigt, den dieser im Jahre 1937 der ›Jakobsleiter‹ widmete. Der bisher nur in englischer Sprache zugängliche Aufsatz ist in einem von Merle Armitage herausgegebenen Schönberg-Symposion (New York 1937) enthalten, das dem Andenken Alban Bergs gewidmet ist. Der enge Zusammenhang des Aufsatzes mit den Notizen Bergs ist schon durch die am Beginn gegebene Definition ersichtlich, in der der Text des Oratoriums als eine Sprachschöpfung bezeichnet wird, »die das Thema und seine Variationen« darstellt. Dieser Gedanke kann nur, wie bei Berg, durch persönliche Äußerungen Schönbergs angeregt worden sein. Auch die im Mittelpunkt des Aufsatzes stehenden Ausführungen über das Beten als fundamentales Problem beweisen die absolute Authentizität der Darlegungen Viertels, und ebenso die von ihm gegebene allgemeine Deutung: »Beten wird für Schönberg nicht nur zu seinem persönlichen Problem, sondern zu einem Problem der Menschheit. Er mußte es allgemein auffassen, als Tat und Erfüllung der menschlichen Seele und aller ihrer Möglichkeiten. Er dachte es durch in allen seinen Formen. Er dürfte es Jahre hindurch getan haben. Bis der religiöse Denker Schönberg eines Tages eine Vision hatte, die den Künstler inspirierte.«

Den zwingendsten Beweis für die entscheidende Bedeutung des Gebets im Leben und Schaffen Schönbergs erbringt aber seine letzte Arbeit, die ihn bis wenige Tage vor seinem Tode beschäftigte. Es ist dies die Abfassung von 16 ›Modernen Psalmen‹ – der letzte blieb unvollendet –, die zwischen dem 29. September 1950 und dem 3. Juli 1951 entstanden und die von Gertrud Schönberg und Rudolf Kolisch 1956 im Verlag B. Schott's Söhne, Mainz, in Faksimile und Transkription herausgegeben wurden, zugleich mit der Komposition des ersten Psalms, die bei dem zweiten Erscheinen der Worte »Trotzdem bete ich ...« abbricht. – So kreiste das schöpferische Denken des Meisters bis zuletzt um das Thema der ›Jakobsleiter‹.

Während der Arbeit an der ›Jakobsleiter‹, deren Text Schönberg im Mai 1917 vollendete und deren ersten Teil er in der Zeit vom 19. Juni bis 17. September 1917 komponierte, befaßte sich Schönberg auch intensiv mit neuen pädagogischen Projekten. Er entwarf damals den Prospekt für ein »Seminar für Komposition«, der mit Datum vom 1. September 1917 veröffentlicht wurde und in einigen seiner Hauptpartien folgenden Wortlaut hatte:

»Man erlernt nur solche Dinge vollkommen, zu denen man veranlagt ist. Bei diesen bedarf es dann auch keiner besonderen pädagogischen Maßregeln; die Anregung zur Nachahmung durch ein Vorbild genügt, man lernt das, wozu man geschaffen ist, ohne zu wissen wie, erlernt soviel, als einem seinen Anlagen nach angemessen ist.

Erst dadurch, daß die Zahl der zu erlernenden Dinge immer größer, die dafür verfügbare Zeit aber verhältnismäßig weniger wurde, mußte solcher sorglosen Lernart durch Pädagogik nachgeholfen werden.

Ist es allerdings staunenswert, wie viele Menschen in Dingen, zu denen sie wenig veranlagt sind, doch das ›Lehrziel‹ erreichen, so kann doch nicht geleugnet werden, daß die Resultate nur mittelmäßig sind. Besonders zeigt sich das im Bereich der Kunst. Gab es früher Dilettanten, die sich vom Künstler nicht im Können unterschieden, sondern nur dadurch, daß sie nicht Broterwerb durch Kunsttätigkeit bezweckten, so gibt es heute allzuviel Künstler, die sich vom Dilettanten nicht im Können, wohl aber dadurch unterscheiden, daß sie ausschließlich auf Broterwerb ausgehen; der fähige Dilettant aber ist verhältnismäßig selten geworden.

Eine Hauptursache dieser Erscheinung ist die Pädagogik. Sie verlangt von beiden, vom Künstler wie vom Dilettanten zu viel und zu wenig: Zu wenig, indem sie ihm im Rahmen des Lehrziels mehr gibt als er braucht, was es ihm erspart, aus sich selbst jenen Kräfteüberschuß zu erzeugen, der den Bereich der natürlichen Begabung auszufüllen vermag; zu viel, indem sie ihm auf gleiche Art weniger gibt als er braucht, was seine vorhandenen Kräfte lähmt und ihn hindert, selbst der Spezialist zu werden, der er nach seiner Anlage sein könnte.

In der Kunst gibt es nur einen wahrhaften Lehrmeister: die Neigung. Und der hat nur einen brauchbaren Gehilfen: die Nachahmung.

Um den Nutzen dieser aus zwanzigjähriger Lehrerfahrung entspringenden Erkenntnisse den Lernenden zuzuführen, habe ich mich entschlossen, ein *Seminar für Komposition* in den Räumen der Schwarzwald'schen Schulen, Wien I, Wallnerstraße 9, zu gründen und die Bedingungen für die Aufnahme so festzusetzen, daß jeder, *Reicher oder Armer*, *Künstler oder Dilettant*, *Vorgeschrittener oder Anfänger*, daran teilnehmen kann.«

Auf diese Aufnahmebedingungen legte Schönberg besonderen Wert. Er wollte mit dem Seminar auch »eine Reform sozialer Natur« verbinden, von der er in einem am 18. September 1917 im ›Neuen Wiener Journal‹ erschienenen Interview sagte: »Ich habe diese Reform bereits seinerzeit (1912) in Vorschlag gebracht, als ich meine Berufung an die Musikakademie erhielt, zu der ich mich schließlich ablehnend verhalten mußte. Man sagte mir, daß der ›Staat‹ eine solche Reform nicht übernehmen könne, worauf ich nur erwidern kann: Wer denn sonst als der Staat? – Diese Reform besteht nämlich in der Bestimmung des Honorars durch Selbsteinschätzung des Unterrichtnehmers. Sofern ich diesen Vorgang als staatliche Einrichtung im Sinn habe, stelle ich mir die Bemessung des Unterrichtsgeldes auf Grund des Steuerzettels vor. – Als Privatmann kann ich diesen Weg freilich nicht einschlagen. Darum sage ich: jeder zahlt soviel, als er seinen Verhältnissen gemäß kann.«

Über das Lehrsystem, das er in dem »Seminar« einhalten wollte und tatsächlich einhielt, sagte Schönberg in dem gleichen Interview:

»Das Lehren und Lernen nach dem Büchel will ich vermeiden. Das ›Kapitellesen‹ seitens Schüler und Lehrer ist nichts wert. Der Schüler bekommt beim starren Lehrplan meist nur zu hören, was ihn garnicht interessiert. Darum habe ich meinen Lehrkursen, die ich ›Seminar für Komposition‹ nenne, ein vollkommen neues, freies System zugrunde gelegt:

Eine bestimmte Tageszeit gehört ganz allen meinen Schülern zugleich. Jeder Schüler kommt dann, wenn er lernen will, wenn er dies oder jenes zu wissen begierig ist. Der Gegenstand der Lektion ist nicht festgelegt, sondern dem freien Bestimmen des Schülers unterstellt. Also niemals hübsch der Reihe nach: Harmonielehre, Kontrapunkt, Instrumentationslehre ..., sondern alles ganz nach freier Wahl. – Der nähere Lehrgang ist dabei folgender: Ich und meine Schüler treffen im Lehrzimmer möglichst zwanglos zusammen. Und nun fragt einer dies und jenes, und ich antworte, dem Umfang der Frage entsprechend, vielleicht auch darüber hinaus; je nachdem ob ich das für den Fragesteller für gut halte oder nicht. Vielleicht antworte ich auch garnicht, weil ich im Augenblick zu dem betreffenden Gegenstand keine Neigung habe; und vielleicht schicke ich dann und wann die erschienenen Schüler überhaupt nach Hause, weil ich den Tag für den Unterricht gerade nicht disponiert bin und als Lehrer nur wenig oder garnichts bieten könnte.«

Infolge der neuerlichen Militärdienstleistung (19. September bis 7. Dezember 1917) konnte das Seminar erst Anfang 1918 eröffnet werden; im April dieses Jahres bezog Schönberg eine neue Wohnung in Mödling bei Wien und verlegte auch das Seminar, das er bis 1920 fortführte, dorthin. Zu seinen Schülern gehörten damals unter anderen: Josef Rufer, Erwin Ratz, Karl Rankl und, von 1919 an, Hanns Eisler. – Was Schönbergs Unterricht auch nichtschöpferischen Menschen bedeutete, kann man den folgenden Worten einer ehemaligen Schülerin entnehmen: »Die Unterrichtsstunden bei Schönberg gehörten zum Kostbarsten, was ich je in der Musik empfing. Schönberg analysierte mit Vorliebe Brahms und Mozart. Einmal kam die Vierte Symphonie von Brahms an die Reihe und eine Klaviersonate von Mozart. Mit welcher Feinheit er die thematischen Linien bei Brahms bis in die zartesten Verästelungen nachzog, wie er das ausgewogene Gleichgewicht in dem unsymmetrischen Rokoko Mozarts nachwies, diese Stunden werden mir unvergeßlich bleiben. Es schien, als wäre plötzlich ein strahlendes Licht in schwebendes Dunkel gefallen. Schönberg verstand es im wahren Sinne des Wortes, zu ›erklären‹. In solchen Augenblicken spürte man die Genialität, seine Kongenialität. Da wuchs die Faszination, die er ausübte, ins Ungemessene, keiner konnte sich ihr entziehen ...«

Ein eigenartiges musikpädagogisches Experiment veranstaltete Schönberg im Juni 1918: In zehn öffentlichen Proben studierte er einem Ensemble von 15 vorzüglichen Wiener Instrumentalisten seine 1906 geschaffene Kammersymphonie op. 9 ein und entließ dann die Hörerschaft, ohne ihr eine »wirkliche« Konzertaufführung des Werkes dargeboten zu haben. Einen objektiven Bericht über das Unternehmen besitzen wir in einem vielspaltigen Feuilleton, das der hochgebildete Musikkritiker

Heinrich von Kralik (1887–1959) am 4. Juli 1918 im ›Neuen Wiener Tagblatt‹ unter dem Titel ›Ein musikalisches Sommersemester‹ veröffentlichte. Da dieser Aufsatz in der bisherigen Schönberg-Literatur meines Wissens überhaupt nicht berücksichtigt wurde, gebe ich hier jene Teile des Textes wörtlich wieder, die sich auf die Erlebnisse bei den Proben beziehen; weggelassen wurden jene Partien, in denen Kralik, der keineswegs ein Schönberg-Anhänger war, die allgemeine Situation des Künstlers im damaligen Wiener Musikleben mit leichter, wohlwollender Ironie behandelte. Kralik begann seinen Bericht folgendermaßen:

»Es war nicht gerade für Anfänger berechnet, aber doch für solche, die noch zu lernen haben. Für Strebsame, die mit dem bequemen, genießerischen Behagen an der Kunst sich nicht zufrieden geben, aber in die dunklen Geheimnisse der jüngsten Erscheinungen noch nicht ordnungsgemäß eingeweiht sind, die danach dürsten, endlich zu erfahren, wie und was da eigentlich gehört werden soll. Ein Experimentalunterricht mit der Absicht, die körperliche und geistige Mechanik des Hörens empfänglich zu machen für die neuen akustischen Voraussetzungen, für die Klanggebilde der äußersten sezessionistischen Musik. Das ungefähr war der Sinn der zehn öffentlichen Proben zu Arnold Schönbergs Kammersymphonie.«

Kralik kennzeichnet dann ausführlich das allgemeine Befremden, das Schönbergs Kompositionen bei ihrem Erklingen vor allem durch die neuartige, allen Traditionen widersprechende Behandlung des Tonmaterials erregen, ein Befremden, das die erschreckten Hörer gar nicht zum Erfassen dessen kommen läßt, was der Komponist mit seiner Musik eigentlich ausdrücken wollte. Und sagt dann von den Proben: »In ihnen galt es, das widerspenstige Organ des Gehörsinnes mürbe zu machen. Praktische Schulung, eine Art Propaganda der Tat, blieb es als letztes und sicher auch als richtiges Mittel einzig noch übrig, nachdem es mit wohlgemeinten Lehren und gütlichem Zureden nicht recht vom Fleck gehen wollte. Schönbergs ›Harmonielehre‹, ein respektabler Band, sehr geistreich, sehr anregend, kann mit dem ganzen Aufwand kluger Sprüche das Ohr nicht ummodeln. Da hilft nur methodisches Sichabhärten. Was beim neunten Male noch akustische Scheußlichkeit war, stellt sich etwa beim zehnten Male bereits als etwas Bekanntes, Vertrautes ein und wird demnächst vielleicht schon allerlei geheimnisvolle Schönheiten zu enthüllen haben …

Ist Arnold Schönbergs Weg der rechte? Es lockt die Abkehr von allem Süßlichen, Phrasenhaften, Konventionellen; es lockt das Herbe, Männliche, die funkelnde geistige Maschinerie. Aber die unleidlichen, fratzenhaften Gebilde stellen sich dazwischen; eine Hydra sperrt die Bahn, speit Dissonanzen und peinvolles Mißgetön aus ihren Schlünden. – Gemeinsam mit Schönberg und fünfzehn herzhaften Musikern rückte eine nicht weniger herzhafte, abenteuerlustige Zuhörerschar dem üblen Gezücht zu Leibe. Eine jede Kakophonie wurde einzeln angegangen, an ihren Spitzen, Härten und Schärfen wurde die Muskelkraft des Hörapparats gestählt. Und ehe noch der Tag der zehnten – letzten – Probe da war, hatten sich die Spieler eingespielt, die Hörer eingehört. Das Gröbste war überwunden. Die abschrekkenden Gespenster erschienen harmloser, ihr Aussehen gemildert, ihre Lebensart umgänglicher. Es konnte einem förmlich wohl und gemütlich werden in ihrer Gesellschaft ...

Aus der spannenden, komplizierten Angelegenheit ist nunmehr der einfache, normale Vorgang geworden: man hört, als wäre es ganz selbstverständlich, Schönbergs Kammersymphonie Opus 9. Formal: eine Verquickung von Einsätzigkeit und Mehrsätzigkeit. Der Inhalt: die typisch charakterisierten Haupt- und Seitenthemen eines ersten Sonatensatzes, das tolle, phantastische Spiel des Scherzos, gesangliches Verweilen, Schwermut, Elegie im ›Quasi adagio‹ und ein letzter Teil, reprisenartig Bezug nehmend auf den Anfang. Kräftige Durchführungsgewitter ballen sich zusammen und gehen prasselnd nieder; angenehme, liebliche Episoden tauchen auf, die Instrumente finden zueinander in reizvoller Klangseligkeit. – Die Naturgeschichte der Harmonien, deren böses Aussehen soviel Sorge und Kopfzerbrechen verursacht, ist die Theorie von den Quartenakkorden, einem gestaltenreichen Geschlecht, in welchem alle überhaupt möglichen Klangindividuen vertreten sind. – Es hat manchen schlimmen Augenblick gegeben, bis endlich die Einigung mit den aufreizenden wilden Sprößlingen der Quartentheorie vollzogen war.

Mit Dankbarkeit muß die entscheidende Hilfe der fünfzehn wackeren Instrumentalisten anerkannt werden, die ohne Scheu und Eitelkeit probiert und wieder probiert haben, so lange, bis es endlich gegangen ist. – Der erste Geiger, ein ganz ausgezeichneter Musiker, wußte offenbar schon im vorhinein um den guten Ausgang. So versteht man denn auch das schalkhafte Lächeln, das ihm beständig um die lebhaften Augen spielte, daraus ein Mißtrauischer anfangs beinahe so etwas wie arglistigen Spott herauslesen konnte. Es war das Lächeln eines Wissenden. – Wie dort, so wurde auch hier der Zweifler eines Besseren belehrt und stimmte schließlich, ein bekehrter Saulus, freudig mit ein, als bei der letzten Probe Arnold Schönberg mit herzlichem, warmem Beifall begrüßt wurde.«

Außer für das besondere Erlebnis der zehn öffentlichen Proben zur Kammersymphonie ist der ungeschminkte Bericht Kraliks auch von großer prinzipieller Bedeutung für die Aufnahme Neuer Musik, wobei unter echter »Neuer Musik« solche verstanden wird, die beim ersten – und oft auch bei wiederholtem – Erklingen bei ungeübten Hörern meistens eine deutliche Schockwirkung auslöst. Zur Überwindung solcher Schockwirkung ist – wie ich aus eigener häufiger Erfahrung weiß – lang andauernde, von gutem Willen geleitete Hörgewöhnung erforderlich. Damit können die »äußeren« akustischen Schwierigkeiten meistens überwunden werden. Wirkliche Überzeugungskraft vermag Neue Musik aber erst dann zu gewinnen, wenn der Hörer die Gewißheit erlangt, daß das betreffende Werk aus innerer Notwendigkeit geschaffen wurde. Erst dieses sehr schwer zu realisierende Kriterium ermöglicht es, legitime Meisterstücke von den Machwerken sensationslüsterner Mitläufer zu unterscheiden. Meisterhafte Beherrschung der Kompositionstechnik kann sich in beiden Kategorien ereignen; wesentlich ist nur der im eigenen Ich wurzelnde unabweisbare Zwang zu der »schokkierenden« Form der musikalischen Aussage. Daß solcher Zwang das ganze persönliche und künstlerische Wirken Schönbergs bestimmte, davon soll in diesem Buch soweit als möglich Zeugnis abgelegt werden.

Der Wiener Schönberg-Verein

Seine reformatorischen Ideen zur Musikpflege faßte Schönberg gleich nach Ende des Ersten Weltkrieges in dem Abschnitt ›Musik‹ zusammen, den er für die von Adolf Loos 1919 in Wien herausgegebenen ›Richtlinien für ein Kunstamt‹ verfaßte. Von den acht Paragraphen seines Beitrags befassen sich der erste und letzte mit den von ihm in dem auf Seite 120 wiedergegebenen Interview enthaltenen Vorschlägen zur Festsetzung der Unterrichtshonorare auf Grund der Steuerbemessung; Paragraph 3 und 4 sind der Reform des Erb- und Urheberrechts gewidmet (die von Schönberg hier angeregte Gründung einer Selbstverlagsgenossenschaft der Autoren steht in genauer Analogie zu Gedanken, die schon Robert Schumann in einem Brief vom 18. Mai 1837 seinem Freund Anton von Zuccalmaglio gegenüber entwickelte); Paragraph 7 skizziert die Art, in der der geplante (und nicht zustande gekommene) »Kunstrat« gebildet werden sollte. – Die restlichen Paragraphen 2, 5 und 6 werden im folgenden wörtlich mitgeteilt; die ersten beiden sprechen für sich selbst, der dritte bedarf einer kurzen Erläuterung:

»2. Das Konzertwesen müßte allmählich aufhören, ein Geschäftsbetrieb zu sein. Bei einer richtigen Organisation, die alle Vermittler, Arrangeure und dergleichen vermeidet und sich direkt an das Publikum wendet, wäre es leicht möglich, auch ohne staatliche Hilfe das zu leisten, was die Kunst fördert. – Der grundlegende Fehler des öffentlichen Konzertlebens ist: der Wetteifer (Konzert = Wetteifer). – Man konzertiert aus zwei Gründen: Der erste, der reine: Einer oder mehrere musizieren, dichten, singen; anderen, welche gerne davon mitbewegt sein wollen, wird gestattet, zuzuhören. Der zweite, unreine, gemeine: Kunst bringt Gunst. Viele wünschen Gunst. Der Sieger erlangt die höchste. Nun muß er siegen, während er vorher bloß singen mußte. – So bringt also der Wetteifer, die Notwendigkeit zu siegen, die Gemeinheit in den Kunstbetrieb. – Stellt man durch unmittelbaren Verkehr mit dem Publikum (welches dann nicht mehr der hochmütige Richter sein wird, der zwischen Hunger und Lorbeer entscheidet) das richtige Verhältnis wieder her – es wird etwas aufgeführt; solchen, die es hören wollen, wird das Zuhören gestattet –, so wird sich die Möglichkeit finden, die Künstler entsprechend zu entlohnen, und dennoch genügend Proben zu halten.«

»5. Die soziale Lage der Musiker muß gehoben werden. Der Oboist oder Hornist, der am Abend ein Solo blasen wird, ist ein Künstler, der in seinem Fach unfehlbarer sein muß als die meisten Hofräte in dem ihrigen. Sein Studium erfordert Fleiß, Ausdauer, Ernst, dauert so lange Zeit, und verlangt so viel Begabung, daß man ihn den Erlesensten auf der sozialen Stufenleiter beizuzählen hat.«

Der Paragraph 6 nimmt zu Vorschlägen von Adolf Loos Stellung, nach denen die Wiener Staatstheater dazu dienen sollen, Werke der Bühnenkunst in höchster Vollendung zur Aufführung zu bringen. Jedes Werk soll mit solcher Sorgfalt und solchem Aufwand in Inszenierung und Besetzung dargestellt werden, daß 30 Vorstellungen in der Saison Arbeit und Kosten rechtfertigen. Auf diese Weise kämen in den Staatstheatern jährlich etwa zehn Werke zur Aufführung. Das Kartenverteilungssystem sieht für den Theaterbesucher nur je einen Besuch der verschiedenen Aufführungen des Jahres vor. Die in einem Jahresrepertoire aufgeführten Stücke verschwinden nach Ablauf der Saison auf geraume Zeit vom Spielplan, um neuen Aufführungen Platz zu machen. Literarische Experimente (Uraufführungen) entfallen für die Staatstheater; sie werden den Privattheatern überlassen. Für die Provinz werden Wandertheater eingerichtet.

Diesen Vorschlägen von Loos schloß sich Schönberg »mit gewissen, aus den musikalischen Notwendigkeiten sich ergebenden Vorbehalten« an. Diese Vorbehalte lauteten: »1. Musik kennt man nicht nach einmaligem Hören. Der Musikfreund, insbesondere aber der Künstler, der sie selbst reproduzieren soll, muß sie oft hören. Es werden also die Aufführungen einer kleinen Anzahl von Werken besonders dann nicht genügen, wenn nach dem Vorschlage von Loos diese Werke erst nach Jahren wiederholt werden. – 2. Verfügte das Theater über die besten Mittel und gäbe es etwa ein zweites oder drittes, das dem oben erwähnten Kunstbedürfnis entspricht, aber nur geringere Mittel besitzt, so wäre es schade, die Meisterwerke nicht auch oft genug in der vollendetsten Aufführung hören zu können.« – Im letzten Absatz dieses Paragraphen bemerkte Schönberg: »Sehr einverstanden bin ich dagegen mit der Idee der Wandertheater, bei denen ein Repertoire von zwei bis drei Werken leicht genügen könnte. Ich befürworte gleichzeitig die Errichtung von Wanderorchestern und von Berufssängerchören mit derselben Bestimmung.«

Sechs Jahre später brachte der Verlag F. J. Marcan in Köln in dem Sammelband ›Von Neuer Musik‹ diesen Beitrag Schönbergs mit der folgenden ›Vorbemerkung‹ des Autors: »Diesen kleinen Aufsatz habe ich in der ersten Zeit nach dem verlorenen Krieg geschrieben; damals, als der Besitz vernünftiger fünf Sinne rechts und links von Bolschewismus bedroht war; als alle Welt Rettung nur im Selbstmord, eine bessere Wirklichkeit nur in der Phantasie suchte, und bombenfeste Luftschlösser erbaute, bestimmt, das Gehirn gegen die Angriffe des Hungers zu schützen; damals, wo es den Kopf kosten konnte, nichts zu sagen, was den Parteien Vergnügen macht! – Kein vernünftiger Phantast kann eine höhere Erfüllung seiner Träume erhoffen, als den Wiederabdruck seines Artikels, der darum gestattet sei.«

Ungefähr zur gleichen Zeit, in der Schönberg seinen Beitrag zu den ›Richtlinien für ein Kunstamt‹ verfaßte, begann er mit der Verwirklichung eines anderen originellen musikpädagogischen Projekts, das ihn in den nächsten Jahren stark in Anspruch nahm und das unter dem Namen »Wiener Schönberg-Verein« in der Geschichte der Neuen Musik eine wichtige Stellung einnimmt. Im November 1918 gründete er einen »Verein für musikalische Privataufführungen«, der sich zunächst nur an den kleinen Kreis seiner Schüler und ihm persönlich Nahestehender wandte. Das erste Vereinskonzert fand am 29. Dezember 1918 statt; folgende Werke wurden dabei zur Aufführung gebracht: zwei Klaviersonaten von Alexander Skrjabin (Nr. 4 und 7, gespielt von Eduard Steuermann), die ›Proses lyriques‹ von Claude Debussy (vier Lieder, gesungen von der Sopranistin der Wiener Staatsoper Felicie Mihacsek, am Klavier: Ernst Bachrich) und die Siebente Symphonie von Gustav Mahler (in einer Bearbeitung für Klavier zu vier Händen, gespielt von Eduard Steuermann und Ernst Bachrich). Nach einigen Wochen privaten Wirkens wandte sich der Verein, dessen Statuten Schönberg selbst entworfen hatte, mit einem von Alban Berg verfaßten Prospekt an die Öffentlichkeit. Hier werden zunächst die einleitenden Sätze des Prospekts zitiert, die über Ziel und Arbeitsweise des Vereins genaue Auskunft geben:

»Der im November 1918 gegründete Verein hat den Zweck, Arnold Schönberg die Möglichkeit zu geben, daß er seine Absicht: Künstlern und Kunstfreunden eine wirkliche und genaue Kenntnis moderner Musik zu verschaffen, persönlich durchführe.

An dem Verhältnis des Publikums zur modernen Musik ist in hervorragendem Maße der Umstand mitbestimmend, daß es als Eindruck davon vor allem den von Unklarheit empfangen muß. Unklar sind ihm Zweck, Richtung, Absicht, Ausdrucksgebiet und Ausdrucksweise, Wert, Wesen und Ziel der Werke, unklar ist meist die Wiedergabe, unklar insbesonders des Publikums Bewußtsein von seinen eigenen Bedürfnissen und Wünschen, und so werden also die Werke geschätzt, geachtet, gepriesen und bejubelt oder mißachtet, getadelt und abgelehnt – bloß wegen einer einzigen Wirkung, die von allem gleichmäßig ausgeht: *wegen der Unklarheit*.

Das kann auf die Dauer keinen Berücksichtigungswerten befriedigen: keinen ernsthaften Autor, keinen besseren Menschen aus dem Publikum. Und hier endlich einmal Klarheit zu schaffen, und damit berechtigten Wünschen und Bedürfnissen Rechnung zu tragen, war einer der Anlässe, die Arnold Schönberg zur Gründung des Vereins bewogen haben.

Zur Erreichung dieses Zieles sind drei Dinge erforderlich: Erstens: Klare, gut studierte Aufführungen. – Zweitens: Oftma-

Verein für musikalische Privataufführungen in Wien

(Leitung: Arnold Schönberg)

veranstaltet **jeden Montag Abend im Saale des Klubs österreichischer Eisenbahnbeamten I. Nibelungengasse 3** ein Konzert. Zutritt ist nur den Mitgliedern gestattet. Aufnahme neuer Mitglieder erfolgt eine halbe Stunde vor jedem Vereinskonzert an der Abendkassa. Das Mitglied verpflichtet sich auf ein Jahr vom Eintrittsmonat an gerechnet.

Die **Mitgliedsbeiträge** stufen sich je nach der gewählten Sitzkategorie in 7 Klassen ab. Diese Einführung deckt sich mit der Neigung des Publikums, eine den persönlichen Vermögensverhältnissen entsprechende Sitzkategorie zu wählen. Dabei wird natürlich vorausgesetzt, daß Wohlhabendere die ersten vier Klassen wählen, da die letzten 3 Klassen für Unbemittelte reserviert bleiben müssen. Der Mitgliedsbeitrag kann auf einmal oder in Raten bezahlt werden.

Klasse	Gesamtbeitrag	Grundgebühr	3 Vierteljahrsraten oder	9 Monatsraten
I	K 2300	K 500	à K 600	à K 200
II	K 1380	K 345	à K 345	à K 115
III	K 1020	K 255	à K 255	à K 85
IV	K 780	K 195	à K 195	à K 65
V	K 540	K 135	à K 135	à K 45
VI	K 360	K 90	à K 90	à K 30
VII	K 240	K 60	à K 60	à K 20

Die **Grundgebühr** wird beim Eintritt entrichtet.

Alle **Zuschriften** sind zu richten an den Sekretär Herrn **Josef Rufer, III. Keilgasse 4.**

Geldsendungen an „Kompaß“, Allgemeine Garantiebank, **I. Graben 29a** zu Handen „Verein für musikalische Privataufführungen in Wien“ oder **mittels Erlagscheines.**

lige Wiederholungen. – Drittens: Die Aufführungen müssen dem korrumpierenden Einfluß der Öffentlichkeit entzogen werden, das heißt: sie dürfen nicht auf Wettbewerb gerichtet sein und müssen unabhängig sein von Beifall und Mißfallen. – Damit ist auch der wesentliche Unterschied angezeigt, der sich bei Vergleich der Aufgaben des Vereins und der des heute üblichen Konzertlebens, von dem er sich grundsätzlich fernhält, ergibt.«

Der Prospekt bringt dann zu den genannten drei Punkten ausführliche Erläuterungen. Es wird insbesondere auf die gründliche Vorbereitung der Aufführungen des Vereins hingewiesen. (So wurde zum Beispiel für den ersten Abend die Mahler-Symphonie in zwölf meist vierstündigen Proben erarbeitet.) Ferner wird der Einsatz jüngerer Künstler hervorgehoben, die sich dem Verein aus Interesse an der Sache zur Verfügung stellten und nicht aus eitlem, gewinnsüchtigem Virtuosentum: »Der einzige Erfolg, den ein Künstler hier haben soll, ist der, der ihm der wichtigste sein müßte: das Werk und damit den Autor verständlich gemacht zu haben.« Der Verständlichmachung der Werke diene auch ihre oftmalige Wiederholung. Der Ausschluß einer öffentlichen Berichterstattung sollte den privaten Charakter der Veranstaltungen, denen es lediglich »um die Wirkung, die von der Musik selbst ausgeht«, zu tun war, hervorheben.

Ein eigener Abschnitt wurde im Prospekt der Bedeutung der Arrangements – meistens für Klavier zu vier bis acht Händen – gewidmet, in denen für großes Orchester gesetzte Werke zur Aufführung gelangten. Aus der »Not«, die der Verzicht auf die Originalgestalt mit sich bringt, wurde eine »Tugend« gemacht, denn damit »wird der allgemein übliche Vorwurf entkräftet, daß diese Musik ihre Wirkung lediglich ihrer mehr oder minder reichen und effektvollen Instrumentation verdanke und nicht auch alle Eigenschaften besäße, die bisher für eine gute Musik charakteristisch waren: Melodien, Harmoniereichtum, Polyphonie, Formvollendung, Architektur, und so weiter«.

Der Schlußteil des Prospekts ist der materiellen Organisation des Vereins gewidmet. Die Mitglieder wurden verpflichtet, die einmal wöchentlich stattfindenden Veranstaltungen für die Dauer einer Saison zu abonnieren. Die Konzerte fanden an Montagen im Festsaal der Schwarzwald'schen Schulanstalten, Wien I, Wallnerstraße 9, später im Festsaal des Ingenieur- und Architektenvereins, Wien I, Eschenbachgasse 9, an Sonntagsvormittagen im Kleinen Musikvereinssaal (Brahms-Saal) oder im Kleinen Konzerthaussaal (Schubert-Saal) statt. Es gab vier Sitzkategorien. Der Beitrag für die erste war dem freien Ermessen des Mitglieds überlassen; für die übrigen Kategorien waren die folgenden Beiträge (in Kronen, der damaligen, von zunehmender Entwertung bedrohten österreichischen Währung) festgesetzt: Grundgebühren: 24,–, 16,–, 8,–; wöchentliche Raten: 3,–, 2,–, 1,–. Die unumschränkte Leitung des Vereins hatte Schönberg als Präsident inne. Ihm zur Seite standen: der Sekretär (zuerst Paul Amadeus Pisk, später Josef Rufer, Rudolf Wenzel und Felix Greissle), der Kassier (Dr. Arthur Prager), der Archivar (Dr. Josef Polnauer), der Schriftführende und die Vortragsmeister (unter letzteren Anton Webern, Alban Berg beziehungsweise Eduard Steuermann, Erwin Stein, Dr. Benno Sachs).

Die erste Ausgabe des wiederholt (später in verkürzter Form) erschienenen Prospekts ist datiert vom 16. Februar 1919. Am nächsten Tag berichtete Alban Berg seinem Mitschüler Erwin Stein von seiner Autorschaft und erwähnte, daß der Verein bis zu diesem Zeitpunkt rund 320 Mitglieder hatte.

Das gesamte unmittelbare Wirken des Vereins, der seine Tätigkeit Ende 1921 infolge der rapid zunehmenden Entwertung der österreichischen Währung einstellen mußte, läßt sich nur durch einen statistischen Überblick über die von ihm geleisteten Aufführungen charakterisieren. Die bisher veröffentlichten Statistiken reichen nur bis Ende Oktober 1921. Dank des freundlichen Entgegenkommens von Herrn Hofrat Professor Dr. Leopold Nowak, des Leiters der Musikabteilung der Österreichischen Nationalbibliothek, der mir aus dem Besitz seiner Bibliothek eine große Anzahl eigenhändiger Programmnotizen Schönbergs in Photokopien zur Verfügung stellte, kann ich die Statistik bis Ende 1921 ergänzen. Bis zu diesem Zeitpunkt wurden vom Verein in 117 Konzerten 154 zeitgenössische Werke aufgeführt, von denen 54 nur einmal gespielt wurden, während die übrigen 100 Wiederholungen erlebten (41 wurden einmal wiederholt, 29 zweimal, 16 dreimal, 9 viermal, 4 fünfmal und 1 siebenmal). Insgesamt waren es also 363 Programmnummern. Neben den Vereinsabenden gab es auch noch einige Sonderveranstaltungen: zwei »Propagandakonzerte«, einen Abend zu Ehren von Maurice Ravel, mehrere Aufführungen des ›Pierrot Lunaire‹, zwei Konzerte mit klassischen Werken (Mozart, Beethoven und Brahms), die schon auf Seite 107 erwähnte Vorlesung der ›Jakobsleiter‹ und einen »Walzerabend«, über den hier noch ausführlicher berichtet wird. Zu den meist aufgeführten Komponisten gehörten: Max Reger (24 Werke), Claude Debussy (16 Werke), Bartók und Schönberg (12 Werke). Dazu ist noch zu bemerken, daß Schönberg erst im Frühjahr 1920 die Wiedergabe eines seiner Werke im Rahmen eines Vereinskonzerts gestattete. Im letzten Konzert des Vereins, am 5. Dezember 1921, wurde ›Pierrot Lunaire‹ dargeboten.

Im letzten Prospekt des Vereins, der im November 1921 erschien, wurden 93 weitere Werke angezeigt, deren Aufführung für 1922 in Aussicht genommen war; auch von Bühnenaufführungen von Balletten von Berg, Bartók, Webern, Debussy und Wellesz sowie der ›Glücklichen Hand‹ von Schönberg war die Rede. (Die Ballette von Berg und Webern wurden nie komponiert, die Uraufführung der ›Glücklichen Hand‹ fand erst 1924 statt.)

Ende Mai 1921 erreichte die Tätigkeit des Vereins ein Maximum an Intensität. Dafür mögen die folgenden Zitate aus einem Brief zeugen, den Alban Berg am 2. Juni 1921 an Erwin Stein richtete: »... Dadurch, daß Schönberg in den letzten Wochen überhaupt nichts anderes tat und dachte als der Verein, war Deine Abwesenheit auch nicht so fühlbar, wie es sonst gewesen wäre. Freilich, die Ausführung seiner vielen hundert und tausend Aufträge und Ideen gestaltete sich zeitweise zu einer unbeschreiblichen Hatz, um so mehr, als Greissle größtenteils als Hauslehrer in Mödling und somit für mich fast unerreichbar war, und Webern nicht allzuviel Gelegenheit hatte, in dieses komplizierte Räderwerk einzugreifen – – und schließlich die jungen Leute nach wie vor ihre Mitwirkung versagten; dies manches Mal in so ostentativer Weise, daß ich im allgemeinen Schönbergs Geduld in dieser Richtung bewunderte. Sonst nahmen seine Launen oft unbeschreibliche Dimensionen an, und ihr Eindruck würde in mir noch länger nachgewirkt haben, wenn er in allerletzter Zeit nicht bedeutend umgänglicher gewesen wäre, um schließlich heute früh in bester Laune aufs Land zu fahren ... Nun der Reihenfolge nach: ›Jakobsleiter‹ war herrlich. Klitsch hat wirklich Unerhörtes geleistet und Fähigkeiten gezeigt, deren ich ihn nie für fähig hielt. Es war prachtvoll, und Du hast viel versäumt! Besuch war sehr schlecht, und Schönberg sehr deprimiert darüber. – N. B. dies war überhaupt die kritischste Zeit: innerhalb neun Tagen vier Veranstaltungen: ›Jakobsleiter‹/

23. Mai Vereinskonzert/Walzerabend (27. Mai, öffentlich)/ 30. Mai Vereinskonzert. Die Arbeitsleistung aller, die das ermöglichten, war ungeheuer. In dieser Zeit arbeitete ich täglich vierzehn Stunden und mehr für den Verein. Dazu die unbeschreibliche Hitze! Ich staune, daß ich das – mit der Unsumme von Ärgernissen – gesundheitlich aushielt ...

Walzerabend (in der Schwarzwaldschule): Das war wohl sehr gelungen. Aber die Arbeit!!! Fünf fünfstündige Proben. In drei, vier Tagen so einen Riesenwalzer instrumentieren! Die Stimmen herausschreiben! Der Wust von administrativen Vorarbeiten!! – Am Abend selbst verkauften wir – Schönberg und Frau, Webern und Trude, ich und Frau, Steuermann, Rankl, Kolisch und Steinbauer im Turmzimmer Gedenkblätter, die zugleich als Eintrittskarten – von der Seitentür in den Saal – galten. Wer keines kaufte, mußte Spießruten laufen um das ganze Gebäude herum, um sich bei einer Kasse den Eintritt durch die Hintertür zu erkaufen. Anwesend waren: ca. 160 Mitglieder und 30 bis 40 Gäste. – Schönberg hielt zu Beginn eine Rede über den Sinn der Veranstaltung – Fonds für Kammerorchester – und leitete die Lizitation. Beides in fabelhaft witziger, launiger Weise, der auch der immerhin schöne Erfolg zu verdanken ist. Die Walzer klangen durchwegs fabelhaft gut, sogar meiner, ›Wein, Weib, Gesang!‹ Schönbergs Instrumentation überragte natürlich die meine weit. Ich hätte freilich nicht so viel gewagt. Steuermann zum Beispiel, der auf eine Bemerkung Schönbergs, daß sich jeder seine Stimme zu Hause anschauen müsse, lächelte, erhielt von Schönberg einen wahnwitzig schwer gesetzten Klavierpart, der freilich prachtvoll klang. – Schon nach meinem Walzer setzte frenetischer Applaus ein, den Schönberg zuließ, um die Stimmung zu heben. Weberns Walzer, der dritte im Programm, mußte wiederholt werden, und zwar mit Webern am Pult und Schönberg mit dem Cello. Die Aufführungen verliefen glänzend; selbst mein Harmoniumspiel war entsprechend. Die Lizitation brachte: für meinen Walzer – als erster ausgerufen mit 500 Kronen – 5000 Kronen; für Schönbergs Lagunenwalzer 14000 Kronen; Weberns ›Schatzwalzer‹ wurde bis 7000 Kronen lizitiert, Schönberg, der immer mitlizitierte, um es hinaufzutreiben, bot 9000 Kronen – und blieb damit hängen, ganz gegen seine Absicht; schließlich Schönbergs ›Rosen aus dem Süden‹ 17000 Kronen. – Darnach große Zusammenkunft der Vereinsleitung im Hotel de France, wo Schön-

VEREIN FÜR MUSIKALISCHE PRIVATAUFFÜHRUNGEN IN WIEN

Leitung: Arnold Schönberg

AUSSERORDENTLICHER ABEND

Freitag, den 27. Mai 1921, 7 Uhr abends, im Festsaale der Schwarzwald'schen Schulanstalten.

VIER WALZER VON JOHANN STRAUSS

Bearbeitung für Kammerorchester.

Besetzung: Klavier: Eduard Steuermann, Harmonium: Alban Berg, 1. Geige Rudolf Kolisch und Arnold Schönberg, 2. Geige: Karl Rankl, Bratsche: Othmar Steinbauer, Cello: Anton von Webern.

SCHATZWALZER (Zigeunerbaron) Bearbeitung von Anton von Webern

WEIN, WEIB UND GESANG Op. 333, Bearbeitung von Alban Berg

ROSEN AUS DEM SÜDEN Op. 388, Bearbeitung von Arnold Schönberg

LAGUNENWALZER Op. 411, Bearbeitung von Arnold Schönberg

Nach dem Konzert: Versteigerung der Originalmanuskripte der Bearbeitungen.

Konzertflügel Steinway & Son; beigestellt von der Firma Bernhard Kohn, Wien

Zuschriften an den Sekretär Herrn Felix Greißle, V. Rainergasse Nr. 32.
Anmeldungen an den wöchentlichen Vereinsabenden jeden Montag abends 7 Uhr im Festsaale der Schwarzwald'schen Schulanstalten, I. Wallnerstr. 9 (Eingang Regierungsgasse)

Preis 7 Kronen.

berg übernachtete und bei Pappenheim bis vier Uhr früh. Ich hatte mich um ein Uhr halbtot entfernt ...«

Die »beste Laune«, in der Schönberg am 2. Juni 1921 »aufs Land« fuhr, war bald verflogen. Er hatte Mattsee bei Salzburg als Ferienort gewählt. Auch mehrere seiner Schüler sollten dorthin kommen. Gemeinsam mit ihnen wollte er die Vereinsangelegenheiten weiter bearbeiten. Ferner wollte er an dem von ihm seit langem geplanten (und auch später nicht vollendeten) Buch über die Lehre vom Zusammenhang in der Musik diktieren und die Komposition der ›Jakobsleiter‹ fortsetzen. Aber schon nach wenigen Tagen wurde ihm von den Gemeindebehörden bedeutet, daß in dem Orte Juden unerwünscht seien. Dieses Erlebnis, das ihn natürlich zu sofortigem Wegzug veranlaßte, erfüllte ihn noch lange Zeit mit tiefer Bitterkeit, wie eine Bemerkung lehrt, die er am 4. Mai 1923 in einem Brief an Kandinsky machte: »... daß ich meinen ersten Arbeitssommer nach fünf Jahren unterbrechen mußte, den Ort verlassen, an dem ich Ruhe zur Arbeit gesucht hatte, und die Ruhe dazu nicht mehr finden konnte? Weil die Deutschen keinen Juden dulden!« In dem Brief, der im Sammelband von Stein sechs Seiten umfaßt, begründete Schönberg in leidenschaftlichem, tief ergreifendem Ton seine Ablehnung der Einladung Kandinskys, mit diesem und anderen Künstlern am »Bauhaus« in Weimar als Lehrer zu wirken, damit, er habe gehört, daß dort antisemitische Tendenzen bemerkbar seien.

In einem späteren Brief an Stein (vom 21. Juli) teilt Berg mit, daß Schönberg sich in Traunkirchen im Salzkammergut aufhalte (wo er auch in der Folgezeit einige Sommer verbrachte), und berichtet von der Gründung des Kolisch-Quartetts und von Bearbeitungen für Kammerorchester, die für die nächste Vereinssaison hergestellt werden sollten.

Im Rückblick auf die Tätigkeit des Schönberg-Vereins können, neben der unmittelbaren pädagogischen Wirkung auf die Teilnehmer an seinen Veranstaltungen, zwei weiter reichende Auswirkungen festgestellt werden: Die schöpferischen und instrumentationstechnischen Anregungen, die von der Notwendigkeit der Arrangements für kleinere Ensembles ausgingen, und das Vorbild, das die Ziele des Vereins für spätere Gründungen von Organisationen zur Förderung der Neuen Musik abgaben. In diesem Zusammenhang seien genannt: die »Donaueschinger Kammermusik-Aufführungen zur Förderung zeitgenössischer Tonkunst« (1921), die »Internationale Gesellschaft für Neue Musik« (IGNM, 1922), die »International Composer's Guild« (New York, 1922) und die »League of Composers« (New York, 1923). In Prag wurde im Frühjahr 1922 unter der Ägide Zemlinskys ebenfalls ein »Verein für musikalische Privataufführungen« gegründet und Schönberg zum Ehrenpräsidenten gewählt. In Briefen an Zemlinsky gab Schönberg auf Grund der Wiener Erfahrungen den Pragern viele nützliche Ratschläge. Aus einem am 14. Januar 1923 an den Sekretär des Prager Vereins gerichteten Brief geht hervor, daß Schönberg die Leitung des Wiener Vereins und die »Bedienung des Prager Vereins« Erwin Stein übertragen hatte; die Wiener Vereinstätigkeit scheint sich auf die schon 1921 realisierte Einstudierung und Aufführung von ›Pierrot Lunaire‹ beschränkt zu haben, mit dem das Wiener Ensemble unter Leitung von Schönberg und Stein in der folgenden Zeit mehrmals auf Tournee ging.

Obwohl Schönbergs Arbeitskraft vom Herbst 1918 an durch das Wirken für den Wiener Verein und durch die Lehrtätigkeit stark in Anspruch genommen wurde, trat er in jenen Jahren auch als Komponist und Dirigent hervor, im außerdeutschen Ausland allerdings erst ab 1920. Mit Ausnahme zweier »neuer Klavierstücke« (aus dem 1920 bis 1923 entstandenen Opus 23: ›Fünf Klavierstücke‹), die im »Verein« aufgeführt wurden, stammten aber sämtliche dargebotenen Werke aus der Zeit vor 1917, dem Jahr, in dem Schönberg mit der Komposition der ›Jakobsleiter‹ begann und in dem auch seine Bemühungen um die exakte Ausarbeitung der »Methode der Komposition mit zwölf nur aufeinander bezogenen Tönen« immer schärferes Profil gewannen.

In jene Zeit fallen zahlreiche Aufführungen, die Schönberg endlich volle Weltgeltung verschafften. Einige bedeutsame seien hier erwähnt: Da war vor allem die anläßlich des Wiener Musikfestes am 13. Juni 1920 von Schönberg selbst geleitete Aufführung der ›Gurrelieder‹ in der Wiener Staatsoper, bei der der Komponist einen wahren Triumph feiern konnte. In einem zwei Tage darauf geschriebenen überschwenglichen Brief dankte er dem Orchester: »... Denn es ist der Traum jedes Komponisten, von diesem Orchester gespielt zu werden. – Mir ist dieser Traum erst spät in Erfüllung gegangen und ich war verbittert. Aber, muß ich es Ihnen sagen, oder haben Sie es nicht selbst gefühlt, daß nach der ersten Viertelstunde, die ich das Vergnügen hatte, mit Ihnen zu probieren, es bei mir nur mehr diese Begeisterung für Sie gegeben hat, der ich mit schwachen Kräften jetzt Ausdruck zu geben bestrebt bin?«

Schon vorher war unter Zemlinskys Leitung bei einem Festkonzert die symphonische Dichtung ›Pelleas und Melisande‹ erklungen und hatte jenen Erfolg errungen, der ihr 1908 bei der Uraufführung in Wien versagt geblieben war.

Für das Verständnis, das sich selbst so schwierige Werke wie die Fünf Orchesterstücke op. 16 allmählich eroberten, ist ein Bericht von M. D. Calvocoressi über eine Londoner Aufführung im November 1921 sehr charakteristisch: »Als ich die Stücke im Jahre 1912 hörte, hatte ich nur den Eindruck, daß es da etwas zum Nachdenken gebe, und ich konnte nichts anderes tun, als von mir auszusagen, daß ich zu ihrem Wesen durchaus keine Beziehungen hätte. Als ich sie letzten Mittwoch wieder hörte, erging es mir folgendermaßen: Alles schichtete sich, als ob es so sein müßte, in seine Ordnung, und die geringste Kleinigkeit zeigte ihre offenkundigen Beziehungen zu der bewegenden und erregenden Kraft des Ganzen. Und wo ich zuvor nur ein Durcheinander von Stimmen und Widersprüchen wahrzunehmen vermochte, hörte ich nun die eine starke Stimme der Musik, die ihre Botschaft verkündete.«

Von besonderer Bedeutung für Schönberg wurde seine Beteiligung an dem großen Mahler-Fest in Amsterdam im Mai 1920, nachdem er dort schon zwei Monate vorher sein für Streichorchester bearbeitetes Sextett op. 4 (›Verklärte Nacht‹) und zwei Orchesterstücke aus Opus 16 dirigiert hatte. Schönberg wurde zum Präsidenten des in Amsterdam gegründeten Internationalen Mahler-Bundes gewählt und eingeladen, im Herbst als Organisator des Bundes, Vortragender und Dirigent für längere Zeit nach Holland zu kommen. Er leistete dieser Einladung im Herbst 1920 und im Winter 1921 Folge. Über seine Aufnahme berichtete C. R. Mengelberg im April 1921 in den ›Musikblättern des Anbruch‹, einer von der Universal Edition in Wien seit November 1919 herausgegebenen ›Halbmonatsschrift für moderne Musik‹, unter anderem folgendes: »Man hatte in dieser Saison in Amsterdam Gelegenheit, das gesamte Schaffen Schönbergs in seinen wesentlichen Zügen kennenzulernen. Zunächst hörte man wieder die ›Verklärte Nacht‹ und die ›Fünf Orchesterstücke‹, die auch in einem Volkskonzert wiederholt wurden. Am 6. und 8. Januar fand in Amsterdam und Den Haag ein ganzer Schönberg-Abend des Concertgebouw-

Orchesters statt, mit ›Pelleas und Melisande‹ und den Orchesterliedern op. 8, die Hans Nachod sang. Von Kammermusik spielte das Budapester Streichquartett sein d-Moll-Quartett op. 7, während Mitglieder des Concertgebouw-Orchesters seine Kammersymphonie zu Gehör brachten. – Seine Tätigkeit in Holland beschloß Schönberg mit zwei grandiosen Aufführungen der ›Gurrelieder‹ am 19. und 20. März. In wochenlangen Proben sorgsam vorbereitet, kam das Werk zu einer ganz hervorragenden und mit einer hier selten erlebten Begeisterung aufgenommenen Wiedergabe.«

Schließlich seien noch zwei Aufführungen des ›Pierrot Lunaire‹ erwähnt: eine im Dezember 1921 in Frankfurt am Main, bei der der Vokalpart erstmals von einem Mann ausgeführt wurde, und eine im Januar 1922 in Paris, bei der Darius Milhaud dirigierte und Marya Freund als Sprecherin den Text in französischer Rückübertragung vortrug. Milhaud berichtet, Publikum und Kritik seien »voll des Lobes« gewesen.

»Natürlicher Fortsetzer richtig verstandener, guter, alter Tradition«

<table>
<tr><td>Riemann über J. S. Bach:</td><td>Alban Berg über Schönberg:</td></tr>
<tr><td colspan="2">… Er gehört mit gleichem Recht der hinter ihm liegenden</td></tr>
<tr><td>Periode der polyphonen Musik, des kontrapunktischen, imitatorischen Stils, wie der Periode der harmonischen Musik an und des nun</td><td>Periode des harmonischen Stils, wie der mit ihm wieder einsetzenden Periode der polyphonen Musik, des kontrapunktischen, imitatorischen Stils an und des nun</td></tr>
<tr><td colspan="2">erstmalig in seinem ganzen Umfang dargelegten Systems der (an</td></tr>
<tr><td>die Stelle der Kirchentöne getretenen) modernen Tonarten.</td><td>die Stelle der Dur- und Moll-Tonarten getretenen) Zwölftonreihen.</td></tr>
<tr><td colspan="2">Seine Lebenszeit fällt in eine Periode des Überganges, das heißt in eine Zeit, wo der alte Stil sich noch nicht ausgelebt hatte, der neue aber noch in den ersten Stadien seiner Entwicklung stand und das Gepräge des Unfertigen trug. Sein Genie vereinigt die Eigentümlichkeiten beider Stilgattungen …</td></tr>
</table>

Schönbergs historische Bedeutung für die Entwicklung der Tonsprache wird oft in Parallele gesetzt zu der von Johann Sebastian Bach. Am bisher drastischesten ist dies durch Alban Berg geschehen, der im Januar 1930 in der Berliner Musikzeitschrift ›Die Musik‹ eine kleine Studie veröffentlichte, die den Titel ›Credo‹ führte und in der er den ersten Absatz des Artikels, den der berühmte deutsche Musiktheoretiker Hugo Riemann (1849–1919) in der achten Auflage (1916) seines ›Musiklexikons‹ J. S. Bach widmete, wörtlich auch auf Schönberg anwandte.

Den Passus, mit dem Riemann Bachs Stellung in einer Periode des Übergangs charakterisierte, setzte er, wie das obenstehende Zitat zeigt, mit eigenen Worten in genaue Parallele zur Stellung Schönbergs.

Bergs Erwähnung der »Zwölftonreihen« weist auf die »Methode der Komposition mit zwölf nur aufeinander bezogenen Tönen« hin, die Schönberg zwar schon 1921 weitgehend entwickelt, selbst aber noch nicht bekanntgegeben hatte. Eine erste

Andeutung über die Möglichkeit einer »Zwölftonmusik« machte er in einer Fußnote in der 1921 erschienenen dritten Auflage seiner ›Harmonielehre‹ (Seite 487 und 488), in der er gegen die sogenannten »Atonalisten« polemisierte: »... Davon muß ich mich jedoch abwenden, denn ich bin Musiker und habe mit Atonalem nichts zu tun. Atonal könnte bloß bezeichnen: etwas, was dem Wesen des Tones durchaus nicht entspricht. Es ist schon der Ausdruck ›tonal‹ unrichtig gebraucht, wenn man ihn im ausschließenden und nicht im einschließenden Sinn meint. Nur so kann es gelten: Alles was aus einer Tonreihe hervorgeht, sei es durch das Mittel der direkten Beziehung auf einen einzigen Grundton oder durch kompliziertere Bindungen zusammengefaßt, bildet die Tonalität. Daß sich von dieser einzig richtigen Definition kein vernünftiger, dem Wort ›Atonalität‹ entsprechender Gegensatz bilden läßt, muß einleuchten. Wo läßt sich hier die Negation anbringen: Soll nicht alles, was aus einer Tonreihe hervorgeht, die Tonalität charakterisieren? Ein Musikstück wird stets mindestens insoweit tonal sein müssen, als von Ton zu Ton eine Beziehung bestehen muß, vermöge welcher alle Töne, neben- oder übereinandergesetzt, eine als solche auffaßbare Folge ergeben. Die Tonalität mag dann vielleicht weder fühlbar noch nachweisbar sein, diese Beziehungen mögen dunkel oder schwerverständlich sein, unverständlich sogar. Aber atonal wird man irgendein Verhältnis von Tönen sowenig nennen können, als man ein Verhältnis von Farben als aspektral oder akomplementär bezeichnen dürfte. Diesen Gegensatz gibt es eben nicht. Zudem ist die Frage gar nicht untersucht, ob das, wie diese neuen Klänge sich schließen, nicht eben die Tonalität einer Zwölftonreihe ist.«

Die erste Mitteilung über die von ihm entwickelte Zwölftonmusik machte Schönberg im Sommer 1921 in Traunkirchen auf einem Spaziergang seinem Schüler Josef Rufer und verband die Erklärung seiner Methode mit den Worten:

»Ich habe eine Entdeckung gemacht, durch welche die Vorherrschaft der deutschen Musik für die nächsten hundert Jahre gesichert ist.«

Von dem Weg, der ihn zu dieser Entdeckung führte, berichtete er am 3. Juni 1937 in dem schon auf Seite 105 erwähnten Brief an Nicolas Slonimsky: »In der folgenden Zeit (nach 1915) hatte ich bei meiner Arbeit immer das Ziel vor Augen, den Aufbau meiner Werke *bewußt* auf einen Einheit verbürgenden Gedanken zu basieren, der nicht nur alle übrigen Gedanken hervorbringen, sondern auch ihre Begleitung, die ›Harmonien‹ bestimmen sollte. Ich stellte zu diesem Zweck zahlreiche Versuche an, aber ich vollendete oder veröffentlichte nur sehr wenig davon. – Als ein Beispiel solcher Versuche möchte ich die Klavierstücke op. 23 erwähnen. Hier gelangte ich zu einer Technik, die ich (für mich selbst) ›Komposition mit Tönen‹ nannte; ein sehr unbestimmter Ausdruck, aber mir bedeutete er etwas, nämlich: Im Gegensatz zu der gewöhnlichen Art, ein Motiv zu gebrauchen, verwendete ich es schon beinahe in der Weise einer ›Grundreihe von zwölf Tönen‹. Ich leitete aus ihm andere Motive und Themen ab, ebenso Begleitungen und sonstige Akkorde; aber das Grundmotiv bestand nicht aus zwölf Tönen. – Ein anderes Beispiel für diese Art des Strebens nach Einheit ist meine ›Serenade‹ (op. 24). In diesem Werk finden sich manche Beispiele dieser Art. Das beste aber sind die ›Variationen‹, der dritte Satz. Das Thema besteht aus einer Folge von vierzehn Tönen, von denen aber nur elf verschieden sind, und diese Folge wird den ganzen Satz hindurch ständig verwendet ... Der vierte Satz (›Sonett‹) ist eine wirkliche ›Zwölftonkomposition‹. Die Technik ist hier verhältnismäßig primitiv, denn es war eines der ersten Stücke, das ganz nach dieser Methode geschrieben wurde, obwohl nicht das allererste – das waren einige Sätze der ›Suite für Klavier‹ (op. 25), die ich im Herbst 1921 komponierte. Hier wurde mir plötzlich die wahre Bedeutung meines Zieles bewußt, dem zuliebe ich unbewußt diesen Weg eingeschlagen hatte: Ordnung und Gesetzmäßigkeit. – Wie Sie sehen, war es weder ein gerader Weg, noch war er – wie es oft bei revolutionären Bewegungen in der Kunst geschieht – durch Originalitätssucht hervorgerufen. Ich persönlich verabscheue es, ein Revolutionär genannt zu werden, denn ich bin es nicht. Von meinen allerersten Anfängen an besaß ich einen gründlich entwickelten Sinn für Form und eine starke Abneigung gegen Übertreibung. Es ist kein Rückschritt zur Ordnung, denn es hat niemals Unordnung gegeben. Es ist überhaupt kein Rückschritt, sondern – im Gegenteil – ein Aufstieg zu einer höheren und besseren Ordnung.«

Weiteren Kreisen wurde Schönbergs Entdeckung zuerst durch Erwin Steins Aufsatz ›Neue Formprinzipien‹ bekanntgegeben, der im anläßlich von Schönbergs fünfzigstem Geburtstag erscheinenden Sonderheft der ›Musikblätter des Anbruch‹ (August/September 1924) und im Sammelband ›Von Neuer Musik‹ (Köln 1924) zum Abdruck kam. Schönberg selbst gab eine von zahlreichen Notenbeispielen unterstützte, zusammenfassende Darstellung der Grundlagen seiner Methode erst in einem am 26. März 1941 an der University of California in Los Angeles gehaltenen Vortrag (abgedruckt in seinem Buch ›Style and Idea‹, New York 1950, und in etwas erweiterter Form im Heft 4 der Zeitschrift ›Polyphonie‹, Paris 1949). Die Ausführungen Schönbergs sind zum überwiegenden Teil nähere Erläuterungen zu den bereits in seinem oben zitierten Brief an Slonimsky erwähnten ersten Zwölftonwerken und über diese hinaus bis zu den 1927/28 entstandenen Variationen für Orchester, op. 31.

Als »Zwölftonmusik« sind, nach Schönberg, solche Musikstücke zu bezeichnen, die in jeder Beziehung – melodisch und harmonisch – ausschließlich aus einer Reihe gebildet sind, der sogenannten »Grundreihe«, in der alle zwölf Töne der chromatischen Skala in einer bestimmten, das ganze Stück hindurch unverändert bleibenden Anordnung enthalten sind. Aus der Grundreihe abgeleitet und in gleicher Weise wie diese als Bezugsgrundlage anzuwenden, sind die folgenden Gestalten: die Umkehrungen der Grundreihe (ergibt sich durch Spiegelung an der Horizontalen), der Krebs, bei dem die Töne der Grundreihe von hinten nach vorn gelesen werden (ergibt sich auch durch Spiegelung an der Vertikalen), und die Umkehrung des Krebses, ferner sind auch die Transpositionen der Grundreihe und der drei aus ihr abgeleiteten Gestalten zu benützen, das heißt: es kann jeder der zwölf Töne der chromatischen Skala als Ausgangspunkt der vier Reihen genommen werden. Insgesamt stehen also dem Komponisten für sein Stück 48 Zwölftonreihen zur Verfügung. Damit ist die »Einheit« des musikalischen Raumes, in dem das Stück geschaffen wird, definiert.

Eindringlich wies Schönberg auf die doppelte Funktion der Grundreihe hin. Erstens steht sie in einer gewissen Analogie zu den Skalen der traditionellen tonalen Musik, da auch durch sie sehr häufig die melodischen und harmonischen Konfigurationen der Tonstücke bestimmt werden. Unmittelbar faßlich ist aber ihre zweite Funktion: als Motiv beziehungsweise als Thema. »Deshalb muß die Reihe für jedes Stück neu erfunden werden. Sie hat der erste schöpferische Gedanke zu sein!« bemerkte Schönberg zu dieser Funktion. (Im gleichen Sinne bezeichnete Th. W. Adorno einmal die Erfindung der Grundreihe als eine »Vorformung« des musikalischen Materials.)

Mit großer Entschiedenheit wandte sich Schönberg gegen die weitverbreitete Meinung, das Komponieren werde durch die

Anwendung seiner Zwölftonmethode erleichtert, da nach Erfindung der Grundreihe sich alles Weitere gewissermaßen »automatisch« entwickle. Demgegenüber stellte er in seinem Vortrag fest: »Die Einführung meiner Methode des Komponierens mit zwölf Tönen erleichtert das Komponieren nicht, sondern macht es, im Gegenteil, schwieriger. Dem Neuen zugewandte Anfänger meinen öfters, sie könnten nach dieser Methode arbeiten, ehe sie die notwendige Technik erworben haben. Das ist ein großer Irrtum. Die Einschränkungen, die einem Komponisten auferlegt werden, wenn er genötigt ist, in einem Werk nur eine einzige Reihe zu benützen, sind so streng, daß sie nur von einer Erfindungskraft überwunden werden können, die schon eine gewaltige Zahl von Abenteuern überstanden hat. ... Bei den ersten Werken, bei welchen ich diese Methode anwandte, war ich noch nicht überzeugt, daß der ausschließliche Gebrauch einer einzigen Reihe nicht Monotonie zur Folge hätte. Würde er die Hervorbringung einer ausreichenden Zahl deutlich unterschiedener Themen, Phrasen, Motive, Sätze und anderer Formen gestatten? – Damals wandte ich komplizierte Kunstgriffe an, um die Mannigfaltigkeit zu sichern. Aber bald entdeckte ich, daß meine Furcht unbegründet war; ich konnte sogar die Musik einer ganzen Oper – ›Moses und Aaron‹ – aus einer einzigen Reihe ableiten, und ich fand: Im Gegenteil, je vertrauter ich mit der Grundreihe wurde, desto leichter konnte ich Themen aus ihr gewinnen. Meine erste prophetische Ahnung hatte sich glänzend bewahrheitet: Man hatte der Grundreihe zu folgen, aber man komponierte dennoch mit ebensolcher Freiheit wie zuvor.«

Zwei weitere, vielverbreitete Fehlmeinungen, die Schönberg in seinem Vortrag widerlegte, betrafen die Begriffe »Zwölftonsystem« und »Zwölftonstil«. – Gerade die volle schöpferische Freiheit, die durch die Anwendung der Zwölftonmethode im Sinne Schönbergs gewahrt und gefestigt wird, schließt jedes starre Systematisieren des Komponiervorgangs aus. Dies hat weiter zur Folge, daß die Anwendung dieser Methode die Komponisten nie auf einen einheitlichen, durch die Zwölftonreihen bestimmten Stil festlegen kann. Wenn es überhaupt ein die Schönbergsche Zwölftonmusik allgemein charakterisierendes Stilmerkmal gibt, so kann dies nur von der schon viel früher postulierten, von der Zwölftonmethode mit äußerster Konsequenz praktizierten »Emanzipation der Dissonanz« herrühren. – Über den künstlerischen Wert der mit Hilfe dieser Methode produzierten Musik ist aber damit noch gar nichts ausgesagt. Darüber entscheiden allein jene Merkmale, die auch für jede andere Musik gelten: Kraft und Originalität der Erfindung, Reichtum an Ideen und die Kunstfertigkeit und Faßlichkeit, mit der diese gegliedert, verknüpft und dargestellt werden.

Schließlich ist noch der vielverwendete Terminus »Zwölftontechnik« zu definieren: Unter dieser Technik sind alle kompositorischen Kunstgriffe zu verstehen, die bei der Hervorbringung von Zwölftonmusik angewandt werden. Die Entwicklung der Zwölftontechnik ist bei den einzelnen Komponisten sehr verschieden, und es ist daher für jeden, der tiefere Einsicht in diese Technik erlangen will, unbedingt notwendig, möglichst viele Zwölftonwerke der verschiedenartigsten Herkunft genau zu analysieren. Im allgemeinen erheben die nach Schönbergs Zwölftonmethode geschaffenen Kompositionen nicht den Anspruch, daß bei ihrem Erklingen die Reihenstruktur von den Hörern wahrgenommen wird. Ausgenommen sind natürlich solche Fälle, in denen die Grundreihe mit der melodischen Linie eines Themas identisch ist. Diese Verborgenheit der Reihenstruktur hat Schönberg einmal zu dem sinnreichen Scherzwort veranlaßt: »Meine Zwölftontechnik ist eine reine Familienangelegenheit!«

In manchen Belangen kann Schönbergs Zwölftonmethode mit gewissen Denkmodellen der neueren Physik und Mathematik verglichen werden. Die Einführung der Reihen steht, was die »Feinstruktur« des musikalischen Materials betrifft, in Analogie zu den Auffassungen, die sich für die Physik aus der Quantentheorie und der modernen Atomistik in bezug auf die Feinstruktur der Materie ergaben. Den Vergleich mit der neueren Mathematik hat zum erstenmal Louis Danz in seinem Aufsatz ›Schönberg the Inevitable‹ durchgeführt, der in dem von Merle Armitage 1937 in New York herausgegebenen Sammelband ›Schönberg‹ abgedruckt wurde. Er sagte dort unter anderem: »Von jetzt an wird Musik nicht mehr das sein, was sie bisher war, sondern sie ist das geworden, was sie sein soll. Der Übergang kann verglichen werden mit dem Übergang von der euklidischen Geometrie zu dem Raum-Zeit-Kontinuum eines Minkowski und Einstein.«

Eine aus tiefem persönlichem Erleben gestaltete, bekenntnishafte Darstellung des Weges zur Komposition mit zwölf nur aufeinander bezogenen Tönen findet sich in den acht Vorträgen, die Anton Webern von Januar bis März 1932 in einem Wiener Privathaus hielt und die ich, gemeinsam mit anderen wichtigen Äußerungen Weberns, 1960 im Verlag der Universal Edition unter dem Titel ›Der Weg zur Neuen Musik‹ herausgab. Am

Ende des letzten Vertrages sagte Webern: »Als wir die Tonalität allmählich aufgaben, da kam die Idee auf: Wir wollen nicht wiederholen, es soll immer etwas Neues kommen! – Es ist selbstverständlich, daß das nicht geht, da es die Faßlichkeit zerstört. Zumindest ist es nicht möglich, auf längere Strecken in dieser Weise Musik zu schreiben. Erst nach der Formulierung des Zwölftongesetzes wurde es möglich, wieder längere Stücke zu komponieren. – ›Ganz neu sagen‹ wollen wir dasselbe, was früher gesagt wurde. Aber ich kann jetzt freier erfinden, alles hat einen tieferen Zusammenhang. Jetzt erst ist es möglich, in freier Phantasie, ohne Bindung – außer durch die Reihe – zu komponieren. Ganz paradox gesprochen: Erst auf Grund dieser unerhörten Fessel ist volle Freiheit möglich geworden! – Ich kann hier nur stammeln. – Alles ist noch im Fluß ... Einer späteren Zeit ist es vorbehalten, die engeren gesetzlichen Zusammenhänge zu finden, die hier schon in den Werken vorliegen. – Wenn man zu dieser richtigen Auffassung der Kunst kommt, dann kann es keinen Unterschied mehr geben zwischen Wissenschaft und inspiriertem Schaffen. Je weiter man vordringt, um so identischer wird alles, und man hat zuletzt den Eindruck, keinem Menschenwerk gegenüberzustehen, sondern der Natur ... Nun liegt mir noch folgendes am Herzen: Was Sie hier sehen: Krebs, Kanon und so weiter – es ist immer dasselbe –, ist nicht in dem Sinne zu nehmen, daß es ›Kunststückerln‹ sind – das wäre lächerlich! – Möglichst viele Zusammenhänge sollen geschaffen werden, und daß es viele Zusammenhänge sind, werden Sie zugeben müssen! – Und ich muß darauf aufmerksam machen, daß das nicht nur in der Musik so ist. Eine Analogie findet man in der Sprache. Mit höchster Begeisterung hat es mich erfüllt, daß bei Shakespeare in den vielen Anlauten und Gleichlauten auch solche Zusammenhänge zu merken sind. Sogar der Krebs eines Satzes wird gebildet. – So ist auch die Sprachkunst eines Karl Kraus entstanden: Zusammenhang soll auch da geschaffen werden, weil es die Faßlichkeit erhöht. – Und zum Abschluß setze ich einen alten lateinischen Spruch her:

S A T O R
A R E P O
T E N E T
O P E R A
R O T A S ...«

Der lateinische Spruch »Sator Arepo tenet opera rotas« läßt unter anderem die Übersetzung zu: »Der Sämann Arepo (ein Eigenname) hält das Werk in Umlauf.« – Aus dem magischen Quadrat, in das Webern den Spruch einordnete, ist das Grundprinzip der Zwölftontechnik – die Gleichberechtigung von Grundreihe, Umkehrung, Krebs und Krebsumkehrung – deutlich ablesbar.

Gleich nach ihrer Bekanntgabe wurde Schönbergs Zwölftonmethode von Anton Webern und Alban Berg übernommen und auch in deren Schülerkreis vielfach praktiziert. Um ihre selbständige Weiterführung bemühten sich vor allem Ernst Křenek und sein amerikanischer Schüler George Perle. Pädagogisch bedeutsam wurden die Arbeiten von Hanns Jelinek (Wien), Herbert Eimert (Köln) und René Leibowitz (Paris). Eine philosophische Diskussion der Schönbergschen Zwölftonmusik findet sich in Th. W. Adornos ›Philosophie der Neuen Musik‹, Tübingen 1949. Die Verbreitung von Schönbergs Lehren in aller Welt regte viele Komponisten zu eigenständigen Arbeiten auf dem Gebiet der Zwölftonmusik an. Die Ausdehnung des Reihenprinzips auf die anderen Dimensionen der Musik führte zur Schöpfung der seriellen Musik, die gegenwärtig noch heftig diskutiert wird. Diese beruft sich vor allem auf die letzten Kompositionen Weberns, doch sind die Schlüsse, die von den »Serialisten« aus der Struktur dieser Kompositionen gezogen werden, keineswegs voll überzeugend.

Versuche, das musikalische Material auf Grund aller zwölf Töne der chromatischen Skala neu zu organisieren, gab es auch schon vor Schönbergs Arbeiten in diesem Bereich. Es sind hier der Russe Alexander Nikolajewitsch Skrjabin (1872–1915) und der Ukrainer Jefim Golyscheff (geb. 1895) zu nennen, vor allem aber der Österreicher Josef Matthias Hauer (1883–1959), denn dieser war eine Zeitlang mit Schönberg in Kontakt und erhob später sehr energisch den Anspruch auf absolute Priorität in der Zwölftonmusik. Hauer pflegte – wahrscheinlich ab 1937 – in seinen Briefen neben seiner Unterschrift noch den Stempelaufdruck anzubringen: »Der geistige Urheber und (trotz vieler Nachahmer!) immer noch der einzige Kenner und Könner der Zwölftonmusik.«

Das persönliche Verhältnis zwischen Schönberg und Hauer hat in der Studie, die Walter Szmolyan 1965 im Band 6 der Reihe ›Österreichische Komponisten des XX. Jahrhunderts‹ (Verlag

Elisabeth Lafite und Österreichischer Bundesverlag, Wien) Hauer widmete, eine objektive, durch sämtliche Briefe, die Schönberg an Hauer richtete, vorzüglich dokumentierte Darstellung erfahren. Hier sei nur noch auf den fundamentalen Unterschied hingewiesen, der zwischen den Zwölftonkompositionen Schönbergs und Hauers besteht, ein Unterschied, der jeden Prioritätsstreit gegenstandslos macht: Es ist Hauer, der schon von 1908 an Zwölftonmusik schrieb, um 1918 gelungen, sämtliche 479.001.600 möglichen Kombinationen von zwölf verschiedenen Tönen innerhalb einer Oktave (die Transpositionen von den verschiedenen Tönen der chromatischen Skala aus sind dabei nicht berücksichtigt; sie würden die Zahl der möglichen Zwölftonreihen noch verzwölffachen) in ein übersichtliches System von 44 Gruppen, von ihm »Tropen« genannt, zu bringen. Auf diesem Tropensystem ist das ganze, sehr merkwürdige und oft sehr eigenartige klangliche Ergebnisse aufweisende Schaffen Hauers aufgebaut. Darüber berichtet er selbst in seiner Schönberg gewidmeten Schrift ›Vom Melos zur Pauke‹ (Wien 1925): »Durch jahrelange Übung kenne ich mich in diesen Wendungen (Tropen) so gut aus, wie andere sich in den Tonarten und Modulationen leicht zurechtfinden. Es ist ja auch im Grunde genommen dasselbe, nur unvergleichlich komplizierter. Ganz besonders aber habe ich im Laufe der Zeit den Stimmungsgehalt dieser Wendungen genauer kennengelernt, und das kam mir beim Formaufbau zustatten.«

Aus diesem Zitat geht klar hervor, daß Hauer die Anwendung seiner Tropenlehre in der Komponierpraxis vom gehörsmäßigen Einleben in die Klangwelt der einzelnen Tropen und von der deutlichen Unterscheidung dieser Welten abhängig machte. Davon konnte ich mich selbst in einem Gespräch, das Hauer 1930 mit mir am Klavier führte, überzeugen. Auf Grund des von Hauer geforderten gehörsmäßigen Einlebens in die Welten der Tropen muß daher seine Zwölftonmusik ein auf seine Person beschränkter Sonderfall bleiben, solange nicht auch andere Komponisten die gleiche gehörsmäßige Beziehung zu den Tropen besitzen und sie in bedeutsamen Werken zum Ausdruck bringen. Meines Wissens hat sich dies bisher noch nicht ereignet. Auf den fundamentalen Unterschied zwischen seiner Zwölftonmusik und der Hauers spielte Schönberg am 27. Juli 1932 in einem Brief an Rudolf Kolisch mit den Worten an: »Meine Werke sind Zwölfton-*Kompositionen*, nicht *Zwölfton*-Kompositionen.«

Anknüpfend an den Bericht Schönbergs in seinem Brief an Slonimsky (siehe Seite 105) sei hier noch einiges zu den drei Werken mitgeteilt, in denen Schönberg seine Zwölftonmethode allmählich entwickelte. Dies geschah, wie aus seinen eigenen kurzen Angaben in dem Brief und aus den ausführlichen Analysen in dem schon erwähnten Aufsatz von Erwin Stein (›Neue Formprinzipien‹) hervorgeht, vorbereitend in den zwischen Juli 1920 und Frühjahr 1923 entstandenen Fünf Klavierstücken op. 23 und voll ausgeprägt in einigen Sätzen der Serenade op. 24 (entstanden zwischen September 1921 und April 1923) und der Suite für Klavier op. 25 (entstanden zwischen Juli 1921 und März 1923).

Besonders deutlich wird das vorbereitende Stadium aus Steins Bemerkungen zum dritten und fünften Stück von Opus 23. Zum dritten Stück berichtet Stein, daß er von Schönberg an Hand dieses Stückes kurz nach dessen Komposition die ersten Mitteilungen über die neuen Formprinzipien erhielt. Von diesem Stück sagt er unter anderem: »Das aus fünf Tönen bestehende Thema, mit dem es beginnt, schaut fast wie das einer Fuge aus. Man sieht ihm bei einiger Erfahrung in kontrapunktischen Dingen sofort an, daß es allerlei Kunststücke ausführen kann. Auch sein zweiter Einsatz – auf der Quint – gleicht einem ›Comes‹ (einer Fuge). Was folgt, ist allerdings anders. Unmöglich, alle die zahllosen Kombinationen, welche die Grundgestalt – das ›Fugenthema‹ – eingeht, zu beschreiben. Alle Stimmen und alle Harmonien sind aus ihm gebildet. Das ist nicht so zu verstehen, als ob sich das eine Motiv, mit Umkehrung, Krebs und Transpositionen als Stimme oder in Akkorde zusammengefaßt, wiederholen würde. Es kommt wohl auch häufig in thematischer Bedeutung vor, sonst aber durchkreuzen und verschränken sich die verschiedenen Formen der Grundgestalt derart, daß scheinbar ganz freie Melodien und Harmonien entstehen; ihre Beziehungen zur Grundgestalt sind nicht immer leicht erkennbar. Es gibt fast keinen Ton in dem Stück, der nicht gleichzeitig Bestandteil mehrerer Formen der Grundgestalt, also mehrdeutig wäre. In den ersten beiden Takten kommt sie in zwölf Tönen allein fünfmal vor: dreimal thematisch und zweimal in Akkorde verschränkt.«

Und zum fünften Stück (›Walzer‹) des Werkes bemerkt Stein: »Seine Grundgestalt besteht aus den zwölf Tönen der vollständigen Reihe in festgesetzter Ordnung: cis-a-h-g-as-ges-b-d-e-es-c-f. Diese Tonfolge wird immer wieder durchlaufen, in stetigem Kreislauf von vorne beginnend, sobald sie zu Ende ist. Zunächst erscheint sie als Walzermelodie, in der Vertikalen in drei Motive *rhythmisch* gegliedert. Die Begleitung bringt dieselbe Folge, aber bei einem anderen Ton beginnend und zum Teil in Akkorde zusammengefaßt. Weiterhin sind die Töne meist so auf die verschiedenen Stimmen verteilt, daß sie der Reihe nach erklingen (oder einige gleichzeitig), ohne Rücksicht darauf, ob dadurch etwa der eine Ton der Hauptstimme, der nächste einer Nebenstimme, der dritte und vierte Akkorden zufallen. Dadurch ist der Melodie größte Bewegungsfreiheit gewahrt, wenn nur die fehlenden Töne unterdessen in der Begleitung ergänzt werden. Thematisch ist die Reihe also nicht bindend, doch werden einige ihrer Glieder als Hauptmotive durchgeführt. Rhythmische Wiederholungen und symmetrische Gliederung finden sich – dem leichteren Charakter des Stückes gemäß – häufiger als in früheren Werken Schönbergs.« Das am 17. Februar 1923 vollendete Stück gehorcht also dem »Zwölftongesetz« in aller Strenge und bringt auch zum Ausdruck, daß in ihm den Voraussetzungen, die Schönberg zur Erfindung seiner Zwölftonmethode bewogen, nämlich der Ermöglichung genauesten Zusammenhanges und plastischer Formbildung ohne Bezugnahme auf einen Grundton, vollkommen entsprochen wurde.

Der Beweis, daß mittels der neuen Verfahren die Gestaltung der mannigfaltigsten traditionellen Formen in absolut überzeugender Art möglich ist, wurde von Schönberg in den beiden nächsten Werken, der Serenade op. 24 und der Klaviersuite op. 25, in zwingender Weise erbracht. Die Serenade ist für Klarinette, Baßklarinette, Mandoline, Gitarre, Geige, Bratsche, Violoncello und eine Baritonstimme (die nur im vierten Teil – Sonett – mitwirkt) gesetzt. Die Sätze tragen die Überschriften: Marsch, Menuett, Variationen, Sonett von Petrarca, Tanzszene, Lied (ohne Worte), Finale. Die Reihenverfahren werden in allen Sätzen mehr oder minder frei angewandt; vollkommene Strenge herrscht nur im Sonett, in dem die Singstimme so angelegt ist, daß ihre sämtlichen Töne aus der zwölfmal vollständig und das dreizehnte Mal nur mit ihren ersten zehn Tönen (gemäß den jeweils elf Silben umfassenden vierzehn Verszeilen) wiederkehrenden Grundreihe (e-d-es-h-c-des-as-ges-a-f-g-b) gebildet werden; dieselbe Reihe liegt auch allen Elementen des Instrumentalparts zugrunde. Schönberg selbst hat diese Technik als »verhältnismäßig primitiv« bezeichnet; die

Art, in der in dem ganzen Werk die satztechnischen und formalen Probleme gelöst werden, darf aber höchst kunstvoll genannt werden, insbesondere auch die Verknüpfung der einleitenden Marschmotive im Finale mit Anklängen aus den übrigen Sätzen. – Analoge meisterhafte kompositionstechnische Verarbeitung findet sich auch in der Klaviersuite op. 25, noch gesteigert durch den Umstand, daß alle sechs Sätze (Präludium, Gavotte, Musette, Intermezzo, Menuett, Gigue) aus einer einzigen Zwölftonreihe gebildet (e-f-g-des-ges-es-as-d-h-c-a-b) und dabei noch die traditionellen Rhythmen der alten Tanzformen entsprechend berücksichtigt wurden. Eine weitere Feinheit der Komposition liegt darin, daß der Krebs der letzten vier Töne b-a-c-h lautet.

Eine andere schöpferische Arbeit in dieser Zeit war die Instrumentation von zwei Choralvorspielen von J. S. Bach (›Schmücke dich, o liebe Seele‹ und ›Komm, Gott, Schöpfer, heiliger Geist‹), die Schönberg im Frühjahr 1922 vornahm. Beide Stücke gelangten im April 1923 in New York unter Leitung von Josef Stransky zur Erstaufführung. Die Ideen, die ihn bei der Bearbeitung der beiden Orgelwerke für großes Orchester (inklusive Harfe, Celesta, Triangel usw.) leiteten, teilte Schönberg dem ihm befreundeten Dirigenten Fritz Stiedry am 31. Juli 1930 in einem langen, nach acht Punkten gegliederten, prinzipiell wichtigen Brief mit, dessen Schluß lautete: »... VII. Unser ›Klangbedürfnis‹ zielt nicht auf ›gschmackige‹ Farbigkeit ab, sondern die Farben bezwecken die Verdeutlichung des Verlaufs der Stimmen, und das ist im kontrapunktischen Gewebe sehr wichtig! Ob die Bach-Orgel das leisten konnte, wissen wir nicht. Die heutigen Organisten können es *nicht:* das weiß ich, und das ist einer meiner Ausgangspunkte. – VIII. Unser heutiges musikalisches Auffassen verlangte Verdeutlichung des *motivischen* Verlaufes in der Horizontalen, sowie in der Vertikalen. Das heißt: wir begnügen uns nicht mit dem Vertrauen auf die immanente Wirkung der als selbstverständlich vorausgesetzten kontrapunktischen Struktur, sondern wir wollen diese Kontrapunktik wahrnehmen: als motivische Zusammenhänge. Die Homophonie hat uns gelehrt, diese in einer Oberstimme zu verfolgen, die Mittelstufe der Mendelssohn-Wagner-Brahms' ›mehrstimmigen Homophonie‹ hat uns gelehrt, mehreren Stimmen so nachzugehen: unser Ohr und unser Auffassungsvermögen werden heute nicht zufriedengestellt, wenn wir diese Methoden nicht auch auf Bach anwenden. Rein durch Zusammenklang kunstvoll geführter Stimmen entstehende ›angenehme‹ Wirkung genügt uns nicht mehr. Wir brauchen: Durchsichtigkeit um durchschauen zu können. – All das ist ohne Phrasierung nicht möglich. – Phrasierung aber ist nicht ›affektbetont‹ anzuwenden, wie es das Zeitalter des Pathos tat. Sondern sie hat: 1. die Gewichtsverhältnisse in die Linie richtig zu verteilen; 2. die motivische Arbeit teils zu enthüllen, teils zu verschleiern; 3. die gegenseitige dynamische Rücksichtnahme jeder Stimme auf alle und auf den Gesamtklang (Durchsichtigkeit) zu bewirken. – Und noch manches andere. – Ich glaube somit: das Recht zur Transkription wird hier zur Pflicht.«

Ein weiteres Orgelwerk Bachs, nämlich Präludium und Fuge in Es-Dur aus dem dritten Teil der ›Clavierübung‹, setzte Schönberg im Jahre 1928 für großes Orchester.

Ein Dokument von tiefer persönlicher und künstlerischer Bedeutung stellt die am 15. November 1923 vollendete Dichtung ›Requiem‹ dar, die Schönberg auch in die 1926 veröffentlichte Sammlung ›Texte‹ aufnahm. Das Enddatum läßt darauf schließen, daß das Werk im schmerzvollen Nachfühlen des Verlustes entstand, den Schönberg durch den Tod seiner Frau Mathilde (22. Oktober 1923) erlitten hatte. Wenn zu Beginn der ersten Niederschrift von Schönbergs Hand der Vermerk »1920 oder 1921?« zu lesen ist, so mag diese Notiz entweder durch einen Irrtum entstanden sein oder sich auf ein früheres Erlebnis beziehen. Für die Stimmung, die Schönberg damals beherrschte, mögen die folgenden zwei Sätze aus einem Brief zeugen, den er am 11. November 1923 an Alma Maria Mahler schrieb, die ihn zu einer größeren Gesellschaft in ihr Haus eingeladen hatte: »Du wirst es gewiß verstehen, daß mir wie ein Verbrechen vorkommt, jedes harmlose Lachen, das einem Toten einen Teil der Trauer entzieht, die man ihm schuldig ist. Man trauert ja kaum solang, als der Tote es verdienen würde, für den nun alles aufgehört hat und der nur mehr das hat, was wir ihm geben.«

Einige musikalische Notizen im Manuskript deuten an, daß Schönberg ursprünglich die Absicht hatte, den anfänglich elf-, später zwölfteiligen ›Requiem‹-Text zu vertonen, diesen Plan aber später aufgab. Hier seien der Anfang des zweieinhalb Seiten umfassenden ersten Teils sowie der Schluß der Dichtung wiedergegeben:

I

Schmerz, tobe dich aus,
Leid, klage dich müd!
Mitleid, öffne das innere Auge:
Hier liegt Ausgelebtes,
das gelitten in Freuden,
sich gefreut hat im Leiden:
Dahingeschiedenes!
. . . .

VI

Ein letzter Blick und noch einer – und –
Zu spät – dann war keiner mehr möglich.

VII

Begegnen die Wandrer jemals sich wieder?
Im Richtungslosen?
Im Zeitlosen?
Und auf Erden vergeht doch die Zeit!
Und alle Richtungen gehen auseinander!
Wie soll man sich da finden?

VIII

Aber: meine Ohren hören nichts mehr.
Die Augen sehen nicht.
Ja: Ahnen! Hoffen! Vorstellen! . . .
Wirklich ist nur die Trauer.

IX

Soll man zu sterben wünschen?
Was ist, wenn man tot ist,
der Seele die Trauer?
Weiß sie dann noch vom Geliebten?
Vielleicht steht sie so hoch über all dem,
daß auch das dann verloren ist.
Was ist dafür gewonnen?

X

Hoffnungslos: wir gehen vielleicht
ewig aneinander vorbei,
treffen uns nie mehr.

XI
Dem Herrn sind tausend Jahre wie ein Tag.
Solch einen, so oft sie einander verlieren,
schenkt er Liebenden,
sich wieder zu sehn,
sich immer wieder zu finden.

XII
Sei stark!
Weise von dir jeden Trost:
er will dir nur rauben,
was wert ist, zu halten.
Bedenke:
Trostlos mußte Geliebtes von dir gehen.
Es wußte auch nicht, wohin.
Es wußte auch alles das nicht,
wonach du frägst.
Sei seiner würdig.
Geh du so mutig weiter,
wie es gegangen ist.
Wenn man sterben kann,
was schwer ist,
kann man auch leben.

Wichtige bekenntnishafte Aussagen über die Art seines Schaffens vertraute Schönberg unter der Überschrift ›Gewißheit‹ Ende 1921 einem Sammelband an, der unter dem Titel ›Schöpferische Konfessionen‹ im Erich Reiss-Verlag in Berlin erschien. Der Mittelteil seiner Konfession lautete: »Wenn ich nach einer Schaffenspause voll Arbeitslust an künftige Werke denke, dann liegt meine zukünftige Richtung stets so klar vor mir, daß ich – heute wenigstens – gewiß sein kann, sie wird anders, als die meiner Vorstellung. Daß ich mich wende, vielleicht mich drehe, wirbelnd drehe, ist noch erratbar; wo ich stehe, wo ich stand – es kann nur an meiner Blindheit liegen, daß ich das nicht wahrnehme. Nur eines zeigt sich bald: daß das Neue mir so fremd und unverständlich erscheint, wie seinerzeit und zeitweilig das Alte; daß mir, solange dieser Zustand dauert, Älteres verständlicher vorkommt, bis schließlich das letzte Neue mir scheinbar vertrauter wird und ich zu verstehen aufhöre, wie ich früher anderes als solches schreiben konnte. – Ja, wenn man gut beobachtet, werden einem diese Dinge allmählich unklar. Man beginnt zu begreifen, daß man nicht bloß dazu bestimmt ist, die Zukunft nicht zu erraten (sie bloß darzustellen), sondern auch, die Vergangenheit (die man schon dargestellt hat) zu vergessen. Man gewinnt ein Gefühl treuester Pflichterfüllung, wenn man, obwohl man's anders wünscht, nicht tut, was einem in der Vergangenheit heilig war, und verrät, wozu die Zukunft zu locken schien, und beginnt im stillen sich seiner Blindheit bei sehenden Augen zu freuen. – Sehr selten jedoch, und sehr heimlich; es könnte ein zartes Geheimnis darunter leiden: man hat Augenblicke lang das zurückgelegte und das noch zurückzulegende Stück auf einmal gesehen und war befriedigt. – Mehr kann ich von meinem Schaffen nicht sagen.«

Von der in den nächsten Jahren immer intensiver werdenden Ausbreitung dieses Schaffens wird im folgenden einiges mitgeteilt.

Auf dem internationalen Kammermusikfest in Salzburg im August 1922, das noch im selben Jahr zur Gründung der »Internationalen Gesellschaft für Neue Musik« (IGNM) führte, feierte Schönberg mit seinem Zweiten Streichquartett, das am Schluß des Programms der »Wiener Matinee« stand, einen großen Triumph; die Ausführenden waren das Amar-Hindemith-Quartett und die Wiener Sopranistin Felicie Mihacsek.

Im Januar 1923 wurde Schönberg von der Dänischen Philharmonischen Gesellschaft als Dirigent für ein Konzert mit eigenen Werken nach Kopenhagen berufen. Da in dieser Stadt, gefördert durch den Komponisten und Dirigenten Paul von Klenau, schon mehrere Werke Schönbergs (›Pelleas und Melisande‹, ›Verklärte Nacht‹ und ›Pierrot Lunaire‹) erklungen waren, fand sein persönliches Erscheinen lebhaftes Interesse. Das Programm enthielt neben der zweimal gespielten Kammersymphonie und vier Liedern aus Opus 6 (gesungen von Marya Freund) das Lied der Waldtaube aus den ›Gurreliedern‹, dessen Begleitung Schönberg eigens für dieses Konzert für Kammerorchester bearbeitet hatte. In der Generalprobe hielt er einen Vortrag über das homophone und polyphone Prinzip in der Musik.

Im Juni 1923 gab es in Berlin eine »Österreichische Musik-Woche«, deren Eckpfeiler Mahlers Achte Symphonie und Schönbergs ›Gurrelieder‹ bildeten. Die ›Gurrelieder‹, die zum erstenmal in Berlin erklangen, wurden an drei aufeinanderfolgenden Tagen aufgeführt, wobei die Leitung dem Schönberg-Schüler Heinrich Jalowetz anvertraut war. Ferner gab es einen »Novitäten-Abend«, bei dem Werke von Berg, Bittner, Webern und Zemlinsky uraufgeführt wurden, und in der Staatsoper die Oper ›Der Schatzgräber‹ von Franz Schreker, der seit 1920 Direktor der Berliner Musikhochschule war. In einem ausführlichen Bericht über dieses »Festival«, der in den ›Musikblättern des Anbruch‹ (Juni-Juli-Heft 1923) erschien, stellte Adolf Weissmann, der damals führende Musikkritiker Berlins, den folgenden interessanten allgemeinen Vergleich an: »Vielleicht ist die Wiener Musikatmosphäre heute, in einer Zeit politischer Schwäche, sehr entscheidend. Man sieht, wie auch das Ausland gern nach Wien blickt, wo das deutsche Sprachgebiet eine liebenswürdigere landschaftliche Schattierung gewinnt und wo ein unpolitisches Laisser-aller die feineren Schwebungen der Musik begünstigt. – In Berlin riecht man, nicht immer mit Recht, kühles Preußentum. Jedenfalls belauern hier Politik und Wirtschaft die Musik, und ein übler Nationalismus sucht gerade die feinste Kunst zu überdonnern. Da aber auf der anderen Seite fieberhaft für die abseitigen Werte gekämpft wird, ergeben sich hieraus Spannungen, die den Reiz der Berliner Musikatmosphäre bedeuten. – Nicht als ob Wien nur eitel Liebenswürdigkeit wäre. Ich weiß, daß es auch in Wien Fehden und Kämpfe gibt. Aber zuletzt wird doch dies alles von einer anderen Sonne, einer anderen Landschaft und dem Naturmusikantentum überglänzt. – Dieses Österreichertum also sollte einmal, nicht in Reinkultur, doch in wesentlichen Zügen, nach Berlin, in die Philharmonie, verpflanzt werden. – Alle jung-wiener Musik beginnt bei Mahler. Der glühende Atem des Dirigenten, der zugleich ein großer Mensch war, hat sie alle beseelt, die damals jung waren. Die österreichische Musikwoche ist ein Bekenntnis der Nachmahlerianer.« – In seiner lobenden Besprechung der ›Gurrelieder‹ spielt Weissmann mit einiger Bosheit den früheren Schönberg gegen den späteren aus: »Aus der Seele eines entflammten Wagnerianers gekommen, bekennen sie zwar manche Wandlung, weisen sie zwar von Anfang an den eigenen Charakter des Musikers auf, sind jedoch zu tief in der künstlerischen Vergangenheit Schönbergs verankert, um Farbe und Zündkraft zu verlieren. Sie reißen alles in allem die große Hörerschaft mit, um allmählich, im dritten Teil zumal, den Musiker ganz in ihren Bann zu ziehen.«

Einen wichtigen »Stützpunkt« fand Schönberg in Frankfurt am Main, als Hermann Scherchen, der ihm schon seit langem künstlerisch verbunden war, Leiter der dortigen Museumskonzerte wurde. Als Scherchen im Juni 1923 den achtstimmigen

Chor ›Friede auf Erden‹ (op. 13, ursprünglich ohne Instrumentalbegleitung, im Oktober 1911 mit einer Begleitung »ad libitum« versehen) aufführte, schrieb Schönberg ihm am 23. Juni 1923 einen Dankbrief, der den folgenden vieldeutigen Passus enthielt: »Bitte sagen Sie Ihrem Chor meinen herzlichsten Dank für die sehr lieben Worte, die sie nach der Probe an mich gerichtet haben. Sagen Sie ihnen, daß mein Chor ›Friede auf Erden‹ eine Illusion für gemischten Chor ist, eine Illusion, wie ich heute weiß, die ich 1907, als ich sie komponierte, diese reine Harmonie unter Menschen für denkbar hielt, und mehr als das: ohne dauerndes Beharren auf geforderter Höhe des Tones nicht geglaubt hätte existieren zu können. Seither habe ich Nachgeben lernen müssen und gelernt, daß Friede auf Erden nur möglich ist unter schärfster Bewachung der Harmonie, mit einem Wort: nicht ohne Begleitung. Wenn je einmal die Menschen dahin gelangen, Friede ohne Probe, vom Blatt zu singen, dann wird erst jeder Einzelne vor der Versuchung, zu sinken, gesichert sein müssen!«

Die Aufführung des Chors fand im Rahmen einer von Scherchen in Frankfurt veranstalteten Kammermusikwoche (17. bis 24. Juni) »Neue Musik« statt, bei der Schönberg auch mit den George-Liedern op. 15 zu Wort kam. Als ihm der Schweizer Musikfreund und Mäzen Werner Reinhart von dem starken Eindruck berichtete, den ›Friede auf Erden‹ beim Frankfurter Fest auf ihn gemacht hatte, antwortete er ihm am 9. Juli 1923 mit sichtlicher Freude: »Ich kann Ihnen sagen, daß es mir zunächst wertvoller ist, wenn man meine älteren Werke versteht, wie eben diesen Chor ›Friede auf Erden‹. Diese sind die naturgemäßen Vorläufer meiner späteren, und nur wer die versteht und begreift, wird ein über das modische Existenzminimum hinausgehendes Verständnis für die späteren Werke erwerben. Und nur ein solcher wird einsehen, daß die Melodik eben der späteren die natürliche Folge ist meiner früheren Versuche. Und darum freuen Ihre freundlichen Worte mich aufrichtig. *Ich lege nicht so sehr Gewicht darauf, ein musikalischer Bauernschreck zu sein, als vielmehr ein natürlicher Fortsetzer richtig verstandener, guter, alter Tradition!*«

Der letzte Satz ist ein authentischer Kommentar zum Untertitel dieses Buches. Aber auch die ihm vorangegangenen Sätze sind sehr wichtig: sie zeigen den einzigen sicheren Weg an, auf dem volles Verständnis für Schönbergs musikalisches Gesamtschaffen erworben werden kann.

Im Jahre 1924 kamen endlich die beiden Bühnenwerke Schönbergs, die mehr als ein Jahrzehnt vorher entstanden waren, zur Uraufführung: ›Erwartung‹ am 6. Juni im Neuen Deutschen Theater in Prag: Dirigent Alexander Zemlinsky, Regisseur Louis Laber, Gesang Marie Gutheil-Schoder, ›Die glückliche Hand‹ am 14. Oktober in der Wiener Volksoper: Dirigent Fritz Stiedry, Regisseur Josef Turnau. Den Mann sang der Baritonist der Wiener Staatsoper Alfred Jerger.

›Erwartung‹ fand bei Publikum und Presse in Prag eine sehr freundliche Aufnahme. Das bedeutsamste literarische Echo auf diese Premiere war eine durch sie angeregte längere Studie von Paul Bekker, die in der im September 1924 erschienenen Schönberg-Festschrift der ›Musikblätter des Anbruch‹ veröffentlicht wurde und aus der im folgenden einige Sätze zitiert werden, in denen zum erstenmal ein wichtiges allgemeines Element der künstlerischen Erscheinung Schönbergs hervorgehoben wird: die »kritische« Bedeutung seines Schaffens: »Was ›Erwartung‹ äußerlich zu sein scheint: eine bühnenmäßig dargestellte Gesangszene mit Orchester, wird als gleichsam nur zufällige Einkleidung einer künstlerischen Vision empfunden, die sich auf diesem Wege am klarsten darstellen konnte. Es ist kaum anzunehmen, daß es Schönberg darum zu tun war, etwas Opernhaftes zu schreiben, noch gar dem Theater neue Wege zu weisen. Sollten sich anregende Wirkungen auch dieser Art einstellen, so wären sie Begleiterscheinungen, wie ja jede starke Erscheinung nach verschiedenen Richtungen ausstrahlt. Das Wesentliche aber liegt nicht im Besonderen, es liegt im Allgemeinen des Werkes, das eben als Totalität außerhalb jedes Gattungsmäßigen zu nehmen ist, und als solche Totalität als Bild vom Wesen unserer Musik vor uns tritt. Es ist darin ebensoviel Vergangenheit wie Zukunft, jene dem Können, diese der Anwendung des Könnens nach. Es ist die stärkstkonzentrierte Zusammenfassung dessen, was die Zeit nach Wagner gemacht hat und was sie weiterhin zu machen strebt, gleichsam ein kritischer Essay, geschrieben nicht in Worten und Begriffen, sondern in Klängen, und über alle verstandesmäßigen Darlegungen hinausweisend durch die Kraft der Intuition, des schöpferischen Sehens. – In dieser eigentümlichen naturhaften Verbindung von Kritik und Schöpfertum liegt wohl überhaupt eines der Kennzeichen Arnold Schönbergs. Man könnte seine Erscheinung – soweit Vergleiche solcher Art zulässig sind – der Erscheinung eines Lessing vergleichen, mit dem Zusatze freilich, daß bei Schönberg die äußere Teilung beider Gebiete, abgesehen von seiner pädagogischen Tätigkeit, in Fortfall kommt, und beide Wesenselemente, das kritische wie das produktive, untrennbar ineinander gebunden, sich in klingendes Schaffen umsetzen.«

›Die glückliche Hand‹ fand in Wien, insbesondere bei der Kritik, keine sehr gute Aufnahme. Davon zeugt die folgende sarkastische Notiz von Erwin Stein in den ›Musikblättern des Anbruch‹ (November/Dezember 1924): »Elf Jahre mußten vergehen, bis jemand den Mut zur Aufführung fand. Und auch heute noch nicht fand das Werk eine Generation, die ihm gewachsen ist. Das Publikum zwar bezeugte gebührende Ehrfurcht und jubelte den Komponisten immer wieder vor den Vorhang. Die Menschen bonae voluntatis verspüren etwas von dem Geist, der in dieser Musik und in diesen Bühnenvorgängen lebt. Die Wiener Presse jedoch – mit wenigen Ausnahmen – ist vor der ›Glücklichen Hand‹ durchgefallen.«

Zwei weitere Werke Schönbergs wurden 1924 uraufgeführt: die ›Serenade‹ op. 24 am 20. Juli beim Musikfest in Donaueschingen – Schönberg dirigierte; der Aufführung war am 2. Mai eine private Darbietung vor geladenen Gästen in der Wohnung von Dr. Norbert Schwarzmann in Wien I, Krugerstraße 17, vorausgegangen – und das zwischen Mai 1923 und August 1924 entstandene Bläserquintett op. 26 (siehe Seite 159) bei dem von der Stadt Wien auf Anregung von D. J. Bach veranstalteten großen »Wiener Musik- und Theaterfest« (14. September bis 15. Oktober), dirigiert von Felix Greissle. Im Rahmen des Festes gelangten in einem Arbeitersymphoniekonzert die Orchesterfassungen der beiden Choralvorspiele von J. S. Bach zur Wiener Erstaufführung.

Diese »Häufung« von Wiener Schönberg-Aufführungen im Herbst 1924 stand im Zusammenhang mit dem fünfzigsten Geburtstag des Komponisten am 13. September, dem auch die Gemeinde Wien eine eigene Feier widmete. Diese fand im Rathaus im Raum der von den »Städtischen Sammlungen« veranstalteten Festausstellung »Ernste Musik in Wien von Bruckner bis zur jüngsten Gegenwart« statt. Über sie berichtet Paul Stefan im Oktoberheft der ›Musikblätter des Anbruch‹: »Dort hat der Chor der Staatsoper (von Felix Greissle, dem Schüler und Schwiegersohn Schönbergs sicher geleitet) einer Versammlung alter und neuer Freunde und Verehrer seinen ›unaufführbaren‹ Chor ›Friede auf Erden‹ sehr schön vorgesungen, und der Bürgermeister hat nach einer sehr schönen Gedenkrede Dr. Bachs erklärt, Wien dürfe auf diesen Mitbürger stolz sein. – Wenn man das vor zwanzig, vor zehn Jahren gesagt hätte! – Und die Vereinigung der Musikreferenten, ja sogar die Philharmoniker hatten Abgesandte zu der Feier geschickt, einer der Operndirektoren zeichnete unter den Mitgliedern des Einladungskomitees. – Darf uns das nicht freuen? – Möge das auch den jüngeren Komponisten dieser Stadt als Trost dienen: wenn man erst fünfzig ist, geht es dann doch leichter ...«

Ein groteskes Gegenstück zu dieser Huldigung bildet die Würdigung, die Schönberg in der Leipziger ›Zeitschrift für Musik‹ zuteil wurde: »Am 13. September wurde Arnold Schönberg fünfzig Jahre alt, feierte also ein hervortretendes Lebenszeichen im gleichen Monat mit Anton Bruckner. Welche Gegensätze! Der eine ein Gotteskind und Gotteskünder, der andere ein Gottverneiner, ein Mann, dem die ›Gnade‹ fehlte, und der nun ganz von sich aus ein neues Reich gründete; ein Parzival der eine, ein Klingsor der andere. In ihren äußersten Gegensätzen könnte man unsere Zeit, unsere Musik geradezu auf die beiden Namen bringen: Hie Schönberg, hie Bruckner!«

Eine schöne Geburtstagsfeier planten Hermann Scherchen und Paul Hindemith für den 15. bis 18. September in Frankfurt am Main. An vier Abenden sollten Lieder und Klavierstücke sowie die gesamte bis dahin entstandene Kammermusik Schönbergs dargeboten werden. In seiner Antwort auf Scherchens Einladung schrieb Schönberg am 12. August unter anderem: »Nun will ich Ihnen nochmals herzlichst danken und bitte Sie, auch Hindemith zu sagen, daß ich mich außerordentlich über ihn freue. Er gibt damit ein schönes Zeichen von richtiger Einstellung gegenüber Älteren, ein Zeichen, wie es nur ein Mensch von echtem und berechtigtem Selbstgefühl geben kann; nur einer, der es nicht nötig hat, für seinen Ruhm zu fürchten, wenn ein anderer geehrt wird, und der richtig erkennt, daß eben solche Ehrung ihn ehrt, wenn er sich ihr verbündet.«

Schließlich sei noch der schon mehrmals erwähnten ›Festschrift‹ gedacht, die die Universal Edition als Sonderheft der ›Musikblätter des Anbruch‹ Schönberg zum fünfzigsten Geburtstag widmete. Außer den hier schon herangezogenen Beiträgen sei jetzt noch hingewiesen auf den drastischen Aufsatz von Adolf Loos, den dieser unter dem Titel ›Arnold Schönberg und seine Zeitgenossen‹ in sein Buch ›Trotzdem‹ (Innsbruck 1931) aufnahm und der mit dem lapidaren Satz schließt: »Es werden vielleicht Jahrhunderte vergehen müssen, bis die Menschen sich darüber wundern werden, womit sich die Zeitgenossen Arnold Schönbergs den Kopf zerbrochen haben.« – Den Abschluß der Festschrift bildete ein großer Aufsatz von Alban Berg zu dem Thema ›Warum ist Schönbergs Musik so schwer verständlich?‹ Vollständig wiedergegeben ist er in meinem Buch ›Alban Berg. Leben und Werk‹, Zürich 1963. An Hand der ersten zehn Takte des Streichquartetts op. 7 vom Jahre 1905 gibt die Arbeit wesentliche Aufschlüsse über die Schaffensweise Schönbergs im allgemeinen. Schönberg selbst hat zur Festschrift ein launiges Vorwort beigesteuert, das nach einem kurzen Bericht über die von ihm für die nächsten Jahre geplanten musikalischen und musiktheoretischen Arbeiten die Sätze enthält: »Wenn nun meine unverbesserlichen Freunde aus all dem noch nicht die Überzeugung gewonnen haben, von der unfreundlichere von vornherein ausgehen: daß ich meine Grenze erreicht habe; daß ich – ein richtiger Vorläufer – überholt bin, denn alles wird ja überholt, dank der Rüstigkeit der Mit- und Nachläufer; daß ich mit einem Wort dort angelangt bin, wohin mich viele im Interesse der von ihnen geplanten weiteren Entwicklung der Musikgeschichte schon längst gewünscht haben, so kann ich nicht unterlassen, ein deutliches, sich bei mir zeigendes Alterssymptom zu nennen: Ich kann nicht mehr so hassen wie früher; und was noch ärger ist: ich kann manchmal schon verstehen, ohne zu verachten.«

Schönbergs Vorwort zur ›Festschrift‹ hat die Datierung »Mödling, 20. August 1924«. Acht Tage später vermählte sich Schönberg mit Gertrud Kolisch, der Schwester seines Schülers und Freundes Rudolf Kolisch. Das liebende, aufopfernde Verständnis, das ihm diese Frau entgegenbrachte, förderte wesentlich seine weitere menschliche und künstlerische Entwicklung.

In der letzten Zeit, die Schönberg in seiner österreichischen Heimat verbrachte, entstanden noch drei Werke: das schon anläßlich seiner Uraufführung erwähnte Quintett für Flöte, Oboe, Klarinette, Fagott und Horn op. 26 (April 1923 bis August 1924), Vier Stücke für gemischten Chor op. 27 (September 1925 bis Ende 1925) und Drei Satiren für gemischten Chor op. 28 (November 1925 bis 31. Dezember 1925).

Das Bläserquintett ist Schönbergs erste größere, vollständig nach der Zwölftonmethode geschaffene Komposition. Die Reihe es-g-a-h-cis-c-b-d-e-fis-as-f und einige aus ihr durch sehr einfache Verfahren abgeleitete Nebengestalten bestimmen ausschließlich das thematische Gefüge aller vier Sätze. Die Grundreihe ist dadurch charakterisiert, daß ihre zweite Hälfte, beginnend mit b, die erste Hälfte mit Ausnahme des letzten Tones genau reproduziert, jedoch um eine Quint höher. Damit wurde eine Beziehung geschaffen, die in eine gewisse Analogie gesetzt werden kann zur Tonika-Dominante-Beziehung der tonalen Musik. In diesem Sinne werden die beiden Reihenhälften in dem Werk auch öfters verwendet, und dadurch werden formale Gliederungen ganz im Geiste der klassischen Formenlehre ermöglicht: Der erste Satz (schwungvoll) ist ein regelrechter Sonatensatz mit Exposition, Durchführung, Reprise und Coda. An zweiter Stelle steht ein Scherzo (anmutig und heiter, scherzando) mit zwei Seitensätzen, von denen der zweite die Funktion des Trios übernimmt. Der dritte Satz (etwas langsam, poco adagio) ist in dreiteiliger Liedform gestaltet. Der Schlußsatz wird von einem Rondo gebildet, das vielleicht etwas schwerer aufzufassen ist, weil jede der drei Reprisen das Rondothema in variierter Gestalt bringt und weil auch die Episodenteile intensiver thematischer Verarbeitung unterworfen sind. Der Komponist nannte dieses Verfahren, das sich in seinen späteren Werken immer reicher entfaltet, »das Prinzip der entwickelnden Variation«.

Schönberg hat das Quintett seinem Enkel, »Dem Bubi Arnold«, gewidmet. Auf diese Widmung spielte Alban Berg in seinem Beitrag zu ›25 Jahre Neue Musik‹ im Jahrbuch 1926 der Universal Edition an, als er am Schluß seiner ›Verbindlichen Antwort auf eine unverbindliche Rundfrage« (die Rundfrage verlangte »einen Ausblick auf die kommenden 25 Jahre« der Musikentwicklung) an eine Karikatur auf Beethovens Neunte Symphonie aus dem Jahre 1847 die folgenden Worte knüpfte: »Einer Öffentlichkeit, die solches hervorbringt und zuläßt – und ich habe sie arg im Verdacht, daß sie auch heute noch geneigt ist, diese humorvolle Einstellung zumindest harmlos zu finden und nicht zu begreifen, daß ich mich darob ereifere, – einer öffentlichen Meinung also, die sich derart dokumentiert, bestreite ich glattweg die Fähigkeit und damit das Recht, über höchste Kunst zu urteilen und diese Urteile endgültig festzulegen. – Und hat man dies, wie ich, einmal erkannt, bleibt einem wahrlich nichts anderes übrig als die Flucht vor solcher Zeitgenossenschaft in eine möglichst ferne Zukunft. Und da geht einem dann auch der wahre Sinn einer Widmung auf, mit der Arnold Schönberg das Werk, welches das zweite Vierteljahrhundert seiner Opera einleitet, in die Welt schickt. Es ist nicht nur ein Akt großväterlicher Liebe, wenn er sein Bläserquintett op. 26 einem ahnungslosen Kinde zueignet; ich glaube, daß damit auch gesagt sein soll, daß diese Musik, mit der das ahnungslose Kind unserer Zeit ebensowenig anzufangen weiß, wie heute der ›Bubi Arnold‹, einer Zeit vorbehalten bleiben mag, in der zum mindesten die zweitnächste Generation herangewachsen sein wird, einer Zeit, in der dann endlich zur unumstößlichen Wahrheit geworden ist, was heute nur wie eine Prophezeiung anmutet. – Welch ein ›Ausblick für die kommenden fünfundzwanzig Jahre‹!«

Die Vier Stücke für gemischten Chor op. 27 sind die erste Nutzanwendung der Zwölftonmethode auf den vierstimmigen Vokalsatz. Dies mag Schönberg auch dazu veranlaßt haben, in den ersten drei Stücken– die vom Chor ohne Instrumentalbegleitung gesungen werden – Formen der alten Polyphonie (Kanon usw.) mehr oder minder streng anzuwenden. In den ersten beiden Stücken, deren von Schönberg selbst gedichtete Texte ›Unentrinnbar‹ und ›Du sollst nicht, du mußt‹ auf Seite 106 wiedergegeben wurden, entspricht die Strenge der Kanons der Strenge der durch die Worte ausgedrückten Lebenshaltung; das Thema des dritten Stückes (›Mond und Menschen‹, Text von Tschan Jo-su, aus ›Die chinesische Flöte‹ von Hans Bethge) bedingte die reichliche Heranziehung musikalischer Spiegelformen. Das vierte Stück (›Der Wunsch des Liebhabers‹, Text von Hung So-fan, ebenfalls aus der ›Chinesischen Flöte‹) macht einen viel einfacheren Eindruck: schon die Grundreihe ermöglichte hier die Bildung von an tonale Wendungen gemahnenden Klängen; dazu kommt die Wirkung des sich häufig ostinater Rhythmen bedienenden, aus Mandoline, Klarinette, Violine und Violoncello gebildeten Begleitkörpers.

Zur Entstehung der Drei Satiren op. 28 machte Schönberg ein Vierteljahrhundert später, am 13. Mai 1949, in einem Brief an Amadeo de Filippi die folgende Bemerkung: »Ich schrieb sie, als ich über die Angriffe einiger meiner jüngeren Zeitgenossen sehr aufgebracht war, und wollte sie warnen, daß es nicht gut ist, mit mir anzubinden.« – Genauer charakterisiert werden jene »jüngeren Zeitgenossen« in dem Vorwort zu den Satiren, in dem es unter anderem heißt: ». . . Erstens wollte ich alle treffen, die ihr persönliches Heil auf einem Mittelweg suchen. Denn der Mittelweg ist der einzige, der nicht nach Rom führt. Ihn aber benützen solche, die an den Dissonanzen naschen, also für modern gelten wollen, aber zu vorsichtig sind, die Konsequenzen daraus zu ziehen ... Dann die Scheintonalisten, die meinen, sich alles erlauben zu dürfen, was die Tonalität erschüttert, wenn sie nur gelegentlich, passend oder nicht, durch einen tonalen Dreiklang ein Bekenntnis zur Tonalität ablegen ... Zweitens ziele ich auf die, die vorgeben ›zurück zu ...‹ zu streben. Ein solcher sollte es nicht glauben machen wollen, es liege in seiner Hand, zu bestimmen, wie weit zurück er sich bald befinden wird ... Da überdies schon manche so laut angepriesene ›Renaissance‹ sich in kurzer Zeit auf eine verschwiegene fausse couche zurückführen ließ, sei bloß konstatiert, daß ein solcher freiwillig so dürftig schreibt wie ein armer Konservatorist zu schreiben gezwungen wird. Drittens: Mit Vergnügen treffe ich auch die Folkloristen, die, sie mögen so müssen (weil ihnen eigene Themen nicht zu Gebote stehen) oder nicht (da ja eine vorhandene musikalische Kultur und Tradition schließlich auch noch sie tragen könnte), auf die naturgemäß primitiven Gedanken der Volksmusik eine Technik anwenden wollen, die nur einer komplizierten Denkart angemessen ist ... Viertens: Schließlich alle ›... isten‹, in denen ich doch nur Manieristen sehen kann ...« – Die Polemik gegen die Folkloristen nahm Schönberg später wieder auf in seinem im Februar 1947 in der Zeitschrift ›Musical America‹ erschienenen Artikel ›Folcloristic Symphonies‹, der später deutsch unter dem Titel ›Symphonien aus Volksliedern‹ in ›Stimmen‹, Berlin, November 1947, abgedruckt wurde. Das ›Satiren‹-Vorwort schließt Schönberg mit den folgenden, bekenntnishaften Sätzen: »Ich kann nicht beurteilen, ob es schön von mir ist (es wird wohl nicht schöner sein als alles andere von mir), mich über manches Ernstgemeinte, vielfach Talentvolle und zum Teil Achtenswerte lustig zu machen, wo ich weiß, daß man sich über alles lustig machen kann. Über viel Traurigeres. Und viel lustiger! Jedenfalls entschuldigt mich, daß ich es, wie stets, nur so gut gemacht habe, als ich es imstande bin. Mögen andere mehr darüber lachen können als ich, der ich es auch ernst zu nehmen vermag! – Vielleicht auch wollte ich das damit andeuten!«

Die Drei Satiren sind strenge Zwölftonkompositionen. Die Texte sind von Schönberg verfaßt. Die ersten beiden – ›Am Scheideweg‹ (ursprünglicher Titel: ›Tonal oder atonal?‹) und ›Vielseitigkeit‹ – sind ohne Instrumentalbegleitung; die dritte – ›Der neue Klassizismus (Eine kleine Kantate)‹ – verwendet als in das kontrapunktische Gewebe dicht einbezogene Begleitkörper Bratsche, Violoncello und Klavier. In allen drei Stücken sind die alten Schlüssel verwendet; das zweite Stück ist auch im wörtlichen Sinne »vielseitig«: Wenn die beiden Notenblätter um 180 Grad gedreht werden, ist der sich so ergebende Notentext mit dem ursprünglichen identisch. Schönberg hat den Satiren als Anhang drei beziehungsreich textierte, sehr komplizierte Kanons in C-Dur beigegeben, um gegen die häufig vorgebrachte Behauptung zu polemisieren, es sei leichter, kontrapunktische Finessen in nontonaler Musik zu produzieren als in tonaler, und um zu zeigen, »daß einer, der die vorstehenden (Zwölfton-Kompositionen) geschrieben hat, solche Erleichterung nicht unbedingt braucht, und daß er mit bloß sieben Tönen auch manches zusammenbringt, was zwar nicht sehr geschätzt wird, aber immerhin als schwierig gilt«. – Es sei noch angemerkt, daß der dritte (sechsstimmige) Kanon Bernard Shaw zu dessen siebzigstem Geburtstag »in Bewunderung« gewidmet wurde.

Ende 1924 bereitete sich eine wichtige Wendung im Leben Schönbergs vor: Am 27. Juli dieses Jahres starb Ferruccio Busoni, der seit 1920 eine »Meisterschule für musikalische Komposition« an der Akademie der Künste in Berlin leitete. Auf Anregung von Franz Schreker berief Leo Kestenberg, der Musikreferent des Preußischen Ministeriums für Wissenschaft, Kunst und Volksbildung, Schönberg als Nachfolger Busonis nach Berlin. Die diesbezüglichen Verträge sind in dem Buch von Josef Rufer ›Das Werk Arnold Schönbergs‹ (Kassel 1959) im Wortlaut wiedergegeben. – Diese Berufung erregte in Wien großes Aufsehen. Man wurde sich plötzlich der Vernachlässigung bewußt, die dem Künstler in seiner Geburtsstadt so lange Zeit hindurch zuteil geworden war, und bedauerte nun seinen Wegzug – wenigstens äußerlich – lebhaft. Schönberg war dieses Aufsehen nur peinlich, und als ihn ein Journalist zu diesem Thema um ein Interview für eine Wiener Zeitung bat, schrieb er ihm am 26. September 1925 unter anderem: »Es ist mein dringendes Bedürfnis, von Wien so unbeachtet zu scheiden, wie ich es in der Zeit gewesen bin, die ich hier zugebracht habe. Ich wünsche keine Anklagen, keine Angriffe, keine Verteidigung, keine Reklame, keinen Triumph, – nur: *Ruhe!*«

Infolge einer Blinddarmoperation, der er sich Mitte November 1925 unterziehen mußte, verzögerte sich Schönbergs Abreise. Erst im Januar 1926 konnte er sein Amt in Berlin antreten.

Für die Freiheit, mit der Schönberg seine Lehrtätigkeit in Berlin ausüben konnte, zeugen die Punkte 3 und 7 des mit ihm geschlossenen Vertrages: »3. Herr Schönberg verpflichtet sich während der Vertragsdauer jährlich sechs Monate in Berlin zu lehren. Es bleibt Herrn Schönberg überlassen, die Unterrichtszeit zu bestimmen. Ebenso steht die Form des Unterrichts Herrn Schönberg frei ... 7. Sollte Herr Schönberg durch außereuropäische Konzert- oder Vortragsreisen in einem Vertragsjahr verhindert sein, seine Verpflichtungen als Lehrer zu erfüllen, so wird er nach Möglichkeit bestrebt sein, die versäumte Unterrichtszeit in dem darauffolgenden Unterrichtsjahr nachzuholen.«

Von der ihm vertraglich eingeräumten Freiheit machte Schönberg während der ganzen Berliner Zeit reichlichen Gebrauch; anderseits nahm er aber auch an allen Fragen, die allgemeine künstlerische und organisatorische Angelegenheiten der Akademie betrafen, als Mitglied des Senats lebhaften Anteil und stellte dazu wiederholt zweckdienliche Anträge. Seine »Meisterschüler« versammelte er stets in seiner Privatwohnung, zuerst in einer Pension am Steinplatz, dann in Berlin-Charlottenburg, Nußbaumallee 17, schließlich auf dem Nürnberger Platz 3. In seinem Aufsatz ›The Lyceum of Schoenberg‹, erschienen in der New-Yorker Zeitschrift ›Modern Music‹, schildert der Amerikaner Adolph Weiss, der sowohl in Mödling als auch in Berlin Schönbergs Unterricht genoß, dessen Lehrmethode. Von besonderer Originalität ist das Faktum, daß Schönberg die Schüler ihre Kompositionen zuerst gegenseitig diskutieren ließ, ehe er mit seinen eigenen Beobachtungen herausrückte. Weiss erwähnt auch, daß es bei diesen Diskussionen oft zu heftigen Auseinandersetzungen kam, die aber die schonungslose Aufrichtigkeit, die Schönberg selbst übte und auch von seinen Schülern unbedingt verlangte, sehr förderten. Von Schönbergs Anweisungen zur Orchestration, für die er »Transparenz« als wichtigste Forderung aufstellte, hebt Weiss den oft verkündeten Lehrsatz hervor: »Pausen klingen immer gut!«

H. H. Stuckenschmidt, der von dieser Berliner Zeit an Schönberg als Schüler und Freund besonders nahestand, nennt von den Berliner Schülern, von denen einige aus Wien mitgekommen waren, in seinem Buch ›Arnold Schönberg‹ (Atlantis-Musikbücherei, Zürich 1957): Winfried Zillig, Roberto Gerhard, Walter Goehr, Walter Gronostay, Peter Schacht, Adolph Weiss, Joseph Zmigrod (Allan Gray), Norbert von Hannenheim, Charilaos Perpessa, Erich Schmid, Niko Skalkottas; sowie als nur kürzere Zeit Hospitierende: Marc Blitzstein, Henry Cowell, Rudolph Goehr und Fried. Ferner. ist der Schweizer Alfred Keller zu erwähnen. Eine besondere Stellung in diesem Kreis nahm Josef Rufer (geboren 1893) ein, der schon 1918 Schönbergs Schüler geworden war. Aus »technischen« Gründen gehörte er auch der Berliner Meisterklasse als Schüler an; de facto war er Assistent Schönbergs, und seine Hauptfunktion war es, die meisten Kompositionsschüler in den Elementarfächern zu unterweisen, in denen Schönberg in Berlin keinen Unterricht gab, und sie mit Schönbergs Methoden und Lehrmeinungen vertraut zu machen. Josef Rufer sind einige der wichtigsten Beiträge zur Erkenntnis von Schönbergs Leben und Schaffen zu verdanken: das Lehrwerk ›Die Komposition mit zwölf Tönen‹ (Berlin 1952 und Kassel 1966), die Bestandsaufnahme von Schönbergs Nachlaß (›Das Werk Arnold Schönbergs‹, Kassel 1959) und die Leitung der Ausgabe von Schönbergs ›sämtlichen Werken‹ (gemeinschaftlich veröffentlicht von den Verlagen B. Schott's Söhne in Mainz und Universal Edition in Wien).

Das erste größere, in Berlin vollendete Werk Schönbergs war die schon im März 1925 in Wien begonnene und Frau Gertrud gewidmete Suite op. 29 (beendet am 1. Mai 1926). Das Werk ist für sieben Instrumente gesetzt: Es-Klarinette (oder Flöte), Klarinette, Baßklarinette (oder Fagott), Violine, Viola, Violoncello und Klavier. Seine vier Sätze – Ouvertüre, Tanzschritte, Thema mit Variationen und Gigue – sind aus der alten Suitenform abgeleitet; als Thema für die Variationen dient das von Heinrich Albert (1604–1651) komponierte, sehr volkstümlich gewordene Lied ›Ännchen von Tharau‹. Das Werk ist nach strenger Zwölftonmethode komponiert, die aber hier zum erstenmal völlige Freiheit der Gestaltung erreicht. Auf diesen besonderen – dialektischen – Fortschritt hat Th. W. Adorno schon im Mai 1928 in einer Besprechung des Werkes in der Berliner Zeitschrift ›Die Musik‹ neben einer Analyse der Reihenstruktur mit den folgenden Worten hingewiesen: »Alle Freiheit der Phantasiekonstruktion bleibt wach, durchleuchtet die bestehenden Formen bereits und will schließlich abermals sprengen, was an gesetztem Sein ihr irgend den Weg verlegen möchte; will ihre Form autonom bestimmen. Das ist nicht so zu denken, als ob Schönberg des aufgelösten Stils in Willkür sich wiederum erinnert und ihn mit Zwölftontechnik erfüllt hätte. Vielmehr ruht die objektive Gewalt der Schönbergschen Dialektik darin gerade, daß die Probleme jedes Werkes von der Verfahrungsart des vorhergehenden derart notwendig gemacht sind, als ob es nur gälte, dort aufgeworfene technische Fragen zu lösen, während der Übergang von der Frage zur Lösung den Übergang in eine neue Sphäre Musik bereits bezeichnet. Die bewegende Kraft des jüngsten Umschlages ist die Frage, wie sich die Zwölftontechnik so handhaben lasse, daß, ohne die Strenge irgend zu mindern, der Ablauf der Reihen und die Reihen selber als kompositorischer Stoff nicht fühlbar werden, sondern hinter den Mitteln der thematisch-kompositorischen Technik verschwinden. Die Reihe soll nicht Themenmaterial mehr bleiben, sie stellt allein noch die virtuelle Thematik dar, die als solche überhaupt nicht manifestiert wird. Damit ist zugleich eine neue Auflockerung der thematischen Charaktere als solcher gefordert, die in den lockeren Formen ihre getreue Konsequenz findet. Gleichzeitig aber wirkt die Gebundenheit der bisherigen Zwölftonkomposition weiter. Von der Strenge der Zwölftontechnik ist nichts abgegangen, nur die Möglichkeiten der Reihenteilung, Kombinatorik, Transposition sind derart bereichert, daß die volle Mobilität der früheren Werke wiederhergestellt ist.« – Die Uraufführung der Suite fand am 15. Dezember 1927 in Paris statt – Schönberg dirigierte.

Nach der Vollendung der Suite war die nächste größere Arbeit Schönbergs die Dichtung ›Der biblische Weg‹, die er Mitte Juni 1926 entwarf und am 5. Juli in einer ersten Fassung fertigstellte; eine zweite Fassung entstand ein Jahr später. Über das Werk schrieb er am 26. Mai 1933 an den jüdischen Philosophen Jakob Klatzkin: »Das Drama ›Der biblische Weg‹ behandelt in aktueller Weise die Volkwerdung der Juden. Bekannte, sehr Sachverständige, denen ich es erst in letzter Zeit gezeigt habe, sind begeistert davon und sind meiner Meinung, daß es einen starken Theatererfolg erringen würde. In der Hand eines Regisseurs wie etwa Reinhardt, in London aufgeführt, würde es wahrscheinlich über alle Bühnen gehen. Es ist im höchsten Grade dramatisch, sprachlich das Beste, was ich geschrieben habe und, trotzdem es in seinen Tiefen dem Hochstehenden genug zu denken gibt, bildstark und bühnensicher genug, um auch einfachere Geister hinzureißen. (Sie verzeihen, daß ich es selbst lobe; aber da es bereits sechs Jahre alt ist, stehe ich ihm so objektiv gegenüber, als ob es nicht von mir wäre.)«

Das Drama wurde 1967 in italienischer Übersetzung vom Verlag Feltrinelli, Milano, in dem dort erschienenen Schönberg-Sammelband ›Testi poetici e drammatici‹ veröffentlicht. Schönberg hat es aber vom Juli 1927 an einigen Freunden bekanntgemacht. Sein Jugendfreund David Josef Bach stellte eine Inhaltsangabe und eine weitgehende, offensichtlich authentische Deutung in den Mittelpunkt des Aufsatzes, den er zu der Festschrift beitrug, die die Universal Edition Schönberg zum sechzigsten Geburtstag widmete. Bach nimmt darin Bezug auf die beiden Gedichte ›Unentrinnbar‹ und ›Du sollst nicht, du mußt!‹ (siehe Seite 106), die Schönberg als Nr. 1 und 2 der Vier Stücke für gemischten Chor op. 27 vertonte. An die Wiedergabe des ganzen Textes von ›Du sollst nicht, du mußt!‹ knüpft Bach die Bemerkung: »Dieses Gedicht ist ein Glaubensbekenntnis. Eine Konfession, die Kunst und Religion in einem bekennt, weil beide, aus einer Wurzel emporgetrieben, in eine Krone münden. ... Einen Zugang in das geheimnisvolle Reich dieser Religion eröffnet das Schauspiel ›Der biblische Weg‹. Der Schlüssel, als welcher sich dieses Drama darbietet, ist nur *ein* Schlüssel, und keineswegs öffnet er alle Tore in das himmlische Reich der Vereinigung mit dem Geist.«

In den folgenden Ausführungen verknüpfte Bach die Inhaltsangabe unmittelbar mit seiner Deutung des Dramas: »Der Held, besser gesagt die Hauptgestalt dieses Schauspiels in Prosa, ist Max Aruns, der ein Neu-Palästina, ein neues Reich, das allmählich alle Juden der Erde an sich ziehen und den Gottesstaat erfüllen soll, in ›Ammongäa‹ begründen will. Im Lande des Ammon, mitten unter anderen Reichen Afrikas. – Schon ist das Ziel beinahe erreicht, da scheitert Aruns an der Unvollkommenheit alles Menschlichen. Nicht nur an der Unvollkommenheit der anderen, sondern, wie er erkennt, an der eigenen Unvollkommenheit, die durch seinen Märtyrertod zu der allein möglichen menschlichen Vollkommenheit erhöht wird. – Daß seinem ungeheuren Plan sich Widerstände außerhalb und noch mehr innerhalb der Judenheit entgegensetzen, versteht sich; da spielen persönliche und allgemeine Gründe mit, materielle und ideologische, ererbte und selbsterworbene Vorurteile. Doch ihn fällt nicht der Kampf, der mit den materiellen Mitteln der Gewalt geführt wird, denn auch sein Tod ist nur Symbol, er geht auch nicht an Verrat und Intrigue, an Eifersucht und Rache und all den anderen menschlichen Leidenschaften und Schwächen zugrunde – sondern daß die Schwächen und Sünden der anderen sich an ihm festsaugen können, ist sein Untergang. Er wird verraten von seiner eigenen Frau, aber nur, weil er einen Augenblick die Größe seiner Aufgabe vergaß und sich in Menschlichkeit verstrickte, statt den bittern Weg der Einsamkeit zu gehen. – Hat er den richtigen Weg verfehlt? Hat er ihn zwar erkannt, doch ohne die Kraft, ihn zu beschreiten? Oder erkennt er ihn erst im Tod, und geht ihn durch den Tod? – Der richtige Weg, das ist *der biblische Weg.* Gott hat ihn geoffenbart. Soll man die Offenbarung, wie sie in der Bibel vorliegt, im Wortsinn nehmen und wörtlich befolgen, oder soll man nicht den Buchstaben, sondern den Geist erfüllen? – *Aber ist nicht das Wort der Geist selber, der Niederschlag, die Erstarrung, das Symbol des Gedankens?* – So ist, für den Menschen, der rechte Weg zugleich der unrechte, wie das Leben in den Tod verschlungen ist. Bestimmung des Menschen (nicht des jüdischen allein): sich zu vergeistigen, die Vereinigung im Geist herbeizuführen. Dies ist im Besonderen der Gottestraum des jüdischen Volkes. ›Wir wollen uns geistig vervollkommnen, wollen unseren Gottestraum träumen dürfen – wie alle alten Völker, die die Materie hinter sich haben‹, sagt nach dem Tode des Führers der neue junge Führer Guido. – Durch Max Aruns wird das Volk repräsentiert. Auf ihn ist das Schicksal gefallen, das Ziel zu sehen, es zu formulieren, an ihn ist der Auftrag ergangen, ›Held‹ zu sein.«

Bach dehnt dann seine Betrachtung auf das Libretto der Oper ›Moses und Aron‹ aus, das Schönberg im Oktober 1928 entworfen hatte (siehe Seite 185), und stellt eine tiefsinnige Verbindung zwischen den Hauptgestalten der beiden Werke her: »Zunächst erkennt man mit einem Male, daß in dem einen Max Aruns zwei Persönlichkeiten wüten, Moses *und* Aron, die in der Oper auseinandergelegt werden. Moses, das ist der Gedanke, Aron, das ist das Wort. – An Moses ist der Ruf ergangen, ihm kann er sich nicht entziehen, denn: ›Du kennst die Wahrheit‹, antwortet ihm die Stimme des Herrn. – Und so sagt später Moses selbst: ›Unerbittliches Denkgesetz zwingt zur Erfüllung!‹ – Vom Religiösen ist es hergenommen und in die Kunst hinübergebracht; eines durchdringt und durchleuchtet das andere. In der Religion ist das Denkgesetz der Glaube an einen unvorstellbaren Gott, ein ›unaussprechlicher, vieldeutiger‹ Gedanke. Wird er aber ausgesprochen, so wird er auch schon verfälscht. Nicht durch das Wort des Aron allein, dessen Bestimmung es ist, es schlechter zu sagen, als er es versteht. Sondern in jedem Menschen steckt solch ein Aron, auch in Moses selbst, wie ›Max Aruns‹ nichts anderes war als die in einer Person sichtbar gemachte Vereinigung. An dieser sichtbaren Vereinigung mußte er sterben.«

Anläßlich der jüngsten Ereignisse im Nahen Osten hat das Drama ›Der biblische Weg‹ besondere Aktualität gewonnen. Seine Veröffentlichung in der Originalsprache und seine szenische Wiedergabe erscheinen als dringende Notwendigkeit.

Im September 1927 war Schönberg einige Zeit in Wien. Am 19. September wurde im Mittleren Saal des Konzerthauses sein Drittes Streichquartett durch das Kolisch-Quartett uraufgeführt. Das zwischen Februar und März 1927 im Auftrag der amerikanischen Mäzenin Elizabeth Sprague Coolidge geschaffene Werk ist nach der Zwölftonmethode komponiert; doch wird diese Methode hier etwas freier angewandt als in früheren Zwölftonwerken, indem im ersten Satz gewisse Fragmente der Grundreihe wiederholt werden, ehe noch die ganze Reihe erklungen ist. Gerade dieses Quartett wurde für Schönberg einmal der Anlaß, sich Rudolf Kolisch gegenüber (Brief vom 27. Juli 1932) prinzipiell über die geringe Bedeutung auszusprechen, die er strengen Analysen seiner Zwölftonkonstrukturen beilegte: »Ich kann nicht oft genug davor warnen, diese Analysen zu überschätzen, da sie ja doch nur zu dem führen, was ich immer bekämpft habe: zur Erkenntnis, wie es *gemacht* ist; während ich immer erkennen geholfen habe: was es *ist!*«

Um die Jahreswende 1927/28 gab es im Ausland eine Reihe bedeutsamer Schönberg-Aufführungen. Am 30. November 1927 wurden die ›Gurrelieder‹ in Leningrad unter Leitung von Nikolai Malko aufgeführt; die Ausführenden waren Mitglieder der staatlichen Musikinstitute und das Orchester der Leningrader Philharmonie. Der Erfolg dieser ersten Darbietung des Riesenwerkes in Rußland war derart, daß die Aufführung einige Tage später wiederholt werden mußte.

Im Dezember 1927 hielt sich Schönberg einige Wochen mit seiner Frau in Paris auf. Er war einer Einladung der »Société Musicale Indépendante« (SMI) gefolgt und dirigierte für diese in der Salle Pleyel am 8. und 15. Dezember die Suite op. 29 (Uraufführung), ›Pelleas und Melisande‹, die beiden Bachschen Choralvorspiele und zweimal den ›Pierrot Lunaire‹. Außerdem sang Marya Freund vier Lieder aus Opus 6 und das ›Lied der Waldtaube‹ aus den ›Gurreliedern‹. Überdies hielt Schönberg in der Sorbonne einen Vortrag über das Thema ›Wissen und

Erkenntnis‹. – Nach den mit stürmischem Applaus, aber auch schrillen Pfiffen und Entrüstungsrufen aufgenommenen Konzerten wurde das Ehepaar Schönberg derart intensiv in das Pariser Gesellschaftsleben hineingezogen, daß es nicht dazukam, die Stadt Paris, auf die es sehr neugierig war, näher kennenzulernen.

Von Paris aus ging es nach London, wo am 27. Januar 1928 die ›Gurrelieder‹ unter Leitung Schönbergs zum erstenmal in englischer Sprache aufgeführt wurden. Das Unternehmen war von der BBC veranstaltet worden, deren Musikabteilung damals von dem ehemaligen Schönberg-Schüler Edward Clark geleitet wurde. In einem Wiener Bericht über die Aufführung heißt es: »Das Werk hat einen Erfolg gehabt, wie er seit Jahren keiner Novität in London beschieden war. Die Queen's Hall war bis auf den letzten Platz besetzt, die bedeutendsten Persönlichkeiten der englischen musikalischen Welt waren fast ausnahmslos erschienen, und am Schluß brach ein Jubel los, wie er bei dem zurückhaltenden englischen Publikum nur in ganz seltenen Fällen erlebt wurde. Als Schönberg fast eine Stunde nach Schluß des Konzerts das Gebäude verließ, warteten noch Hunderte von Enthusiasten auf ihn. Die denkwürdige Aufführung wurde gleichzeitig von sämtlichen britischen Rundfunkstationen verbreitet.«

Auf der Rückfahrt gab es dann im Februar noch Konzerte in Basel und Bern, so daß Schönberg von dieser Auslandstournee mit Genugtuung sagen konnte: »Immerhin nach Jahren der Nichtbeachtung wieder ein Anfang!«

Im März 1928 war Schönberg wieder in Berlin. Am 24. dieses Monats gab es am Stadttheater Breslau die deutsche Erstaufführung der ›Glücklichen Hand‹. Fritz Cortolezzi dirigierte, Herbert Graf führte Regie, die Bühnenbilder hatte Hans Wildermann entworfen. Schönberg war von der Aufführung höchst befriedigt.

Am Tag zuvor hatte Schönbergs alter Freund Franz Schreker seinen fünfzigsten Geburtstag. Zu dem Schreker gewidmeten Sonderheft der ›Musikblätter des Anbruch‹ (März/April 1928) steuerte Schönberg den folgenden sarkastischen Brief bei:

»Lieber Freund, wir beide stammen aus jener guten alten Zeit, wo die unsympathischen Menschen sich als solche kenntlich machten, indem sie uns ›Neutöner‹ nannten. Wie sollen wir uns in einer Gegenwart zurechtfinden, wo sie uns ›Romantiker‹

heißen? – Eines wissen wir immerhin: von uns als Neutönern hat man damals nicht mehr gehalten als von uns Romantikern: immer waren welche da, die, ohne es besser zu können, es besser verstanden haben als wir. – Aber: wo sind sie heute, die uns damals Neutöner nannten? – Wer nennt sie noch? – Dürfen wir nicht damit rechnen, daß auch die, denen wir heute als Romantiker nichts mehr zu sagen haben (was sie brauchen konnten, haben sie längst gestohlen), in weiteren zehn oder zwanzig Jahren dort sein werden, wo die Gegner unserer Jugend von allem Anfang an hingehört haben? – Jedenfalls: wir können scheinbar warten; wir können uns das leisten. Auf Wiederhören in zwanzig Jahren!«

Den Sommer 1928 verbrachte Schönberg an der französischen Riviera, in Roquebrune, Cap Martin. Dort vollendete er im August die ›Variationen für Orchester‹, op. 31, die er im Frühjahr 1926 in Berlin begonnen hatte. Die Reinschrift trägt das Datum 21. September.

Dem Werk kommt, neben seinem künstlerischen Eigenwert, in der schöpferischen Entwicklung Schönbergs insofern eine besondere Bedeutung zu, als in ihm nach den Orchesterliedern op. 22, die zwischen 1914 und 1916 entstanden, zum erstenmal wieder der Apparat des großen, von gewissen Zusätzen abgesehen sogar des traditionellen Orchesters verwendet wird. Die inzwischen voll ausgebildete Methode der Komposition mit zwölf Tönen, bei der Verdoppelungen von Tönen prinzipiell vermieden werden, erschwerte die Verwendung eines großen Instrumentariums sehr erheblich, da dort Verdoppelungen kaum zu umgehen sind. In einem mit Erwin Stein 1928 über die ›Variationen‹ geführten Gespräch hat Schönberg hervorgehoben, daß seine Art der Orchestration – der Farbengebung – im wesentlichen dazu diene, den Ausdruck zu beseelen und die musikalischen Gedanken klarer darzustellen. Wörtlich sagte er dann: »Man kann denken, daß sich, bei meiner Art der Orchesterbehandlung, in meinen Werken keine einzige Stelle findet, an der die Notwendigkeit besteht, fünf Posaunen zu verwenden, da kein Forte diesen Einsatz verlangt. Und dennoch sind sie an vielen Stellen unentbehrlich, zur Erzielung voller Klarheit – ein Grund, der viel schwerer einzusehen ist.« Tatsächlich gibt es in den ›Variationen‹ mehrere Stellen, an denen vier Posaunen plus Baßtuba genau in dem von Schönberg charakterisierten Sinn eingesetzt sind.

Der Unterschied zwischen den ersten nach der Zwölftonmethode geschaffenen Klavier- und Kammermusikwerken und den ›Variationen für Orchester‹ ist keineswegs ein bloß äußerlicher, nur durch die Vergrößerung des Klangkörpers bedingter; die neue Methode beeinflußte ihrerseits auch wieder die ganze kompositionelle Anlage des Werkes.

Dies zeigt sich schon deutlich in der dem vierundzwanzigtaktigen Variationenthema vorausgeschickten »Introduktion«: In ihr wird nicht etwa wie in den früheren Zwölftonwerken zunächst die Grundreihe angegeben und alles Weitere aus ihr entwickelt, sondern die Reihe selbst wird erst aus romantisch aufdämmerndem Orchesterklang Ton für Ton exponiert und in doppelter Funktion dem Folgenden nutzbar gemacht: als eine Art »erweiterter Tonalität«, die den allgemeinen Klangcharakter des Ganzen bestimmt, und als Trägerin der wichtigsten melodischen Motive, von denen drei, darunter das die Variationen als geheimes Motto durchwaltende B-A-C-H, schon in der Introduktion eingeführt werden.

Das Variationenthema (Molto moderato), das alle vier Formen der Reihe in der Folge: Originalgestalt, Krebsumkehrung, Krebs und Umkehrung, umfaßt, wird von den Violoncelli als einfache, markant rhythmisierte melodische Linie vorgetragen und vom übrigen Orchester nur mit leisen, gehaltenen Akkorden begleitet. Es steht dadurch auch rein klanglich schon in entschiedenem Gegensatz zu der mit der ganzen orchestralen Fülle ausgestatteten Introduktion und der mannigfaltig abgestuften Klangregistrierung in den einzelnen Variationen. Der Form nach kann das Thema als »dreiteilige Liedform« (A-B-A) aufgefaßt werden, wodurch auch die Artikulation der neun Variationen bestimmt wird, die alle entweder ebenfalls genau 24 Takte lang sind oder in einfacher Beziehung zu dieser Zahl stehen, zum Beispiel die vierte Variation mit zweimal 24 Takten, die sechste Variation mit 24 plus 12 Takten.

Die neun Variationen verändern das Thema in doppelter Weise: in seiner eigenen musikalischen Erscheinungsform – Zerteilung und Umrhythmisierung der melodischen Linie, Kombination mit kontrapunktierenden Gegenstimmen, Umfärbung mittels der Klangpalette des großen Orchesters und so weiter – und durch Hinzufügung selbständiger, im musikalischen Charakter kontrastierender oder einander steigernder symphonischer Stücke. Gemeinsam mit dem umfangreichen Finale, das gegenüber den 252 Takten der Variationen 210 Takte umfaßt, entsteht so eine symphonische Großform, die ihre thematische Einheit von der Grundreihe her empfängt, aus der das ganze musikalische Geschehen abgeleitet ist, die aber zufolge des wechselnden Charakters der einzelnen Variationen große klangliche Mannigfaltigkeit aufweist.

Die erste Variation (Moderato) mutet wie ein Präludium zu einem Adagio der Holzbläser (zweite Variation) an, das von zarten Linien der Solostreicher umrankt wird. Die dritte Variation (Moderato) leitet zum Scherzoteil des Werkes über, der aus einer Walzerpartie (vierte Variation) und einem stürmisch bewegten Teil im $^3/_2$-Takt (fünfte Variation) besteht und in einem Andante (sechste Variation) ausklingt, das in seiner instrumentalen Anlage ein genaues Gegenstück zur zweiten Variation bildet. Die siebente Variation stellt ein großangelegtes Adagio dar und bedeutet den expressiven Höhepunkt des ganzen Werkes. Die letzten beiden Variationen gehören zusammen; sie führen in rascher Bewegung zum Finale, das viele der früheren Gebilde nach Art von Reminiszenzen zusammenfaßt und schließlich in einem das Variationsthema in seine motivischen Elemente auflösenden Presto ausklingt.

Wichtiger als alle aus diesem Variationenwerk ableitbaren formalen und kompositionstechnischen Kunstgriffe ist aber das Erfassen seiner völlig neuartigen Klanggestalt. Schönberg hat hier mit äußerster Strenge seine wahrhaft dämonische Klangphantasie gebändigt. Immer wieder blitzt aber aus dem mit solch großer Kunstfertigkeit gestalteten Werk die elementare Kraft der ursprünglichen Erfindung auf, und diese eigenartige »Doppelschichtigkeit« der sinnlichen Erscheinung macht die Variationen op. 31 im gesamten Œuvre Schönbergs zu einem überaus bedeutsamen schöpferischen Ereignis.

Bei der Uraufführung des Werkes am 2. Dezember 1928 durch die Berliner Philharmoniker unter Leitung von Wilhelm Furtwängler wurde seine Bedeutung keineswegs erkannt. Ein Teil des Publikums demonstrierte durch Zischen und Pfeifen dagegen, was Schönberg als »große Rüpelhaftigkeit« gegen sich und den Dirigenten auffaßte. Noch ein halbes Jahr nachher, am 4. Juli 1929, schrieb er an Furtwängler: »Ich habe, aufrichtig gestanden, erwartet, daß Sie das Stück im nächsten Konzert wiederholen werden und dem Gesindel zeigen, daß Sie nur tun, was Sie für recht halten! ... Es ist nicht meine Absicht, hiermit irgendeine Bedingung stellen zu wollen; denn gut in allen solchen Angelegenheiten ist nur, was man freiwillig tut.«

Die nächste größere Arbeit, die Schönberg nach den ›Variationen‹ unternahm, führte ihn in einen Bereich, in dem er sich bisher noch nicht betätigt hatte: »Es ist eine heitere bis lustige, manchmal sogar (ich hoffe wenigstens) komische Oper; nicht grotesk, nicht anstößig, nicht politisch, nicht religiös. Die Musik ist so schlecht wie immer bei mir: nämlich meinem geistigen und künstlerischen Zustand angemessen. Aber sie ist auch dem Stoff angepaßt und zeigt deshalb fortlaufend geschlossene Formen, die durch deutliche (natürlich aber ›non-tonale‹) Rezitative, die nicht melodisch tun, unterbrochen und verbunden sind. Es gibt einige Ensembles: Duette und Quartette.«

Die zwischen dem 25. Oktober 1928 und dem 1. Januar 1929 entstandene einaktige Oper führte den Titel ›Von heute auf morgen‹. Der Text stammte von Frau Gertrud Schönberg, deren Autorschaft durch das Pseudonym Max Blonda verborgen wurde. Die nachstehende Inhaltsangabe folgt einer Skizze, die ich im Januar 1930 für eine Wiener Tageszeitung anfertigte: In dem etwa 50 Minuten dauernden Stück treten fünf Menschen auf: der Mann (Bariton), die Frau und die Freundin (Soprane), der Sänger (Tenor) und das Kind. Die Bühne stellt ein modernes Wohnschlafzimmer vor. Mann und Frau kommen nach einem anscheinend vergnügten Gesellschaftsabend nach Hause; beide in entsprechender Toilette. Sie sprechen von den Erlebnissen des Abends. Der Mann schwärmt von der Freundin, einer ehemaligen Schulkameradin seiner Frau, die diese nach langer Zeit wieder getroffen hat und die ihm an dem Abend vorgestellt wurde. Die Frau spricht von dem berühmten Tenor, den sie in der Gesellschaft kennengelernt hat und der ihr so nett den Hof machte. Der Mann fand ihn langweilig »mit seinem ewigen faden Gewitzel«. Es kommt zu einem spitzen Wortwechsel, in dessen Verlauf der Mann zugibt, daß ihm jene Freundin lieber sei als seine Frau. Die Frau stellt fest: »Ich weiß, daß dich zu dieser Frau nur die Neugier zieht; daß du dir hinter der glänzenden Maske ein phantastisches Wunder erhoffst. Von jeder neuen Erscheinung, die sich modisch gibt, bist du geblendet. Doch ist der Reiz der Neuheit vorbei, blickst du enttäuscht ins Nichts. Ein bißchen zu spät vergleichst du dann mich mit ihr!« – Heftig entgegnet der Mann: »Ich vergleiche nicht. Das wäre lächerlich: Sie eine Frau von Welt und du die brave Hausfrau.« – Der Streit schwillt an und endet schließlich in einem kanonischen Duett, in dem die beiden sich in den gleichen Worten über ihr elendes Leben in der Ehe beklagen und den Vorsatz bekennen, in Hinkunft eigene neue Wege außerhalb der Ehe zu gehen. Vom Mann nicht beachtet, beginnt nun die Frau sich zu »verwandeln« und steht, nachdem sie das Zimmer hell erleuchtet hat, plötzlich in einem »effektvollen Negligé« vor ihm, der sie nun ganz fasziniert anschwärmt. In gespielter Mondänität wehrt sie ihn ab, tanzt, nötigt ihn, mit ihr Champagner zu trinken; das durch den Lärm aufgeweckte Kind hat der Mann in der Küche zu versorgen. Plötzlich läutet das Telephon. Es ist der Sänger, der von einer Bar aus anruft und die beiden einlädt, ihn dort aufzusuchen. In einem langen koketten Gespräch sagt die Frau zu und zieht ein elegantes Abendkleid an. Der Mann, eifersüchtig und tief unglücklich, weigert sich, mit ihr in diesem Aufzug auszugehen. Die Frau will nun das gewagte Spiel nicht weiter treiben: sie entfernt sich und kommt im einfachen Hauskleid wieder; auch das Kind tritt ein, und die drei setzen sich gemütlich an den Frühstückstisch. Das Idyll wird unterbrochen durch das Erscheinen des Sängers und der Freundin, die in der Bar vergebens gewartet haben. Es entwickelt sich ein längeres Quartett, schließlich ziehen die beiden »Verführer« enttäuscht ab, indem sie noch die Eheleute als »verblaßte Theaterfiguren« verspotten. Die Frau nimmt diesen Gedanken auf und bemerkt: »Regie führt bei ihnen die Mode, bei uns jedoch ... die Liebe!« – Der Mann: »Und dabei finde ich sie heute schon nicht einmal ganz modern!« – Die Frau: »Das ändert sich eben von heute auf morgen!« – Das Kind: »Mama, was sind das, moderne Menschen?« – Und der Vorhang fällt.

Anläßlich der Vorbereitung der Uraufführung der Oper schrieb Schönberg an den Dirigenten Wilhelm Steinberg am 4. Oktober 1929 einen langen Brief, in dem er ihm seine Ansichten über Besetzung und Probenarbeit sehr ausführlich mitteilte. Im letzten Satz sprach er dann von seiner allgemeinen Auffassung des Werkes: »Der Ton des Ganzen soll eigentlich immer recht *leicht* sein. Aber man wird es fühlen dürfen, oder ahnen sollen, daß hinter der Einfachheit dieser Vorgänge sich einiges versteckt: daß an der Hand alltäglicher Figuren und Vorgänge gezeigt werden will, wie über diese einfache Ehegeschichte hinaus das bloß Moderne, das Modische nur ›von heute auf morgen‹ lebt, von einer unsicheren Hand in den gefräßigen Mund, in der Ehe, wie nicht minder in der Kunst, in der Politik und in den Anschauungen vom Leben.«

Die Uraufführung fand am 1. Februar 1930 in Frankfurt am Main statt. Die Aufnahme im Publikum und in der Presse war zwiespältig. Schönberg hatte offensichtlich die Aufnahmefähigkeit der Hörerschaft für die von ihm geschaffene »heitere« Musik überschätzt. Sehr verständnisvoll wurden das Werk und seine Wiedergabe am 4. Februar von dem Wiener Kritiker Max Graf im ›Tag‹ gewürdigt; die letzten beiden Absätze seines Berichtes lauteten: »Die Musik der Oper Schönbergs ist von seinem neuen Zwölftonstil ganz beherrscht. Auch die Singstimmen nehmen an der Motivarbeit teil. Es entsteht dadurch ein dichtes Gewebe aus Sing- und Orchesterstimmen, das bald aus schwungvoll weiten melodischen Bildungen, bald aus rhythmischen knappen Figuren besteht, in jedem Takt charakteristisch Schönbergisch ist, ganz frei im Rhythmus, der in jedem Takt wechselt. Von Zeit zu Zeit werden Ensembles eingeschoben, die strenge konstruktive Form zeigen: Mann und Weib streiten in einem Umkehrungskanon; das Schlußquartett des Mannes, der Frau, der Freundin und des Sängers ist ein kunstvoller Doppelkanon. Alle diese konstruktiven Formen sind jedoch nicht gedankenhaft, abstrakt, sondern lebendig, eine besondere Art der Phantasiearbeit, die in dem neuen Werk Schönbergs die größte Frische, wunderbare Klarheit der Disposition aufweist. Die Musik der Oper ist voll rhythmischer Energie, voller Leben, dabei an nichts Bekanntes anknüpfend, auf eigenem Boden gewachsen. – Das Orchester tritt nur an einzelnen Stellen als Gesamtmasse auf. Meist wird es in einzelne Gruppen von Soloinstrumenten zerlegt, ein Kammerorchester aus lauter wesentlichen Stimmen, ohne klanglichen Verputz, jedes Instrument eine Individualität. – Alle die neuen selbst geschaffenen Kunstmittel werden von Schönberg mit einer Sicherheit und Überlegenheit gebraucht, die imposant sind. Alles ist gekonnt in dieser Oper, wie eben nur ein ganz großer Geist kann, was er will. Nichts von kunstgewerblich geschickter Mache, die so oft als Kunst gilt. Eine neue Art von Phantasie hat einen neuen Stil, einen neuen Ausdruck, eine neue Musik geschaffen. – Der Schwierigkeiten der Aufführung eines solchen Werkes, das auf dem Wege der Musik von heute auf morgen weit vorausgeeilt ist, sind ungeahnte. Sie wurden in der Aufführung des Frankfurter Opernhauses, das seinen historischen Tag gehabt hat, glänzend überwunden. Das Schönbergsche Ehelustspiel wurde mit einer Natürlichkeit gesungen, als ob es gar nicht möglich wäre, sich beim Singen von Schönberg-Melodien die Zungen zu brechen, und so natürlich dargestellt, als wäre es von Ludwig Fulda. Frau Else Gentner-Fischer als Frau, Herr Benno Ziegler als Mann, Herr Anton M.

Topitz als Wagner-Tenor und Fräulein Elisabeth Friedrich als Freundin waren gleich vortrefflich, ein fein abgestimmtes Ensemble. Das Orchester führte der junge Opernchef Wilhelm Steinberg, von dem Schönberg sagte, er kenne die Partitur der Oper besser als er selbst, mit staunenswerter Sicherheit und Freiheit. Für die Inszenierung des Werkes ist mein eigener Sohn (Herbert Graf) als Oberspielleiter der Frankfurter Oper verantwortlich; so erbt sich Böses fort, denn der Vater des Schönberg-Regisseurs war vor Jahren der erste Kritiker, der Arnold Schönberg laut gepriesen hat, als dessen erstes Quartett in Wien aufgeführt wurde. Wer hätte sich in jener Zeit, wo ich die Leser eines Montagblättchens beschwor, den Namen Schönberg sich zu merken, die Entwicklung vorstellen können, die Schönberg bis zu seiner neuesten Oper geführt hat!«

Die Oper erreichte in Frankfurt nur eine geringe Zahl von Aufführungen. Am 27. Februar 1930 erklang sie noch einmal unter Leitung des Komponisten im Berliner Rundfunk. Dann verschwand sie auf mehr als zwei Jahrzehnte in der Versenkung des tragischen Weltgeschehens. – Am 20. Dezember 1952 bewirkte Hermann Scherchen ihre Wiederauferstehung im Teatro San Carlo in Neapel, wo sie zusammen mit der ›Salome‹ aufgeführt wurde. Die Regie war mir anvertraut. Das Bühnenbild entwarf Teo Otto. Das Publikum zeigte sich teils amüsiert, teils befremdet. Es kam aber zu keinem Skandal, so daß die vorgesehene Aufführungszahl innerhalb der Stagione eingehalten werden konnte. – Seither haben sich nur wenige Opernbühnen an dem Werk versucht.

Eine Aufführung, die Schönberg große Freude bereitete, fand am 26. April 1929 in Wien statt. Der Komponist Franz Schmidt (1874–1939), der zu dieser Zeit Rektor der dortigen Musikhochschule war, hatte einigen hochbegabten Schülern der Anstalt den ›Pierrot Lunaire‹ einstudiert. Die von ihm geleitete Konzertaufführung war eine der besten, die ich je miterlebte, und hatte in den Kreisen der jungen Wiener Musiker starke Auswirkungen.

Fast zur gleichen Zeit standen Schönbergs Werke auch im Mittelpunkt eines Konzerts, das von Absolventen der Berliner Musikhochschule veranstaltet wurde und in dem der Komponist und seine Interpreten stürmisch gefeiert wurden.

Ein Jahr später, Anfang Juni 1930, wurden ›Erwartung‹ und ›Die glückliche Hand‹ endlich auch in Berlin aufgeführt, und zwar in der Oper am Platz der Republik. Die Dirigenten waren Alexander Zemlinsky und Otto Klemperer; die Bühnenbildner Teo Otto und Oskar Schlemmer, Regie führte in beiden Stücken A. M. Rabenalt, doch gab Schönberg selbst in einem ausführlichen Brief an den Intendanten (am 14. April 1930) für die Inszenierung wichtige Anregungen. – Im Programmheft des Theaters war ein Aufsatz Schönbergs abgedruckt, der kurz vorher, im April, in der Monatsschrift ›Der Querschnitt‹ erschienen war. Er führte den Titel ›Mein Publikum‹, und Schönberg sprach in ihm zunächst von den Erfahrungen mit dem Publikum in seiner Frühzeit und von den Widerständen, die er stets von den sogenannten »Sachverständigen« erfahren hatte. Dann hieß es weiter: »Deshalb vermute ich auch, daß es die Sachverständigen waren, die meinen ›Pierrot Lunaire‹ so unfreundlich aufnahmen, als ich ihn in Italien aufführte, nicht aber die Kunstfreunde. Ich hatte zwar die Ehre, daß Puccini, kein Sachverständiger, sondern ein Sachkönner, der bereits krank, eine sechsstündige Reise unternahm, um mein Werk kennenzulernen, und mir nachher sehr Freundliches sagte: das war schön, auch wenn ihm meine Musik doch fremd geblieben sein sollte. Aber charakteristisch war dagegen, daß als lautester Störer des Konzerts der Direktor eines Konservatoriums erkannt wurde. Und dieser war es auch, der nach Schluß sein echt südliches Temperament nicht zu zügeln und den Ausruf nicht zu unterdrücken imstande war: ›Wenn wenigstens ein anständiger Dreiklang in dem ganzen Stück vorgekommen wäre!‹ – Er hatte offenbar in seiner Lehrtätigkeit zuwenig Gelegenheit, solche anständige Dreiklänge zu hören, und kam deshalb, sie in meinem ›Pierrot‹ zu finden. Bin ich an seiner Enttäuschung schuld? – Ich muß es für möglich halten, daß das italienische Publikum mit meiner Musik nichts anzufangen wußte. Aber das Bild eines Konzerts, in welchem gezischt wurde, – ich habe es in fünfundzwanzig Jahren so oft gesehen, daß man mir glauben darf – war stets dieses: Im vorderen Drittel des Saales ungefähr wurde wenig applaudiert und wenig gezischt, die meisten saßen teilnahmslos, viele standen umgedreht und blickten erstaunt oder belustigt in den hinteren Teil des Saales, wo es lebhafter zuging. Dort überwogen die Applaudierenden; es gab weniger Teilnahmslose und einzelne Zischer. Am meisten Lärm, Applaus oder Zischen aber kam immer aus dem Stehparterre und von den Galerien. Dort wurde der Kampf geführt durch von Sachverständigen Beeinflußte oder Beauftragte.

... So und nicht anders habe ich das Publikum gesehen, wo es nicht, wie heute bei meinen älteren Werken, applaudiert hat. – Aber nebst sehr hübschen Briefen, die ich hie und da erhalte, kenne ich das Publikum noch von einer anderen Seite. Mögen zum Schluß hier einige kleine erfreuliche Erlebnisse erzählt sein: Während des Krieges, gerade bei einer Ersatzkompagnie eingeteilt, wurde ich, der Gefreite, dem es oft recht schlecht ging, einmal von einem frisch eingetroffenen Feldwebel auffallend gut behandelt. Als er mich nach der Übung ansprach, hoffte ich für meine militärischen Leistungen Anerkennung zu finden. Aber zu meiner Überraschung galt sie meiner Musik. Der Feldwebel, im Zivilberuf *Zuschneider*, hatte mich erkannt, kannte meinen Lebensweg und viele meiner Werke und machte mir damit noch größere Freude als mit einem Lob meines Exerzierens (auf welches ich allerdings nicht wenig eitel war!). – Zwei andere solcher Begegnungen ereigneten sich ebenfalls in Wien: das eine Mal, als ich wegen eines versäumten Zuges in einem Hotel übernachten mußte, und das andere Mal, als mich ein Taxi zu einem Hotel führte, erkannten mich, das erste Mal der *Nachtportier*, das andere Mal der *Chauffeur* durch den Namenszettel meines Gepäcks. Beide versicherten begeistert, die ›Gurrelieder‹ gehört zu haben. – Wieder einmal in Amsterdam in einem Hotel sprach mich ein *Lohndiener* als alter Verehrer meiner Kunst an: er hatte unter meiner Leitung in Leipzig in den Chören der ›Gurrelieder‹ mitgesungen. – Aber die hübscheste Geschichte zum Schluß: Vor kurzem wieder in einem Hotel, fragte mich der *Fahrstuhlführer*, ob ich es sei, der den ›Pierrot Lunaire‹ geschrieben. Den habe er nämlich vor dem Krieg (etwa 1912) bei der Erstaufführung gehört und habe noch heute den Klang im Ohr; insbesondere von einem Stück, wo von roten Steinen (›Rote fürstliche Rubine‹) die Rede war. Und er habe damals gehört, daß die Musiker gar nichts mit dem Stück anzufangen wußten, und heute sei doch so etwas doch schon ganz leicht verständlich! – Es kommt mir vor: meinen Glauben an die Halbwisser, an die Sachverständigen werde ich nicht aufgeben müssen; werde weiter von ihnen denken dürfen, daß ihnen jedes Ahnungsvermögen fehlt. – Aber ob ich dem Publikum wirklich gar so unangenehm bin, wie die Sachverständigen immer vorgeben, und ob es sich vor meiner Musik wirklich so sehr fürchtet, scheint mir manchmal recht zweifelhaft.«

An Kompositionen vollendete Schönberg zwischen 1929 und 1931 noch: die beiden Klavierstücke op. 33a und b zwischen Ende 1928 und Oktober 1931, zwei kurze Stücke (40 und 68 Takte) nach strenger Zwölftonmethode, seine letzten für Klavier allein geschaffenen Werke; die für kleineres Orchester gesetzte ›Begleitungsmusik zu einer Lichtspielszene‹ op. 34 von Oktober 1929 bis Februar 1930, in drei Phasen: Drohende Gefahr – Angst – Katastrophe, die mit den Mitteln der Zwölftontechnik gewaltige Ausdruckskraft und außerordentlichen Farbenreichtum erreicht; Sechs Stücke für Männerchor a cappella op. 35 von April 1929 bis März 1930, von denen die ersten fünf nach der Zwölftonmethode geformt sind, während das letzte durchaus tonal ist und mit einem Dreiklang in d-Moll schließt. Die Texte aller Stücke sind von Schönberg verfaßt; die Titel lauten: ›Hemmung‹, ›Das Gesetz‹, ›Ausdrucksweise‹, ›Glück‹, ›Landsknechte‹ und ›Verbundenheit‹; ihr Inhalt hat, wie stets bei Schönberg, den Charakter des persönlich Bekenntnishaften. ›Verbundenheit‹ wurde von Schönbergs Schüler Josef Polnauer in der dem Meister zum sechzigsten Geburtstag gewidmeten Festschrift genau analysiert, wobei sich gerade bei der Aufweisung der tonalen Beziehungen höchst kunstvolle Entsprechungen ergaben; sehr merkwürdig und beziehungsreich ist die Feststellung, mit der Polnauer seine scharfsinnige Analyse beschließt: »Die ersten drei Takte der Hauptstimme (erster Baß) heben sich doch auffallend von der ganzen übrigen Faktur des Stückes ab. Sie muten geradezu wie der Anfang eines cantus firmus an, eines alten, ganz bestimmten cantus firmus! Sind das nicht die Anfangsnoten des ›L'homme armé‹? Jener Weise, die von den alten Niederländern und ihren Nachfahren von Generation zu Generation als Meistergruß weitergegeben worden ist; als Kennwort *geistiger Verbundenheit*, stets mit besonders werkfrommer, sinnvoller Arbeit, ›die Kunst grüßend‹?«

Neben diesen Kompositionen arbeitete Schönberg von 1930 an auch intensiv an seiner Oper ›Moses und Aron‹, über die in der Folge (siehe Seite 184ff.) noch ausführlich berichtet wird.

Von literarischen Arbeiten aus dieser Zeit ist vor allem der Beitrag zu erwähnen, den Schönberg zu der in Wien herausgegebenen Festschrift zum sechzigsten Geburtstag (10. Dezember 1930) seines alten Freundes Adolf Loos leistete. In sehr knapper, aber vollkommen überzeugender Formulierung verherrlichte er die dreidimensionale Anschauung, nach der Loos seine

Architektenarbeiten konzipierte, und schließt mit einem kräftigen Ausfall gegen die »sachverständigen« Fachleute: »Es ist gewiß kühn von einem Laien, derartige Behauptungen aufzustellen, wo er sie doch nur stützen kann durch das ›Ich habe den Eindruck ...‹ Dennoch wage ich es: weil das Neue an Loos sich als Neues einer höheren Anschauungsweise darstellt, was den edelsten Ursprung genialer Leistung bedeutet: aus genialer Naturanlage. – Und hier gibt es keine patentierten Fachleute, die mich widerlegen könnten.«

Auf eine Anregung Schönbergs gingen die im Frühjahr 1931 vom Berliner Rundfunk gesendeten ›Musikerporträts‹ zurück, bei denen jeweils ein bedeutender Musiker mit einem oppositionellen Kritiker und einem neutralen Beobachter diskutierte. Das erste Porträt wurde Schönberg gewidmet, dem als Opponent Heinrich Strobel und als Neutraler Eberhard Preußner gegenüberstanden. Strobel eröffnete die Diskussion mit dem Bekenntnis, daß der klangliche Eindruck, den Schönbergs spätere Werke auf ihn machten, für ihn keine Bedeutung hätte, da es ihm unmöglich sei, ohne Einsicht in das Notenbild einen logischen Zusammenhang zu erkennen. Klare Eindrücke empfange er lediglich von den frühen Werken, in denen er aber nur »die letzte Übersteigerung des romantischen Subjektivismus« erblicke und daher ihre Neuheit leugnen müsse. Schönberg erwiderte, daß er absolut keinen Grund habe, sich seines Anknüpfens an die große deutsche Musiktradition zu schämen: er denke nicht daran, sein Frühwerk zu verleugnen, sondern erblicke in ihm vielmehr die Grundlage seiner künstlerischen und moralischen Existenz. Als Erweiterung der Kompositionsweise seiner Vorgänger betrachte er den schon in seinen ersten Werken stets latent enthaltenen doppelten Kontrapunkt, die Freiheit der Phrasenlängen und die Abwesenheit primitiver Sequenzierungen. Subjektivismus habe er von allem Anfang an abgelehnt, da die seelischen Hintergründe eines Werkes eine reine Privatangelegenheit seien und mit der Kompositionsarbeit nichts zu tun hätten. Hingegen müsse er für seine Musik Logik in Anspruch nehmen, aber nur solche strengster Observanz und nicht etwa die landläufige im Sinne der Umgangssprache. In der Verteidigung seiner Zwölftonmethode berief sich Schönberg auf Früheres und wies darauf hin, daß schon Goethe gegenüber Zelter gegen die Alleinherrschaft der Diatonik opponierte; ferner erwähnte er die Kirchentonarten und gewisse Volkslieder, die sich ebenfalls auf nichtdiatonische Skalen stützten. Die Zwölftonmethode sei deshalb von besonderer Wichtigkeit, weil sie den Komponisten zwinge, vor Festlegung auf eine Grundreihe den ganzen mutmaßlichen Verlauf seiner Arbeit zu überschauen und entsprechende Modifikationen der Thematik und der Reihenbildung durchzuführen. Einen Beweis für die Nützlichkeit der Zwölftonmethode erblicke er in der praktischen Erfahrung, daß Sänger, die einmal die Grundreihe erfaßt hätten, mit Leichtigkeit alle melodischen Ereignisse des Stückes gestalten könnten. Schönberg schloß seine Replik mit einer Mahnung an die Historiker, ihre Rubrizierungen nicht auf allzu nahe liegende Epochen auszudehnen, und erinnerte an die amüsante Tatsache, daß man seinerzeit in Wien die Werke Mendelssohns und Schumanns als »norddeutsche Verstandesmusik« bezeichnet habe. Umfassendes Verständnis für sein Schaffen erhoffe er erst von einer zukünftigen idealgesinnten Jugend, die, vom Geheimnisvollen gelockt, in den Bannkreis seiner Musik eintreten werde.

Über den engen Zusammenhang seines Schaffens mit der großen deutschen Musiktradition, den Schönberg in jenem Rundfunkgespräch eingangs hervorhob, hatte er sich kurz vorher, am 24. Februar 1931, in einem Entwurf, der den Titel ›Nationale Musik‹ trägt, selbst ausführlich Rechenschaft gegeben. Das Dokument wurde zum erstenmal in einem Vortrag bekanntgegeben, den Josef Rufer 1957 in einer öffentlichen Sitzung der Westberliner Akademie der Künste hielt. In erweiterter Gestalt findet er sich in dem Buche Rufers auf den Seiten 138 und 139. Vermutlich stehen diese Aufzeichnungen – oder zumindest die nachfolgend wiedergegebene Schlußpartie – in Verbindung mit dem von Rufer auf Seite 171 erwähnten, für eine französische Zeitschrift bestimmten Artikel ›Meine Vorbilder‹. Schönbergs Entwurf ›Nationale Musik‹ schloß mit den Worten:

»Meine Lehrmeister waren in erster Linie Bach und Mozart; in zweiter Beethoven, Brahms und Wagner.

Von *Bach* habe ich gelernt: 1. Das kontrapunktische Denken, das ist die Kunst, Tongestalten zu erfinden, die sich selbst begleiten können; 2. die Kunst, alles aus einem zu erzeugen und die Gestalten ineinander überzuführen; 3. die Unabhängigkeit vom Taktteil. – Von *Mozart:* 1. Die Ungleichheit der Phrasenlänge; 2. die Zusammenfassung heterogener Charaktere in eine thematische Einheit; 3. die Abweichung von der Geradtaktigkeit im Thema und in seinen Bestandteilen; 4. die Kunst der

Nebengedankenformung; 5. die Kunst der Ein- und Überleitung. – Von *Beethoven:* 1. Die Kunst der Entwicklung der Themen und Sätze; 2. die Kunst der Variation und Variierung; 3. die Mannigfaltigkeit des Aufbaus großer Sätze; 4. die Kunst, unbedenklich lang, aber herzlos kurz zu schreiben, wie es die Sachlage erfordert; 5. Rhythmik: die Verschiebung der Gestalten auf andere Taktteile. – Von *Wagner:* 1. Die Wendefähigkeit der Themen hinsichtlich des Ausdrucks und ihre richtige Anlegung zu diesem Zweck; 2. die Verwandtschaft der Töne und Akkorde; 3. die Möglichkeit, Themen und Motive manierenartig aufzufassen, wodurch sie dissonant gegen Harmonien gestellt werden können. – Von *Brahms:* 1. Vieles von dem, was mir durch Mozart unbewußt zugeflogen war, insbesondere Ungeradtaktigkeit, Erweiterung und Verkürzung der Phrasen; 2. Plastik der Gestaltung: nicht sparen, nicht knausern, wenn die Deutlichkeit größeren Raum verlangt; jede Gestalt zu Ende ausführen; 3. Systematik des Satzbildes; 4. Ökonomie und dennoch: Reichtum.

Ich habe auch von Schubert vieles gelernt und auch von Mahler, Strauss und Reger. Ich habe mich gegen keinen verschlossen und konnte deshalb von mir sagen: Meine Originalität kommt daher, daß ich alles Gute, das ich je gesehen, sofort nachgeahmt habe. Auch wenn ich es nicht bei *anderen* zuerst gesehen habe. – Und ich darf sagen: ich habe es auch oft genug bei mir zuerst gesehen. Denn ich bin nicht stehengeblieben bei dem, was ich gesehen habe, ich habe es erworben, um es zu besitzen; ich habe es verarbeitet und erweitert, und es hat mich zu Neuem geführt. – Ich bin überzeugt, daß man einmal in diesem Neuen erkennen wird, wie innig es mit dem Besten verbunden ist, was uns als Vorbild gegeben war. Ich maße mir das Verdienst an, wahrhaft neue Musik geschrieben zu haben, welche, wie sie auf der Tradition beruht, zur Tradition zu werden bestimmt ist.«

Von 1930 an zeigte es sich, daß Schönberg wegen seines schlechten körperlichen Zustands die Unbilden des Berliner Winterklimas nicht mehr ertragen konnte. Er machte von den ihm vertraglich zugesicherten Urlauben ausgiebig Gebrauch und beschränkte seine Berliner Lehrtätigkeit zumeist auf die Frühjahrs- und Herbstmonate. Nach kürzeren Erholungsaufenthalten in Baden-Baden, Lugano und Territet am Genfer See weilte er am liebsten in Barcelona, umhegt von der Fürsorge seines dort ansässigen Schülers Roberto Gerhard und dessen aus Österreich stammender Gattin. Das dortige Orchester, dessen

Gründer und ständiger Dirigent Pablo Casals war, machte ihm viel Freude: er leitete es erfolgreich in einem Konzert eigener Werke und veranlaßte auch die Berufung von Anton Webern als Gastdirigenten.

In Barcelona hatte er auch reichlich Gelegenheit, das von ihm sehr geliebte Tennisspiel zu pflegen, das er auch in Berlin soviel als möglich kultivierte. Als er 1942 diesen Sport aufgeben mußte, notierte er wehmütig: »Ich fühle, ich hätte es auch jetzt nicht aufgeben sollen. Der Notwendigkeit, sehr tief zu atmen, wenn ich hinter einem Ball herrennen oder ihn stark zurückschlagen mußte, schiebe ich den besseren Zustand meines Asthmas zu.«

In Barcelona blieb er von Oktober 1931 bis Mai 1932. Das Ende dieses langen Aufenthaltes stand im Zeichen eines freudigen Ereignisses: Am 7. Mai 1932 wurde seine Tochter Nuria, das erste Kind aus seiner zweiten Ehe, geboren.

Erst im Juni nahm er seine Lehrtätigkeit in seiner Wohnung in Berlin, Nürnberger Platz 3, wieder auf.

Von der Atmosphäre dieser Wohnung gab Stuckenschmidt in seinem Schönberg-Buch die folgende anschauliche Schilderung: »Sie war ganz im Geist und Geschmack ihrer Bewohner eingerichtet. Schönberg hatte seinen Schreibtisch selbst entworfen und eine kleine Trittleiter, die spiralenhaft um eine Vertikalachse lief, sogar selbst gezimmert. Klavier und Harmonium, daneben auch Gitarre und Mandoline gehörten zum Inventar des Musikzimmers und wurden zur Klangkontrolle häufig herangezogen. Ein großer Raum war fast nur mit einem Tennis-Tisch möbliert; hier spielte Schönberg mit seiner Frau und allen anwesenden Freunden Ping-Pong, ein Spiel, in dem er es zu virtuoser Fertigkeit gebracht hatte. Alle technischen Erfindungen, neue Werkstoffe und dergleichen interessierten ihn lebhaft. Für seinen Eßtisch zog er Chromstahl dem Silber wegen der charakteristischen Farbe vor. – Auch Schach wurde in Schönbergs Haus gern gespielt. Doch war es typisch, daß ihm das konventionelle Schach mit seinen 64 Feldern und 32 Figuren nicht genügte. Er erfand ein erweitertes Spiel, das er Hundert-Schach nannte, mit zehnmal zehn Feldern. Zu den üblichen Figuren traten ein Bischof und ein Admiral; die Zahl der Bauern wurde auf zehn erhöht.«

Die größte schöpferische Arbeit, die Schönberg in den Jahren 1930 bis 1932 beschäftigte, war die Komposition der Oper ›Moses und Aron‹. Der Text des ursprünglich als dreiteiliges Oratorium gedachten Werkes war zwischen dem 3. und 16. Oktober 1928 erstmals niedergeschrieben und dann noch wiederholt überarbeitet worden. Die erste Kompositionsskizze trägt den Vermerk »Berlin, 7. Mai 1930«. Mit der Arbeit an der Partitur begann Schönberg am 17. Juli 1930 in Lugano, nachdem er am Tag zuvor notiert hatte: »Reihe entworfen.« Der zweite Akt der Oper hat den Schlußvermerk: »Barcelona, 10. März 1932«; vom dritten Akt wurden nur einige Takte skizziert. Die zahlreichen kürzeren oder längeren Unterbrechungen, denen

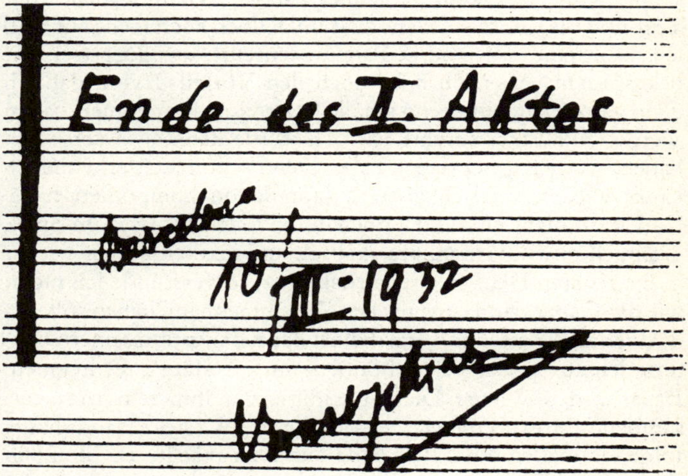

Schlußvermerk Schönbergs in der ›Moses-und-Aron‹-Partitur nach Vollendung des zweiten Aktes.

die Arbeit an ›Moses und Aron‹ ausgesetzt war, sind aus der genauen Chronologie in dem Buche Rufers ersichtlich. Einen sehr aufschlußreichen Bericht über sein Arbeitsverfahren gab Schönberg am 8. August 1931 aus Territet in einem Brief an Alban Berg, der ihm die Vollendung des ersten Aktes seiner Oper ›Lulu‹ mitgeteilt hatte. In Schönbergs Brief heißt es unter anderem:

». . . Also Du hast auch schon einen Opernakt fertig: ich nämlich auch. Fast 1000 Takte hat er. Aber ich habe auch schon 250 vom zweiten Akt . . . Eigentümlicherweise arbeite ich in ganz derselben Manier (wie Alban Berg sie in seinem Brief geschildert hatte – W. R.): der Text wird erst während des Komponierens definitiv fertig, ja manchmal erst nachher. Das bewährt sich außerordentlich. Natürlich, und das hast Du wohl ebenso gemacht, ist das nur möglich, wenn man vorher von allem eine sehr genaue Vorstellung hat, und die Kunst besteht ja darin, diese Vision nicht nur dauernd lebendig zu erhalten, sondern sie bei der Ausarbeitung der Details noch zu verstärken, bereichern, erweitern! ... Ich möchte auch alles dazutun, um die Oper fertig zu haben, ehe ich nach Berlin komme. Es geht nicht so rasch, als ich anfangs gehofft habe, wo ich mit einem Tagesdurchschnitt von 20 Takten gerechnet habe ... Hauptursache: der Text und die Chöre ... Dann hält mich doch auch mehr auf, daß ich sofort eine vollständige Partitur schreibe, was doch viel Zeit beansprucht. Aber ich habe doch den Vorteil davon, daß ich dann ganz fertig bin, wenn ich die letzte Note komponiert haben werde. Nur Eines fürchte ich: ich werde dann alles vergessen haben, was ich geschrieben habe. Denn schon jetzt erkenne ich kaum wieder, was ich voriges Jahr davon komponiert habe. Und wäre nicht eine Art unbewußten Gedächtnisses im Spiel, das mich unwillkürlich, musikalisch und textlich immer wieder in die rechten Denkgeleise zurückführt, so verstünde ich nicht, wie das Ganze dann organischen Zusammenhang haben soll ...«

Über die Vorstellung, die ihn bei der Konzeption seiner Dichtung leitete, sprach sich Schönberg am 15. März 1933 in einem Brief an den Wiener Dichter Eidlitz, der ihm sein 1923 entstandenes Moses-Drama ›Der Berg in der Wüste‹ gesandt hatte, folgendermaßen aus: »Ich habe aus dem mächtigen Stoff vor allem diese Elemente in den Vordergrund gerückt: Der Gedanke des unvorstellbaren Gottes, des auserwählten Volkes und des Volksführers.«

Die authentische Anregung zu seiner Dichtung empfing Schönberg von den im Zweiten Buch Moses, Kapitel 2, 3 und 32, beschriebenen Ereignissen, die er aber in ganz persönlicher Art ausdeutete und weiterentwickelte. Der erste Akt führt in vier Szenen von der Berufung des Moses bis zu dem Entschluß des Volkes Israel zum Auszug aus Ägypten. Gott spricht aus dem Dornbusch zu dem vor dem Wagnis zurückschreckenden Moses, dem er Aron als tatkräftigen Helfer an die Seite stellen will. In der Zwiesprache, die die Brüder in der Wüste halten, treten die Gegensätze ihrer geistigen Persönlichkeiten, die für das ganze Drama von entscheidender Bedeutung sind, scharf hervor: Moses, der Denker, der gottnahe, wortarme Mystiker, der in wahrhaft »erleuchtetem« Glauben das Wesen des unsichtbaren Gottes in seiner ganzen Tiefe erfaßt; Aron, der sprachgewaltige

Wirklichkeitsmensch, der die Existenz Gottes nur aus Zeichen und Wundern erkennen und anderen erkennbar machen kann. Drei durch ihn bewirkte Wunder: die Verwandlung von Moses' Stab in eine Schlange, die Hervorrufung und Heilung von Aussatz, die Verwandlung von Wasser in Blut, sind es auch, die das sich gegen die Weisungen eines unsichtbaren Gottes sträubende Volk zum Aufbruch nach dem ihm verheißenen Land veranlassen. – Der zweite Akt zeigt zu Beginn das ungeduldige Harren des Volkes und seiner geistigen Repräsentanten, der 70 Ältesten, auf den auf dem Berge der Offenbarung weilenden Moses; die blutrünstige ›Orgie der Trunkenheit und des Tanzes‹ vor dem von Aron zur Beruhigung des Volkes geschaffenen Goldenen Kalb; den Zorn des Moses, der das Götzenbild vernichtet; und schließlich die große Auseinandersetzung zwischen Moses und Aron, in der Moses die ihm auf dem Berg anvertrauten Gesetzestafeln zertrümmert. Geführt von einer Wolkensäule, tritt das Volk, dem sich Aron anschließt, den Weg ins Gelobte Land an. Moses sinkt verzweifelt zu Boden:

»So bin ich geschlagen!
So war alles Wahnsinn, was ich gedacht habe,
und kann und darf nicht gesagt werden!
O Wort, du Wort, das mir fehlt!«

Der dritte, von Schönberg nicht komponierte Akt enthält nur einige Szenen: das Gericht, das Moses über Aron hält. Dessen Schuld ist darin gelegen, daß er durch die Gewalt seiner Worte und Wunder das Volk – und sich selbst – dem wahren Gottesgedanken entfremdet hat, der Auserwählung des Volkes, jenem Gottesgedanken in Freiheit zu dienen. Dennoch gibt Moses Aron frei; aber nachdem dieser seiner Fesseln ledig ist, stürzt er tot zusammen. Die Dichtung schließt mit starken prophetischen Worten, die Moses an das Volk Israel richtet:

»Immer wenn ihr euch unter die Völker mischt
und verwendet euere Gaben, die zu besitzen ihr auserwählt seid,
um für den Gottesgedanken zu kämpfen,
und ihr verwendet euere Gaben zu falschen und nichtigen Zwecken,
um im Wettbewerb mit fremden Völkern an ihren niedrigen Freuden teilzunehmen,

immer wenn ihr die Wunschlosigkeit der Wüste verlaßt und
euere Gaben euch zur höchsten Höhe geführt haben, immer
werdet ihr wieder hinuntergestürzt werden vom Erfolg des
Mißbrauches,
zurück in die Wüste.

. . . .

. . . .

Aber in der Wüste seid ihr unüberwindlich
und werdet das Ziel erreichen:
Vereinigt mit Gott.«

In diesen letzten Worten der Dichtung ist auch das jüngste Schicksal des Judenvolkes beschlossen, wie Schönberg es empfand und wie er es in seiner Oper als tönende Prophetie faßlich machen wollte.

Die musikalische Darstellung dieser Botschaft enthält die Summe aller Erfahrungen und Errungenschaften, die Schönberg sich in einem langen, opfervollen, in seinem »dramatischen« äußeren Ablauf höchster innerer geistiger Einheit zustrebenden menschlichen und künstlerischen Dasein erarbeitete. Die strukturelle Einheit des Werkes wird durch eine Zwölftonreihe (a-b-e-d-es-des-g-f-fis-gis-h-c) verbürgt, auf die jeder der mehr als 2000 Takte der Oper bezogen werden kann. Die klangliche und formale Mannigfaltigkeit innerhalb dieses strengen Bezugssystems ist aber beispiellos: angefangen von der eigentümlich »gläsernen« vokalen Klangfärbung der Dornbuschszene (Moses, sechs Sologesangstimmen und sechs Sprechstimmen) und der scharfen Differenzierung der Stimmen des Moses (Sprechgesang in der Art des ›Pierrot Lunaire‹) und des Aron (hochexpressive Tenorkantilenen) bis zu den polyphonen Wundern der Volkschöre, den Flüsterstimmen der auf Moses Harrenden, den ekstatischen Rufen der sich vor dem Goldenen Kalb Opfernden, der kühnen »Untermalung« der Wunder des Aron, den in ihrer scheinbaren Primitivität die »biblische Urlandschaft« auch musikalisch erfüllenden Rhythmen der Tanzorgie. Das Ganze basiert auf einer äußerste Plastik der musikalischen Gestik erreichenden, mit subtilster Variationskunst abgewandelten Thematik und einem instrumentalen Kolorit von unerschöpflichem Nuancenreichtum. Gründliche formale und thematische Analysen der wichtigsten musikalischen Einzelheiten finden sich in dem Schönbergs Oper gewidmeten Buch von Karl H. Wörner: ›Gotteswort und Magie‹ (Heidelberg 1959).

Schon die hier gegebenen wenigen Andeutungen lassen die Probleme ahnen, die sich bei der klanglichen und szenischen Verwirklichung des Werkes ergeben. Schönberg selbst war sich über diese Probleme völlig im klaren. Das zeigen sieben eng beschriebene Seiten mit Ausführungsanweisungen, die Rufer in seinem Buch auszugsweise wiedergegeben hat; sie schließen mit der wichtigen Mahnung an die Sänger: »Die Charakteristik darf nie auf Kosten der schönen Tongebung gehen!«

Angesichts der Tatsache, daß in späterer Zeit mehrere Instrumentalwerke Schönbergs willkürlich »choreographiert« wurden, sind die nachstehenden Bemerkungen, die er am 12. September 1931 in einem Brief an Webern über seine Arbeit an der Szene ›Tanz um das Goldene Kalb‹ machte, von besonderer Bedeutung: »Mit der genauen Ausarbeitung dieser Szene habe ich sehr viel Arbeit gehabt. Ich wollte den neuen Beherrschern der Theaterkunst, den Regisseuren, möglichst wenig überlassen und auch die Choreographie so weit erdenken, als es mir möglich ist. Denn all dies liegt heute sehr im Argen, und die Eigenmächtigkeit dieser Hilfsorgane und ihre Gewissenlosigkeit werden nur von ihrer Kulturlosigkeit und Impotenz übertroffen. Aber nun habe ich den größten Teil bereits gelöst und hoffe, bald alles erledigt zu haben. – Du weißt, daß ich für den Tanz nicht viel übrig habe. Seine Ausdruckskraft steht im allgemeinen auf keinem höheren Niveau als die primitivste Programm-Musik, und seine ›Schönheit‹ ist mir in ihrer versteinerten Mechanik odios. Nun ist es mir bis jetzt gelungen, solche Bewegungen zu erdenken, welche wenigstens ein anderes Ausdrucksgebiet betreten als das landesübliche Ballettgehüpfe. Hoffentlich komme ich auf diesem Wege weiter ...«

Merkwürdigerweise war die im Konzertsaal vorgeführte Musik zum ›Tanz um das Goldene Kalb‹ das erste Stück der Oper, das in der Öffentlichkeit erklang. Hermann Scherchen dirigierte sie am 2. Juli 1951 in Darmstadt im Rahmen der dortigen »Ferienkurse für Neue Musik«. Das Telegramm, das den großen Erfolg des Stückes und seine sofortige Wiederholung im selben Konzert anzeigte, war eine der letzten Freuden, die Schönberg noch kurz vor seinem Tod zuteil wurden.

Eine kurz nachher von Scherchen im Rahmen des »Maggio Musicale Fiorentino« beabsichtigte Aufführung der Oper kam nicht zustande. Dennoch hatte Scherchen an der schließlichen Verwirklichung der Gesamtdarbietung des Werkes maßgebenden Anteil. Als nämlich der Nordwestdeutsche Rundfunk in

Hamburg Ende 1952 mit deren Planung begann und von Gertrud Schönberg den Notentext als Mikrofilm erhielt, bekam Scherchen eine der beiden vergrößerten Kopien und stellte nach dieser – es war nur ein Particell – völlig uneigennützig, aus reiner Liebe zu Schönbergs Schaffen, eine genaue Dirigierpartitur her. Schon 1951 hatte er die Partitur der Szene ›Tanz um das Goldene Kalb‹ im Selbstverlag herausgegeben. Die zweite Kopie ging an Winfried Zillig, der nach ihr den zur Einstudierung notwendigen Klavierauszug anfertigte. Ende 1953 konnte mit der Studierarbeit begonnen werden, an der außer etwa 20 Gesangsolisten auch die Chöre des Rundfunks in Hamburg und Köln, der Chor der Hamburger Staatlichen Hochschule für Musik und das auf 160 Mann verstärkte Symphonieorchester des Nordwestdeutschen Rundfunks beteiligt waren. Da Scherchen auf Tournee im Ausland war, wurde der Chefdirigent des Hamburger Rundfunks, Hans Schmidt-Isserstedt, mit der Leitung der Aufführung betraut; als Assistent stand ihm Zillig zur Seite. Nach monatelanger Vorbereitungsarbeit nötigte ihn eine plötzliche Erkrankung wenige Tage vor dem Konzert zur Absage. Für ihn sprang Hans Rosbaud ein, der die in der Hamburger Musikhalle stattfindende Aufführung am 12. März 1954 dank seiner vieljährigen innigen Verbundenheit mit dem Gesamtschaffen Schönbergs und seiner im besten Sinne »virtuosen« Dirigiertechnik zu einem vollen Erfolg führte. Es war ein Ereignis von musikhistorischer Bedeutung!

Hans Rosbaud war auch die erste szenische Wiedergabe des Werkes zu verdanken. Sie fand am 6. Juni 1957 im Rahmen des Weltmusikfestes der Internationalen Gesellschaft für Neue Musik im Stadttheater in Zürich statt; Regie führte Karl Heinz Krahl, der damalige Direktor des Hauses; die Bühnenbilder stammten von Paul Haferung. Die Vorbereitungsarbeiten erstreckten sich über die ganze Saison und erforderten rund 350 Chor- und 50 Orchesterproben. Aus diesem Anlaß berichtete Rosbaud von einem Gespräch, das er schon 1931 mit Schönberg über die bevorstehenden Schwierigkeiten der Einstudierung der Oper geführt hatte und bei dem der Komponist schließlich das Geständnis machte: »Da ich in den nächsten Dezennien mit einer Aufführung dieses Werkes nicht rechnen kann, habe ich mir hinsichtlich der Schwierigkeiten für Chor und Orchester keine Zurückhaltung auferlegt!«

Die Aufnahme des Werkes bei der Zürcher Premiere war trotz vorzüglicher musikalischer Leistungen recht zwiespältig:

in den respektvollen Beifall der Majorität des Publikums mischten sich nach den beiden Aktschlüssen ein paar schrille Pfiffe. Aber auch für die wohlwollenden Betrachter waren die Eindrücke, zufolge erheblicher szenischer Unvollkommenheiten, nicht restlos befriedigend. – Bei den späteren Aufführungen in Berlin (Dirigent: Hermann Scherchen, Regisseur: Gustav Rudolf Sellner, Bühnenbild: Raffaelli) und in London (Dirigent: Georg Solti, Regisseur: Peter Hall, Bühnenbild: John Bury), in denen Musik und Szene weitgehend den Intentionen Schönbergs entsprachen, wurde die Ahnung, in der Oper ›Moses und Aron‹ eines der bedeutendsten musikalischen Bühnenwerke unserer Zeit zu besitzen, zu voller Gewißheit.

Anfang 1954, noch vor der Hamburger Erstaufführung, hat Winfried Zillig in den ›Frankfurter Heften‹ einen Aufsatz ›Arnold Schönberg, der Gottsucher‹ veröffentlicht und in ihm an die Verse aus dem ›Stundenbuch‹ von Rainer Maria Rilke erinnert, die Schönberg Ende 1914 vertonte (op. 22, Nr. 1):

»Alle, welche dich suchen, versuchen dich.
Und die, so dich finden, binden dich
an Bild und Gebärde.
Ich aber will dich begreifen ...«

In Hinblick auf den nicht komponierten dritten Akt von ›Moses und Aron‹ bemerkte Zillig: »Vielleicht war es die Demut, die ihn sein Werk nicht vollenden ließ. Vielleicht spürte er im Suchen die Versuchung, das, was er gefunden, an Bild und Gebärde zu binden. Denn das eine wissen wir von ihm mit absoluter Sicherheit: Er wollte begreifen ...« – Und dieses Wollen hat in den ersten beiden Akten der Oper ergreifendsten Ausdruck gefunden!

Das Jahr, das Schönberg nach der Vollendung des zweiten Aktes von ›Moses und Aron‹ noch in Europa verbrachte, war, neben der Lehrtätigkeit, weniger mit kompositorischen als mit musikliterarischen Arbeiten ausgefüllt. Die immer rascher und bedrohlicher anwachsende Verdunkelung der politischen Verhältnisse in Deutschland wurde auch von ihm stark empfunden; von dem, was in wenigen Monaten über das Land hereinbrechen sollte, hatte er, wie ja die meisten, natürlich keine Ahnung. Am 27. Juli 1932 schrieb er an seinen Schwager Rudolf Kolisch: »Die Wahlen hätten wir jetzt vorbei. Ich bin neugierig, wie es weitergehen soll. Vorstellung habe ich keine davon ...«

Anfang 1933 vollendete Schönberg die Bearbeitung eines Werkes des Wiener Komponisten Georg Matthias Monn (1717 bis 1750), mit dessen Schaffen und dem seines Bruders Johann Christoph Monn (1726–1782) er sich schon 1912 (siehe Seite 95) befaßt hatte. Das 1936 in New York erschienene, Pablo Casals gewidmete Konzert erhielt den Titel: ›Konzert für Violoncell und Orchester (nach dem Concerto per Clavicembalo von Georg Matthias Monn, komponiert 1746) in freier Umgestaltung von Arnold Schönberg‹. – Von der Art seiner »Umgestaltung« berichtete Schönberg am 20. Februar 1933 an Casals: »Ich glaube, es ist ein *sehr* brillantes Stück worden. Jedenfalls habe ich mir wegen des *Klanges* ganz besondere Mühe gegeben und bin sehr zufrieden damit. Das Stück ist in gewisser Hinsicht weniger solistisch, als ein Konzert von Monn wäre; denn sehr oft ist die Funktion des Cellos etwa die eines Solisten in einer Kammermusik, durch dessen brillantes Spiel ein sehr schöner, interessanter Klang entsteht. Im übrigen war es meine Hauptsorge, die Mängel des Händel-Stils (dem das Werk im Original angehört) zu beseitigen. So wie Mozart es mit dem ›Messias‹ von Händel getan hat, so habe auch ich hier ganze Hände voll Sequenzen (Rosalien, ›Schusterflecke‹) entfernt und durch echte *Substanz* ersetzt. Dann habe ich mich bemüht, den andern Hauptmangel des Händel-Stils zu bekämpfen: dort ist nämlich das Thema immer beim ersten Auftreten am besten und wird im Lauf des Stückes immer unbedeutender und geringer. Ich glaube, daß es mir gelungen ist, das Ganze etwa dem Stil Haydns zu nähern. In harmonischer Hinsicht gehe ich manchmal ein wenig (manchmal auch etwas mehr) über diesen Stil hinaus. Nirgends aber geht es wesentlich weiter als Brahms, jedenfalls gibt es keine Dissonanzen, die nicht im Sinn der älteren Harmonielehre zu verstehen sind; und nirgends ist es atonal.«

Schönberg hatte ursprünglich die Absicht, das Konzert 1934 mit Casals in London uraufzuführen. Dieser Plan konnte aber nicht verwirklicht werden, und die Uraufführung fand, mit Emanuel Feuermann als Solisten, erst am 7. Dezember 1935 in London statt.

Die letzte Komposition, die Schönberg in Berlin von Januar bis Februar 1933 vollendete, waren drei Lieder für tiefe Stimme und Klavier nach Texten von Jakob Haringer (geboren 1883 in Dresden, gestorben 1948 in Zürich) – ›Sommermüd‹, ›Tot‹ und ›Mädchenlied‹ –, die erst 1952 als Opus 48 in Amerika veröffentlicht wurden. Die hohe Opuszahl ist daraus zu erklären, daß

Schönberg in der stürmischen Zeit nach seiner Emigration das Werk vergessen hatte und sich erst viel später wieder daran erinnerte. In ihrer zarten, ausdrucksvollen Melodik und ihrer überaus transparenten Begleitung gehören diese letzten ›Klavierlieder‹ Schönbergs, die trotz ihrer Formung nach der Zwölftonmethode öfters an Vokalwerke seiner Frühzeit gemahnen, zu seinen reizvollsten Schöpfungen und würden seitens der Sänger besondere Beachtung verdienen.

Am 12. Februar 1933 hielt Schönberg zur Eröffnung des »Brahms-Jahres« in Frankfurt am Main einen Rundfunkvortrag, den er 1947 weitgehend umarbeitete und unter dem Titel ›Brahms the Progressive‹ in sein Buch ›Style and Idea‹ (New York 1950) aufnahm. Es ist eine seiner bedeutendsten und originellsten musiktheoretischen Arbeiten.

Von Frankfurt reiste Schönberg nach Wien, wo er am 15. Februar im »Kulturbund« über das Thema ›Neue und veraltete Musik oder Stil und Gedanke‹ sprach. Auch dieser Vortrag wurde in das Buch ›Style and Idea‹ aufgenommen. Die Mainummer der von mir seit Januar 1932 herausgegebenen ›23 – Eine Wiener Musikzeitschrift‹ enthielt über den Vortrag ein Referat von Rudolf Ploderer, das soweit wie möglich von Schönbergs eigenen Worten Gebrauch machte; es lautete: »Der Vortrag gliedert sich deutlich nach dem im Titel zum Ausdruck gebrachten doppelten Gegensatze der neuen und veralteten Musik einerseits, von Stil und Gedanken anderseits. Als neu und immer neu bleibend wird jene Musik erkannt, die einen Gedanken zum Ausdruck bringt. Musik, die diese Voraussetzung nicht erfüllt, ist schon veraltet zur Welt gekommen und kann keinen Anspruch auf Beachtung erheben. – Pseudohistoriker, die Symptome mit Ursachen verwechseln, haben den Begriff der ›Neuen Musik‹ mit übler Nebenbedeutung aufgebracht. Sie übersehen, daß jede Schreibmanier mit der Zeit die Sinne abstumpft und schon dadurch bewirkt, daß zum Beispiel homophone und kontrapunktische Perioden wellenförmig abwechseln. Daneben steht der innere Zwang schöpferischen Reichtums, im kleinsten Raume den reichsten Inhalt unterzubringen. Die Eroberung eines immer wachsenden Tonbereiches ist das Gebiet der Entwicklung der Musik. – Veraltet ist, was nicht mehr in die Lebensbedingungen der Zeit paßt. Pathos, lange Haare und Wachslichter empfinden wir mit Recht als dem Stil unserer Zeit nicht mehr angepaßt. Aber es gibt keine Lebensform, die romantische Musik im weitesten Sinne überflüssig machen könnte. Man hat sich bestrebt, ›Gebrauchsmusik‹ zu schreiben – aber mangels Gebrauches ist diese notgedrungen schon wieder ›ideal‹ geworden. – Stil ist die Summe der Eigenschaften des Hervorbringers und des Hervorgebrachten. Stil ohne Gegenstand ist nichts, daher ist Stil von vornherein festlegbar. Alle künstlerische Schöpfung ist geistiges Schauen, daher Gedankenbildung, und Schönberg bekennt, seine Kompositionen immer gedanklich konzipiert zu haben. Er sei kein Meister, der, wie andere, vom Himmel gefallen ist – direkt auf den Kopf. – Der Gedanke kann warten – denn er hat keine Zeit. Neue Musik ist neuer musikalischer Gedanke in neuem Gewande. Ewige, nie veraltende Kunst wird darum immer in sich selbst beruhen: L'art pour l'art!«

Nach dem Vortrag gab es noch eine gemütliche Zusammenkunft im Hotel Meißl & Schadn am Neuen Markt. Schönberg war in heiterster Stimmung, und wohl keiner seiner Wiener Freunde und Schüler hatte das Gefühl, ihm in diesem Leben zum letztenmal persönlich begegnet zu sein.

Ein Abschiedsgruß an seine österreichische Heimat war das Interview, das er der Wiener Wochenschau ›Radiowelt‹ zum Thema ›Moderne Musik im Rundfunk‹ gewährte und das hier im Anhang (Seite 249) wiedergegeben wird.

Kurz nach seiner Rückkehr nach Berlin nahm Schönberg am 1. März 1933 an einer Sitzung des Senats der Akademie teil, in der der damalige Akademiepräsident, der Komponist Max von Schillings (1868–1933), mitteilte, es sei der Wunsch der Regierung, daß der jüdische Einfluß in der Akademie gebrochen werde. Daraufhin erklärte Schönberg, er halte sich nie dort auf, wo seine Anwesenheit unerwünscht sei, und verließ die Sitzung.

Aus diesem Vorfall zog Schönberg in einem am 20. März an die Akademie gerichteten Brief die entsprechenden Konsequenzen: »... Stolz, und das Bewußtsein meiner Leistung hätten mich längst zu freiwilligem Rücktritt bewogen. – Denn: Wenn ich der Verlockung des schmeichelhaften Antrages der Akademie folgte, so geschah dies, weil man mich bei meinem Ehrgeiz als Lehrer gepackt hatte und mir meine Verpflichtung, mein Wissen zu verbreiten, vorhielt; und weil ich wußte, was ich Schülern zu leisten imstande bin. – Das aber habe ich geleistet und mehr: wer mein Schüler war, hat den Ernst und die Sittlichkeit einer Kunstauffassung zu spüren bekommen, die ihm in allen Lebensverhältnissen, wenn er sie zu bewahren vermag, Ehre bereiten wird! ...«

Unter Hinweis darauf, daß er wegen seiner Berufung nach Berlin in Wien ein »sehr anständiges Dasein als Privatmann« aufgegeben hatte, verlangte er das ihm laut Vertrag bis 30. September 1935 zustehende Honorar sowie Ersatz der Kosten der Rückübersiedlung. An diese Forderungen knüpfte er die Bemerkung: »Einer, der wie ich in politischer und moralischer Hinsicht unangreifbar dasteht, der durch den Verzicht auf seinen Wirkungskreis in seiner künstlerischen und menschlichen Ehre aufs tiefste gekränkt wird, sollte nun nicht noch dazu auch in seiner wirtschaftlichen Lebensmöglichkeit gefährdet, ja mit dem Untergang bedroht werden.«

Schönberg erhielt sein Honorar, entgegen den Bestimmungen des mit ihm am 28. August 1925 abgeschlossenen Vertrages, nur bis zum 31. Oktober 1933. Am 17. Mai 1933 verließ er Berlin und begab sich zunächst nach Paris.

Erste Erlebnisse des Emigranten

In Paris war Schönberg zunächst intensiv um Sicherung seiner materiellen Lage bemüht. Ein Brief, den er am 27. Mai 1933 an Roberto Gerhard nach Barcelona sandte, lehrt, daß er mit Casals und einem Konzertunternehmer wegen Dirigiergastspielen in Spanien verhandelte und daß er Verleger für das Violoncellokonzert (nach Monn), für die Oper ›Moses und Aron‹ und für das Schauspiel ›Der biblische Weg‹ suchte. Diese Unternehmungen hatten aber keinerlei Erfolg. Weitere Pläne ergaben sich aus seiner Rückkehr zur jüdischen Religionsgemeinschaft, die er am 24. Juli in Paris in aller Stille vollzog (er war im katholischen Glauben aufgewachsen und als Achtzehnjähriger zum Protestantismus übergetreten). Im Nachlaß von Alban Berg fand ich die Abschrift des Fragments eines Briefes, den Schönberg am 4. August 1933 an Webern schrieb und in dem er ausführlich über seine damaligen Pläne berichtete:

»... Du hast recht, daß es schwer fällt, in dieser Zeit unaktiv zu bleiben. Allerdings stellen sich die Umstände zu einer Aktivität für mich anders als für Dich. Ich bin seit vierzehn Jahren vorbereitet auf das, was jetzt gekommen ist. Ich habe mich in dieser langen Zeit gründlich darauf vorbereiten können und mich, wenn auch schwer und mit vielen Schwankungen, schließlich definitiv von dem gelöst, was mich an den Okzident gebunden hat. Ich bin seit langem entschlossen, Jude zu sein, und Du wirst mich auch manchesmal von einem Stück (›Der biblische Weg‹) sprechen haben hören, über welches ich noch nichts Näheres sagen konnte, in welchem ich aber die Wege für eine Aktivität des nationalen Judentums gezeigt habe. Nunmehr bin ich vor einer Woche auch offiziell wieder in die jüdische Religionsgemeinschaft zurückgekehrt, obwohl mich davon nicht die Religion trennt (wie ja mein ›Moses und Aron‹ zeigen wird), wohl aber meine Auffassung über die Notwendigkeit der Anpassung der Kirche an die Forderungen der modernen Lebensführung. – Es ist meine Absicht, mich aktiv an solchen Bestrebungen zu beteiligen. Ich halte das für wichtiger als meine Kunst, und ich bin entschlossen – wenn ich für solche Tätigkeit geeignet bin – nichts anderes mehr zu machen, als für die nationale Sache des Judentums zu arbeiten. Ich habe damit auch bereits begonnen und habe in Paris für meine Idee fast überall Zustimmung gefunden. Mein nächster Plan ist eine große Tournee durch Amerika zu machen, aus welcher vielleicht eine Weltreise werden wird, um Hilfe für die Juden in Deutschland zu werben. Man hat mir wichtige Unterstützung zugesagt. Es geht etwas langsam vorwärts. Denn, wie es immer bei mir gewesen zu sein scheint: wer von dem, was ich ihm gesagt habe, einen Eindruck empfangen und mir geglaubt hat, ist selten imstande, diesen Eindruck einem Dritten zu vermitteln und ihn zu glauben zu bewegen; denn es liegt wohl nicht nur am Wortlaut, sondern auch am Vortrag, daß sich so schwer wiedergeben läßt, was ich gesagt habe; und so bleibt der Dritte skeptisch, so lange, bis er mich selbst gesprochen hat. Ich werde eben in großen Versammlungen (Lautsprecher) und im Radio sprechen müssen. – Aus diesen Gründen weiß ich noch nicht, wie lange ich hier werde arbeiten können und ob ich ›Moses und Aron‹ fertigbringen und mein Drama ›Der biblische Weg‹ werde umarbeiten können. Jetzt bin ich bestrebt, das Streichquartettkonzert nach Händel für das Kolisch-Quartett fertig zu machen, denn es ist eine gewisse Aussicht vorhanden, daß ich es in einem englischen Verlag unterbringe (für geringes Honorar zwar, aber ich bin doch froh, denn ich muß mir auf alle Fälle Geld verschaffen), und außerdem soll es im November in London zur Uraufführung gelangen. – Ich soll übrigens gegen den 20. August zum Zionistenkongreß nach Prag; vielleicht komme ich da über Wien. Aufrichtig gesagt: so gern ich Euch alle und meine Kinder und Enkel sehen möchte, habe ich doch nicht viel Lust dazu ...!«

Noch weniger Lust zu der Reise – die übrigens nicht zustande kam – hätte Schönberg gehabt, wenn er die Notiz gekannt hätte, die am 31. Juli 1933 im Wiener ›Acht-Uhr-Blatt‹ über seinen Wiedereintritt in die jüdische Religionsgemeinschaft erschienen war. Sie lautete: »Wir meinen, daß Religion kein Privatartikel sei. – Der ›Paris Soir‹ teilt mit, daß der Komponist Arnold Schönberg dieser Tage in Paris mit seiner Frau zum jüdischen Glauben zurückgekehrt ist, um auf diese Weise seiner Entrüstung über die Judenverfolgungen in Deutschland Ausdruck zu geben. – Da sieht man, was es mit der religiösen Tiefe und metaphysischen Verwurzelung dieser liberalen Juden für eine Bewandtnis hat. Der Glaube ist ihnen ein Werkzeug wie jedes andere, um Zwecke zu erreichen. Nicht mehr. Es sieht tapfer aus, was der Freigeist Schönberg da gemacht hat (obgleich man nicht übersehen sollte, daß der Schritt auch als ›Flucht nach vorne‹ deutbar ist). In Wahrheit ist's Manöver. Wie ihm das Aggregat seiner bisherigen Anschauungen nicht so viel wert war, daß er sie nicht raschest hätte abwerfen können, so wird ihm auch das neue Bekenntnis wenig mehr bedeuten als ein umgeworfener Mantel, den der nächste Meinungswind wieder davontragen kann. – So machen es diese liberalen Herrschaften unentwegt: Mangel an Haltung kennzeichnet sie. Einmal, als die Welt noch rationalistisch-›bürgerlich‹ war, wurde das vertragen oder übersehen oder überhaupt nicht bemerkt, heute, da die Welt neu geboren wird aus dem Geist starken Bekennens, aus dem Geist der Treue zum eigenen Wesen, ist jenes taktische Verhalten Entlarvung einer Mimikry, die ausgespielt hat. Ja, wenn Arnold Schönberg still, in sich gekehrt, bekenntnismutig in die Synagoge zurückgegangen wäre, hätten wir Respekt empfunden, denn dann wäre ihm das Geschehen in Deutschland nur Anlaß zur Einkehr gewesen. So aber wurde wieder einmal die Religion zum politischen Zweck erniedrigt.«

Als heiteres Nachspiel zu den pathetischen Exklamationen des Blattes sei noch mitgeteilt, daß Schönbergs Rückkehr zur jüdischen Religionsgemeinschaft wirklich in aller Stille erfolgte; es waren insgesamt nur vier Personen dabei zugegen: Schönberg und seine Frau, der Rabbiner und ein gewisser Dr. Marianoff, von dem Schönberg vermutete, daß er sich nachher mit »tout Paris« identifizierte.

August und September 1933 verbrachte Schönberg mit Frau und Kind in dem Badeort Arcachon in der Gironde, unweit von Bordeaux. Dort vollendete er am 16. August seine »freie Umgestaltung« des Concerto grosso op. 6, Nr. 7, von Händel für Streichquartett und Orchester, die er noch im Mai, kurz vor seiner Abreise aus Berlin, begonnen hatte. Die Erstaufführung fand am 26. September 1934 in Prag statt; die Ausführenden waren das Kolisch-Quartett und das Prager Rundfunkorchester, Dirigent war Karl B. Jirak. Seine weiteren Pläne für Arcachon, die Vollendung von ›Moses und Aron‹ und die Umarbeitung von ›Der biblische Weg‹, konnte Schönberg nicht mehr ausführen. Die Verhandlungen wegen einer Lehrstelle in den USA erforderten Ende September seine Rückkehr nach Paris.

Von dort berichtet er noch seinem Vetter Hans Nachod, daß er seine Werbeaktion unter den Juden der ganzen Welt von Amerika aus unternehmen werde, daß er eine jüdische Einheitspartei gründen und zur Förderung seiner Ziele eine Zeitung herausgeben wolle. Seine übrigen Pläne wolle er aber gegen jedermann geheimhalten. Anfang Oktober wurde sein Engagement an das Malkin-Konservatorium in Boston und New York perfekt. Am 25. Oktober 1933 verließ er Frankreich und traf am 31. Oktober in New York ein.

Über das erste »amerikanische Jahr« Schönbergs existiert ein von ihm selbst im November 1934 verfaßter, sehr drastisch stilisierter Bericht (drei eng beschriebene Schreibmaschinenseiten, Großformat), den er an einige Freunde und an die Mitarbeiter an der Festschrift zu seinem sechzigsten Geburtstag (siehe Seite 201) als Beilage zu seinem offiziellen Dankbrief (siehe Seite 202) sandte. Er nahm damit eine Gepflogenheit aus früherer Zeit wieder auf, in der er, um sich in den einzelnen Briefen nicht wiederholen zu müssen, den Freunden vervielfältigte »Journale« sandte, in denen er von seinem Leben und Schaffen erzählte. Als Mitarbeiter an der Festschrift hatte auch ich die Ehre, jenen ersten amerikanischen Bericht zu erhalten. Da er aber sehr viele vertrauliche private Mitteilungen enthält, kann ich aus ihm hier nur wenige, jeweils mit (V) bezeichnete Zitate vorlegen.

Von der Begrüßungszeremonie kurz nach seiner Ankunft in New York heißt es: »Die League of Composers veranstaltete ein Konzert (allerdings nur Kammermusik) und einen sehr großen Empfang, bei welchem angeblich 2000 Personen anwesend waren, von denen ich sicher 500 Hände zu schütteln hatte, und das Protektoren-Komité hat angeblich alles enthalten, was in New York an Kunst (irgendwie) interessiert ist. – Bald darauf gab es dann noch einen zweiten, ebenfalls sehr rummelvollen Empfang, aber ich kann mich nicht erinnern, wer ihn gemacht hat.« (V)

Schönberg war vom Malkin-Konservatorium sehr enttäuscht, als er entdeckte, daß es sich bei diesem nur um eine kleine Lehranstalt handelte, die nicht einmal ein eigenes Schülerorchester aufstellen konnte, und daß er sowohl in Boston als auch in New York unterrichten mußte, was viele ihn sehr anstrengende Reisen zur Folge hatte. Auch hatte er nur wenige Schüler, in beiden Städten insgesamt zwölf bis vierzehn, und diese waren meist Anfänger, da seine Berufung zu spät angekündigt worden war und die geforderten Honorare für die damaligen Verhältnisse zu hoch waren. Dennoch erklärte er in (V): »Der Unterricht selbst machte mir Freude. Die Vorbildung auch der reiferen Schüler war sehr dürftig, aber immerhin hatte ich zwei wirklich Begabte und einige ziemlich Begabte. Außerdem hatte sich in mir in den letzten Monaten soviel neuen Stoffes aufgehäuft, daß ich imstande war, den Schülern wirklich sehr viel sagen zu können, was ihnen gänzlich unbekannt war und sie aufs Höchste überraschte.«

Am 12. und 13. Januar 1934 sollte Schönberg zwei Konzerte des Boston Symphony Orchestra leiten, auf deren Programm auch seine symphonische Dichtung ›Pelleas und Melisande‹ stand. Infolge plötzlicher Erkrankung unmittelbar nach der Generalprobe mußte er aber absagen und konnte das Konzert erst am 16. März 1934 nachholen. Von der Krankheit und deren Folgen berichtete er in (V): »Freitag, den 12. Januar, halb drei Uhr nachmittags, hatte ich im Lift unseres Hauses einen Hustenanfall, bei dem mir irgend etwas riß, wodurch ich so heftige Schmerzen im Rücken und in der Brust bekam, daß ich mich nicht bewegen konnte, obwohl ich bandagiert war. Ich war schon seit den ersten Dezembertagen, sobald das schlechte Wetter einsetzte, krank gewesen, half mir mit offenbar schädlichen Medikamenten immer soweit darüber hinweg, daß ich halbwegs meine Verpflichtungen erfüllen konnte. Denn das Klima ist dort sehr arg und war es in diesem Winter besonders. Innerhalb 12–24 Stunden sinkt die Temperatur um 60 und mehr Grad Fahrenheit, das sind 34 Grad Celsius. – Im März gab es dann immer wieder solche Temperaturstürze, und ich bekam einen abscheulichen Asthmaanfall, der aber diesmal verschärft wurde durch eine Irritierung des Herzens ... Ich mußte mich dann April, Mai und Juni sehr schonen, erholte mich dann im Sommer über in Chautauqua sehr rasch, doch nicht so, daß ich einen zweiten Winter in der Gegend von New York hätte riskieren können.«

Schönbergs Vertrag mit dem Malkin-Konservatorium lief im Mai 1934 ab. Neue Anträge aus dem Osten des Landes lehnte er aus Rücksicht auf seinen Gesundheitszustand ab, ebenso später, am 3. Oktober 1934, von Hollywood aus eine Einladung der Juilliard School of Music in New York, der größten und angesehensten Musiklehranstalt Amerikas.

»Und trotzdem bete ich!«

Als Schönberg am 13. September 1934 seinen sechzigsten Geburtstag begehen konnte, war er mitten in den Vorbereitungen zur Übersiedlung nach dem Westen, denn er war zu der Überzeugung gekommen, daß das dortige Klima für seine Gesundheit das günstigste sei. Von dem Tag selbst erzählte er in (V): »Vorerst aber, daß ich mich außerordentlich über alles freuen konnte und trotzdem wir diesen Tag ohne jede Feierlichkeit, ganz ohne Gäste verbrachten, vollauf befriedigt war. Trude und Nuria als erste Gratulanten, dann die vielen Telegramme, Briefe und die fabelhafte Festschrift: all das machte mir viel mehr Freude, als die Öffentlichkeit mir je bereiten könnte.«

Die hier schon mehrmals erwähnte, von der Universal Edition herausgegebene ›Festschrift‹ enthielt neben den von Schönberg selbst stammenden Stücken: dem Gedicht ›Verbundenheit‹, einem Fragment aus der Mahler-Rede vom Jahre 1912 und Faksimiles des Anfangs seines ersten Liedes vom Jahre 1893 und einer Partiturseite aus ›Moses und Aron‹, Beiträge von Hildegard Jone, Heinrich Jalowetz, Erhard Buschbeck, Willem Mengelberg, Anton Webern, Franz Werfel, Alois Hába, Theodor Wiesengrund-Adorno, Egon Wellesz, Olga Novakovic, Erwin Stein, Eduard Steuermann, Darius Milhaud, Oskar Adler, Alexander Zemlinsky, Alma Maria Mahler, Hans Erich Apostel, Josef Koffler, Paul Stefan, Willi Reich, Paul A. Pisk, Karl Schulhofer, Josef Polnauer, Hermann Broch, Rudolf Ploderer, Alban Berg und David Josef Bach. Die Beiträge von Oskar Adler und Alban Berg sind im Anhang auf den Seiten 257 und 255 zu finden; hier sei noch der die damalige Stimmung im Wiener Schönberg-Kreis sehr schön widerspiegelnde Beitrag der ausgezeichneten Pianistin Olga Novakovic wiedergegeben:

»Wenn wir jetzt Arnold Schönbergs, der fern von uns lebt, 60. Geburtstag begehen, so fallen die Schranken zeitlicher und örtlicher Entfernung: er ist unter uns und wir sind um ihn. Kein Rückerinnern, sondern die *Gegenwärtigkeit* seiner wirkenden Kraft umgibt uns. Schönbergs Schüler gewesen zu sein heißt Schönbergschüler *sein;* heißt, trotz Wanderns und Irrens, das er an uns liebte, weil er den Ausgang nicht fürchtete, jenen Maßstab eingeätzt bekommen haben, der echt von unecht scheidet, Wahrheit in Kunst und Leben als Ziel setzt. – Kunst und Leben? Wir kannten an ihm diese Unterscheidung kaum. Kunst und Leben waren ineinander verwoben, wurden *eins* in seiner Nähe. Kleine, alltägliche Dinge bekamen symbolischen Wert, wurden zum Gleichnis für ein Hohes. Hohes aber, dessen lebendigen Quell er uns wies, rückte nah. – Verehrter Meister, als Du einmal Deiner Schüler wegen im Sommer nicht wegfahren wolltest, sagtest Du: ›Wenn man älter wird, bedarf es nicht immer einer Reise ins Gebirge. Ein Stück Wiese, unterwegs gesehen, zaubert die Vorstellung der ganzen Landschaft hervor.‹ Dieses Stück Wiese ist jetzt für uns, da Du nun doch nicht hier bist, die Gemeinsamkeit Deines Festes, das wir vergangenheits-, gegenwarts- und zukunftsgerichtet in Dankbarkeit, Freude und Hoffnung erleben.«

In Schönbergs offiziellem Dankbrief an die Gratulanten hieß es: »An meinem fünfzigsten Geburtstag fühlten sich viele gedrängt oder genötigt, sich für mich und sogar sich zu mir zu bekennen; an meinem sechzigsten fühlten viele von diesen sich von solch lästigem Zwang befreit, während andere unter dem Zwang nordischer Gesichtspunkte zur gleichen, wenn auch unerwünschten Freiheit gelangten; an meinem siebzigsten – äußerstens so weit wage ich vorauszuerwägen – wird der Kreis derer, die meinen ersten Geburtstag nicht bedauern, vielleicht noch kleiner sein; aber hoffentlich werden dann nur Freiwillige an mich herantreten und von diesen nur solche, welche in meinen Vorläufigkeiten Erfüllungen erkennen. – Ich weiß seit langem, daß ich Verbreitung des Verständnisses für mein Werk nicht erleben kann, und meine vielgerühmte Standhaftigkeit ist eine Zwangslage und stützt sich auf den Wunsch, es dennoch zu erleben. Ich habe mein Ziel weit genug gesteckt, um sicher zu sein, daß Widerstrebende und selbst Entgegenstrebende einmal dorthin gelangen müssen. Treffen sich doch sogar Parallele – wie die Mathematik versichert – an derlei Punkten, wenn man nur die Geduld hat, lange genug zu warten.

Man erwartet vielleicht, daß ich, nunmehr in einer Neuen Welt, durch die Bequemlichkeiten, die sie mir bietet, reichlich entschädigt bin für den Verlust, auf den ich mich länger als ein Jahrzehnt vorbereitet habe. Wohl habe ich die Trennung von der Alten Welt vollzogen, nicht ohne sie bis in die Knochen gespürt zu haben, denn ich war doch nicht darauf vorbereitet, daß sie mich sowohl heimatlos als auch sprachlos machen werde, so daß ich es anderen als meinen alten Freunden jetzt nur noch auf englisch sagen könnte, – falls sie es erfahren wollten. Aber andererseits lebt man hier wahrhaftig besser als der Herrgott in Frankreich, dem dort die Arbeitsbewilligung gewiß noch schwerer erteilt würde als hier. Denn ich bin hier allgemein geschätzt, als einer der wichtigsten modernen Komponisten; neben Strawinsky, Tansman, Sessions, Sibelius, Gershwin, Copland etc ... etc ... etc. Ich darf also sicher damit rechnen, daß zu meinem siebzigsten Geburtstag es nicht anders zugehen werde, als ich es eben vorausgesagt habe. – Trotzdem bin ich sehr darauf aus, ihn zu erleben. Denn, wenn nebst meinem privaten Glück nur wirklich noch diese Freunde bleiben, die mir so viele Freude machen und deren jeder Einzelne mich stolz macht durch die Kraft, den Mut, die Intelligenz, die Originalität und das Wissen, womit er es ausdrücken kann, warum er mich gelten läßt: dann kann ich mich bereits jetzt beglückwünschen. – Daß ich stolz sein darf, solche Freunde zu haben, bestimmt das Maß meines Dankes. Aber seine Herzlichkeit könnte ich doch nur durch Musik ausdrücken.«

Von seinem ersten Wohnsitz in Kalifornien, Hollywood, 5860 Canyon Cove, berichtete Schönberg in (V): »Wir haben ein sehr nettes, nicht zu großes Häuschen, möbliert, mit manchem, hier allgemein üblichem Komfort, den man in Europa doch kaum kennt. Wenn wir unsere Möbel bekommen können, die noch immer in Paris liegen, weil die Deutsche Regierung bis jetzt nicht gewillt ist, meine restliche Gage für 22 Monate zu bezahlen, so werden wir wahrscheinlich ein unmöbliertes Haus mieten, was noch billiger ist, und wo wir dann trachten werden, etwas mehr in den Hügeln zu wohnen, wo es noch weniger feucht und sonniger ist ... Los Angeles (Hollywood ist quasi ein Floridsdorf oder Mödling von Los Angeles, nur mit dem Unterschied, daß hier diese schönen Filme hervorgebracht werden, deren höchst ungewöhnliche Vorgänge und wundervollen Klang ich so sehr liebe – bekanntlich) ist, was meine Musik anbelangt, ein vollkommen unbeschriebenes Blatt ...«

In der Folge beklagt sich Schönberg bitter über die Nichtbeachtung, die seine Musik bei den amerikanischen Dirigenten – einheimischen und zugereisten – erfährt; als einzige Ausnahme nennt er Frederick Stock (1872–1942) in Chikago; im übrigen enthält (V) an anderen Stellen mehrere scharfe Angriffe gegen bestimmte Orchesterleiter.

Die erste Komposition, die Schönberg in Amerika schuf, war eine Suite für Streichorchester, die er am 26. Dezember 1934 vollendete. Zum erstenmal seit dem 1908 vollendeten Zweiten Streichquartett in fis-Moll, op. 10, ist in diesem aus fünf Sätzen –

Ouvertüre, Adagio, Menuett, Gavotte und Gigue – bestehenden Werk wieder eine Tonart – G-Dur – vorgezeichnet. Schönberg sah die Mißverständnisse voraus, denen sein Schaffen wegen dieses »Rückfalls« in die Tonalität ausgesetzt sein würde, und entwarf für die Suite ein Vorwort, das er bei der Drucklegung des Werkes (New York 1935) wegließ, dessen Text aber Rufer in seinem Buch mitteilt. Er lautet (leicht gekürzt):

»Zur Komposition dieses Stückes veranlaßten mich erfreuliche Eindrücke und Perspektiven, die mir Professor Martin Bernstein, New York University, über Bestrebungen, Leistungen und Erfolge der amerikanischen Hochschulorchester verschaffte. Ich gewann die Überzeugung, daß an der Förderung solcher Bestrebungen jeder Komponist, insbesondere jeder moderne und ganz besonders ich interessiert sei. Denn hier kann die Grundlage geschaffen werden für eine neue künstlerische Geistigkeit, hier kann einer Jugend die Möglichkeit gegeben werden, die neuen Ausdrucksgebiete und die dazu tauglichen Mittel verstehen zu lernen. – Und so war meine Aufgabe gegeben. Ich hatte folgendes zu leisten: Ohne die Schüler vorläufig einer Schädigung durch das ›Gift der Atonalität‹ auszusetzen, sollte hier in einer Harmonik, die zu modernen Empfindungen leitet, auf moderne Spieltechnik vorbereitet werden: Fingersätze, Stricharten, Phrasierung, Intonation, Dynamik, Rhythmik, all das sollte gefordert werden, ohne unüberwindbare Schwierigkeiten zu bieten. Aber auch auf moderne Intonation, Satztechnik, Kontrapunkt und Phrasenbildung war hinzuweisen, wenn der Schüler allmählich ein Gefühl erwerben soll, daß nicht nur jener primitiv symmetrische Bau, jene Variationslosigkeit und Unentwickeltheit als Melodie zu gelten habe, welche das Wohlgefallen der Mediokrität aller Länder und Völker bildet; sondern daß es auch hier bereits höhere Formen gibt, welche nicht bloß technisch, sondern insbesondere *geistig* einer höheren Kunstgattung angehören ... Hier soll nun echten, wahren Lehrern, Verkündern und Verbreitern einer Kultur, echten und wirklichen Führern also, die sicherlich erwünschte Gelegenheit gegeben werden, ihre Schüler zu tiefstem Respekt vor künstlerischem Vermögen zu erziehen und es ihnen klar zu machen, daß eine Kultur nur durch Wachstum zu erhalten ist, weil sie, wie alles, was lebt, nur leben kann, solange sie noch wächst; daß sie aber stirbt, verdorrt, sobald sie aufhört, sich zu entwickeln; daß somit Technisches, Geistiges künstlerisch nur darum konservierenswert sein kann, weil es *Vorstufe* zu neuem Weiterschreiten, zu neuem Leben bedeutet, und daß es nur dann und *nur darum* konservierenswert ist. Vielleicht ist es nach dem Vorhergesagten überflüssig, zu erwähnen, daß dieses Stück *keine Absage* an mein bisheriges Schaffen bedeutet.«

Diese Erwähnung war keineswegs überflüssig! Immer wieder wurden die Suite und einige spätere tonale Werke von Mißverstehenden oder Übelwollenden als Argumente für die Behauptung ins Treffen geführt, daß Schönberg in seinen letzten Jahren die Sinnlosigkeit seines »atonalen« und Zwölftonschaffens selbst eingesehen hätte und reuig zur Tonalität zurückgekehrt wäre. Zur Widerlegung dieser Behauptung braucht nur an Schönbergs schon früher erwähnten Aufsatz ›On revient toujours‹ vom Jahr 1949 erinnert zu werden, der mit den Worten schloß: »Aber immer war in mir der Wunsch lebendig, zu dem früheren Stil zurückzukehren; und von Zeit zu Zeit gebe ich diesem Verlangen nach. So kommt es, daß ich manchmal tonale Musik schreibe. Für mich haben stilistische Unterschiede dieser Art keine besondere Bedeutung. Ich weiß nicht, welche meiner Kompositionen besser sind: sie gefallen mir alle, denn sie gefielen mir, als ich sie schrieb.«

Über einige mehr oder minder heitere Erlebnisse, die Schönberg in seiner amerikanischen Frühzeit in Hollywood in der Sphäre der Schlager- und Filmindustrie hatte, berichten Walter H. Rubsamen in ›The Musical Quarterly‹ (Oktober 1951) und Hans W. Heinsheimer in seinem Buch ›Fanfare for 2 pigeons‹ (New York 1952). Da beide Arbeiten von mir ins Deutsche übertragen wurden – Rubsamens Aufsatz erschien im Mai und Juni 1953 in der Zeitschrift ›Melos‹, Heinsheimers Buch kam 1953 im Züricher Pan-Verlag heraus –, zitiere ich hier nach meinen damaligen Texten.

Zunächst Rubsamen: »Als Schönberg in die ›American Society of Composers, Authors and Publishers’ (ASCAP) aufgenommen wurde, hatte er an einem Festessen teilzunehmen, das die Los-Angeles-Sektion der ASCAP veranstaltete. Er hatte dabei seinen Platz zwischen zwei Schlagerkomponisten, die erst vor kurzem vom Broadway nach Hollywood gekommen waren. Er sprach zuerst nur wenig mit seinen Nachbarn, aber nachdem er allen Mitgliedern offiziell vorgestellt worden war, wandte sich einer der Schlagerkomponisten zu ihm und sagte vertraulich: ›Weißt du, Arnold, ich verstehe nichts von deinem Zeug; aber du mußt o. k. sein, sonst wärst du ja nicht hier.‹ – Schönberg erzählte diese Geschichte gerne, denn er war immer verblüfft über die innige Vertraulichkeit, die unter der Broadway-Hollywood-Brüderschaft herrschte, und er war sich seiner eigenen Bedeutung im Bereich der ernsten Musik genügend bewußt, um sich an der Art seiner Aufnahme in die allerheiligste Gemeinschaft der geschäftlich Erfolgreichen ironisch zu erheitern. – Im Laufe der Zeit wurden die materiellen Zuwendungen, die er von der ASCAP erhielt, in der großzügigsten Weise erhöht und bildeten für ihn in den letzten Jahren einen wahren Lichtstrahl.

Warum schöpfte er nicht tiefer aus dem Goldfaß und komponierte Filmmusiken? ... Nur ein einziges Mal hätte Schönberg beinahe etwas für einen Hollywood-Film komponiert: als Irving Thalberg von Metro Goldwyn Mayer (MGM) ihn zu gewinnen suchte, die Musik zur ›Guten Erde‹, der Filmfassung des Chinaromans von Pearl S. Buck, zu komponieren. Thalberg hatte die ›Verklärte Nacht‹ auf Schallplatten gehört und erfahren, daß es in der ›Encyclopaedia Britannica‹ einen Artikel über Schönberg gebe. Das hatte auf ihn einen solchen Eindruck gemacht, daß er einen seiner Assistenten zu Schönberg sandte, um zu erforschen, ob dieser bereit sei, einen derartigen Auftrag auszuführen. – Es wird berichtet, daß Schönberg zunächst ganz gleichgültig blieb, worauf Thalbergs Gesandter das Sujet in immer glühenderen Farben schilderte. Den Höhepunkt des Stückes beschrieb er folgendermaßen: ›Stellen Sie sich vor! Ein furchtbarer Sturm beginnt, der Weizen auf dem Felde wird ganz niedergebeugt, und plötzlich beginnt die Erde zu beben. Mitten im Erdbeben gebiert die Heldin des Stückes ein Kind! Was für eine Gelegenheit für die Musik!‹ – Schönberg blieb einen Augenblick stumm, dann sagte er ganz sanft: ›Wenn schon so viel vorgeht, wozu brauchen Sie dann noch Musik?‹«

Er ließ sich aber dann doch dazu bewegen, gemeinsam mit seiner Frau Thalberg in dessen Büro aufzusuchen. Das Weitere berichtet Heinsheimer:

»Nachdem Schönberg und seine Frau eingetroffen waren, gab es die erste Krise, denn Thalberg ließ sie zwanzig Minuten warten. Es spricht für die Ehrfurcht einflößende Atmosphäre von Hollywood im allgemeinen und der MGM im besonderen, daß Schönberg, der in all seinen einundsechzig Jahren noch nie auf jemanden gewartet hatte, zwar drohte, das Büro zu verlassen, es aber nicht tat. Dennoch mögen diese zwanzig Minuten einen wesentlichen Einfluß auf den Ablauf der nun folgenden historischen Szene gehabt haben. – Endlich kam der große

Thalberg und entschuldigte sich bei dem großen Schönberg. Dann fragte er ihn nach den Bedingungen, zu denen er die Musik zur ›Guten Erde‹ schreiben würde. – ›Meine Bedingungen sind sehr einfach‹, sagte Schönberg, ›fünfzigtausend Dollar und die absolute Garantie, daß in meiner Partitur nicht eine einzige Note verändert werden wird.‹ – Damit endete das Gespräch und auch jede Beziehung zwischen Arnold Schönberg und der Filmindustrie. – Die Fünfzigtausend-Dollar-Forderung ist nicht der Hauptpunkt der Geschichte. Thalberg hat vielleicht eine Augenbraue gerunzelt, aber nur eine, und auch die nur ein wenig. Geld spielt in Hollywood keine Rolle, wenn etwas unbedingt beschafft werden muß. Aber daß ein Greenhorn – und Schönberg war, trotz seiner einundsechzig Jahre und seines gewaltigen Ruhmes als Komponist, für Hollywood ein Neuling – verlangte, daß man ihn nach Hause gehen lasse, um dort eine Partitur zu schreiben, die dann genauso, wie er sie geschrieben, in einem Film gebracht werden sollte – dieses Verlangen erschütterte Hollywood in seinen Grundfesten!«

Im Sommer 1935 erhielt Schönberg eine Professur für Komposition an der University of Southern California. Er war von der geringen Zahl der Hörer, von denen die meisten Musikliebhaber und nicht Berufsmusiker waren, sehr enttäuscht. Wie immer paßte er aber seine Lehrweise genau seiner Hörerschaft an und sprach vor allem über das »Verstehen« von Musik, wobei er vor allem die Hörer zu einem klaren Unterscheidungsvermögen von Wert und Unwert musikalischer Kunstwerke anzuleiten suchte. Der amerikanische Komponist Oscar Levant (geboren 1906), der damals bei ihm Privatstunden nahm, berichtete in seinem »kessen« Erinnerungsbuch ›A Smattering of Ignorance‹ (New York 1940), daß in der ersten Zeit von Schönbergs Aufenthalt, von seinem großen Ruf als Komponist und Musikpädagoge angelockt, zahlreiche Filmkomponisten zu ihm kamen, die in wenigen Wochen von ihm ein paar nützliche Kunstgriffe lernen wollten und die sehr enttäuscht waren, als er sie in Harmonielehre, Kontrapunkt und Choralbearbeitung unterrichtete. Ein amüsanter Zwischenfall ereignete sich mit einem jungen Mann, der den Auftrag erhalten hatte, für einen Film die Musik zu einer Flugzeugszene zu komponieren, und der sich bei Schönberg Rat über die Ausführung dieses Auftrags holen wollte. – Schönberg dachte eine Weile nach und sagte dann: »Flugzeugmusik? Die klingt doch wie das Summen einer großen Biene, nur lauter!« – Seit dieser Zeit pflegte er die Musikkulissen der Filmmusik stets als »Große-Bienen-Musik« zu bezeichnen.

Im Herbst 1936 konnte Schönberg seine Position erheblich verbessern; er wurde als Professor für Musik an die viel größere und angesehenere University of California (UCLA), Los Angeles, berufen und unterrichtete dort bis 1944. Obwohl die Altersgrenze für die Lehrtätigkeit an der UCLA 65 Jahre war, wurde sie für Schönberg ausnahmsweise auf 70 Jahre hinaufgesetzt. Von seinem Universitätsunterricht berichtet Rubsamen: »Schönberg hielt die verschiedensten Kurse und Seminare: die Themen reichten vom elementaren Kontrapunkt bis zur höheren Theorie und Kompositionslehre. Er war den Schülern gut verständlich, obwohl sein deutscher Akzent die Aufnahme seiner Worte in den ersten Jahren erschwerte; er sprach immer frei, ohne Notizen, nervös auf und ab gehend, die Hände auf dem Rücken. Bei Kursen und Seminaren mit geringer Teilnehmerzahl war reichlich Gelegenheit zum Gedankenaustausch; in größeren Auditorien mußten sich die Schüler mit dem Nachschreiben begnügen. Schönberg entnahm seine Beispiele Bach, Beethoven, Mozart, Haydn, Schubert, Schumann und Brahms; nur selten nahm er auf andere Komponisten Bezug. In den Elementarkursen lehrte er die Schüler die traditionellen tonalen Mittel; nur in den obersten Stufen war es den Schülern erlaubt, nontonal zu schreiben, und nur, wenn sie es ausdrücklich verlangten. – Von 1936 bis zu seinem Tod hatte Schönberg drei Assistenten, die als Schüler, Gehilfe und allgemeines Faktotum hart arbeiten mußten: Zuerst hatte Gerald Strang diesen Posten inne, von 1939 bis 1946 Leonard Stein, in den letzten Jahren Richard Hoffmann.«

Das Faktum, daß für viele seiner Universitätshörer Musik nur ein »Nebenfach« war, ein Umstand, der andere bedeutende Komponisten vielleicht veranlaßt hätte, auf den Unterricht solcher Laien zu verzichten, regte Schönberg zu einem sehr merkwürdigen und fruchtbaren Versuch an: Er unterrichtete auch solche Laien in Komposition: nicht, um Komponisten aus ihnen zu machen, sondern weil er dadurch ihren Formsinn und ihr Verständnis für logische musikalische Entwicklungen fördern wollte. Wie wichtig ihm dieser Gedanke war, geht daraus hervor, daß er ihm ein kleines Lehrbuch, ›Models for Beginners in Composition‹, New York 1942, und den Aufsatz ›Gehörschulung durch Komposition‹, erschienen im Herbst 1946 in ›Modern Music‹, später aufgenommen in ›Style and Idea‹, widmete.

Um der Universität nahe zu sein, war Schönberg 1936 mit seiner Familie nach Los Angeles in ein schönes eigenes Haus in Brentwood Park, 116 North Rockingham Avenue, übersiedelt, wo er seine Privatschüler unterrichtete und nach seiner Pensionierung auch Kurse abhielt. Die Familie pflegte regen gesellschaftlichen Verkehr; zu ihrem Kreis gehörten sowohl Einheimische als auch zahlreiche aus Europa eingewanderte Künstler.

Mit einem jungen Komponisten verband Schönberg in dieser Zeit herzliche Freundschaft: mit George Gershwin (1898 bis 1937). Darüber berichtet Rubsamen: »Schönbergs Freundschaft mit George Gershwin, die bis zu dessen frühzeitigem Tod (11. Juli 1937) währte, umschloß starke Gegensätze, doch hatte jeder der beiden Komponisten den größten Respekt vor der Begabung und den Fähigkeiten des anderen. Schönberg schätzte Gershwin, der im August 1936 nach Los Angeles kam, als jemanden, der die Gefühle der großen Masse ganz natürlich in Musik ausdrücken konnte, während Gershwin die Werke des Älteren studierte und sich begierig alle Schönberg-Schallplatten vorspielen ließ, die er bekommen konnte. – Schönbergs Leidenschaft für das Tennisspiel führte indirekt zu ihrer Freundschaft; denn einmal in der Woche pflegten er und einige Freunde auf dem Tennisplatz, der zu Gershwins Haus gehörte, zu spielen. Es werden lustige Geschichten von diesen Tennispartien erzählt. Schönberg blieb niemals aus, auch am 26. Mai 1937 nicht, an welchem Tag ihm am frühen Morgen sein Sohn Ronald geboren wurde. (Übrigens ist Ronald ein Anagramm von Arnold. – Sein jüngster Sohn, Lawrence Adam, der am 27. Januar 1941 zur Welt kam, sollte Roland heißen, ebenfalls ein Anagramm von Arnold; aber Frau Dieterle, die Gattin des bekannten Filmregisseurs, führte derart stichhältige astrologische Gründe dagegen an, daß die Eltern dem Knaben schließlich jenen Doppelnamen gaben, der alle Buchstaben aus Arnold enthält, mit Ausnahme des o.) Von Schönbergs drei Hobbies Tennis, Pingpong und Buchbinderei bereitete ihm das erstere das größte Vergnügen. Ich erinnere mich, oft mit ihm und anderen gespielt zu haben; er bevorzugte Doppelspiele, in denen er nicht so viel umherzurennen brauchte wie in Einzelspielen. Gegen Ende seiner Tenniszeit pflegten wir den Ball immer ganz nahe an ihn heranzuspielen, damit er ihn leicht bekommen konnte. Wir konnten nie wahrnehmen, ob er diesen Schwindel bemerkt.«

Als dauernde Zeugnisse der Freundschaft zwischen Schönberg und Gershwin sind erhalten geblieben: das außerordentlich lebensvolle Ölbildnis, das Gershwin kurz vor seinem Tode von Schönberg anfertigte, und der Aufsatz über Gershwin, den Schönberg für den 1938 von Merle Armitage herausgegebenen Gershwin-Sammelband schrieb, sowie die Gedenkworte, die er im Rundfunk sprach; diese lauteten: »George Gershwin war einer jener seltenen Musiker, für die Musik nicht ein Produkt mehr oder weniger großer Geschicklichkeit ist. Musik war für ihn die Luft, die er atmete, die Speise, die ihn nährte, der Trank, der ihn erfrischte. Musik war das, was sein Gefühl erweckte, und Musik war das Gefühl, das er ausdrückte. Unmittelbarkeit dieser Art ist nur großen Männern zu eigen, und es kann kein Zweifel darüber bestehen, daß er ein großer Komponist war. Was er vollbrachte, kam nicht nur der amerikanischen Musik zugute, sondern es war auch ein Beitrag zur Musik der ganzen Welt.«

An den ersten beiden Kompositionen, die Schönberg in Kalifornien vollendete, arbeitete er zum Teil gleichzeitig. Es waren dies das Konzert für Violine und Orchester op. 36, das im Sommer 1934 begonnen und am 23. September desselben Jahres fertiggestellt wurde, und das Vierte Streichquartett op. 37, das zwischen 27. April 1936 und 26. Juli 1936 entstand. Das Violinkonzert ist Anton Webern gewidmet; die Uraufführung fand in den Konzerten des Philadelphia Orchestra vom 6. und 7. Dezember 1940 statt, Dirigent war Leopold Stokowski, den Solopart spielte Louis Krasner, für den Alban Berg 1935 sein Violinkonzert komponiert hatte. – Das Vierte Streichquartett verdankte, wie schon früher das Dritte, seine Entstehung einem Auftrag der amerikanischen Mäzenin Elizabeth Coolidge; es ist ihr und dem Kolisch-Quartett gewidmet, das das Werk am 9. Januar 1937 in Los Angeles zur Uraufführung brachte.

Das aus drei Sätzen – Poco allegro, Andante grazioso und Adagio, Allegro (alla Marcia) – gebildete Violinkonzert ist, was den Solopart betrifft, wohl das technisch schwierigste Stück, das bis jetzt für diese Gattung komponiert worden ist. Schönberg, der dieses Werk besonders liebte, sagte einmal von ihm, daß der Solist an seiner linken Hand eigentlich sechs Finger haben müsse; anderseits war er aber der Meinung, daß die immensen technischen Schwierigkeiten, die niemals virtuoser Effekthascherei dienen, dazu geeignet seien, die Fähigkeiten des Spielers im allgemeinen zu steigern und ihn auch zum Verständnis des musikalischen Aufbaus des Werkes anzuleiten. Abgesehen von gelegentlicher Wiederholung einzelner kurzer Motive ist das Konzert streng nach der Zwölftonmethode geformt. Die Grundreihe a-b-es-h-e-fis-c-cis-g-as-d-f wird zunächst von dem Soloinstrument und dem Orchester intermittierend exponiert und dann von der Geige allein schwungvoll in der Originalgestalt und ihrer Umkehrung entfaltet. Das in den Bläsern dreifach (plus vier Hörner und eine Tuba) besetzte, außer Pauken, Schlagwerk und Streichern noch Xylophon und Glockenspiel aufweisende Orchester bildet zu der thematisch absolut dominierenden Solostimme ein sehr farbenreiches Gegenspiel.

Zum Vierten Streichquartett sei hier Willi Schuhs Besprechung zitiert, die nach der am 6. November 1949 in Zürich erfolgten Aufführung durch das Amsterdamer Streichquartett in der ›Neuen Zürcher Zeitung‹ erschien; sie sagt über die Position des Werkes im Gesamtschaffen Schönbergs Bedeutsames aus: »Von der Fülle der musikalischen Gehalte etwas auch nur andeuten zu wollen, wäre in diesem Rahmen ein ebenso zweckloses Unterfangen wie ein Eingehen auf die Struktur und die im Zusammenhang mit der souverän angewandten Zwölftontechnik sich ergebenden Probleme. Begnügen wir uns, das groß angelegte, viersätzige Quartett – noch immer bezeichnen, zumal bei einem Wiener Meister, die Streichquartette Zusammenfassung und Höhepunkt – als eine Schöpfung zu kennzeichnen, die mit der gleichen Entschiedenheit den ›Traditionalisten‹ Schönberg wie den Erschließer neuer Reiche beglaubigen. Dem ersten Hören erschließen sich am ehesten die Mittelsätze: das aus zartesten Menuett- bzw. Ländlerandeutungen entwickelte ›Comodo‹-Scherzo und der mit einem überaus prägnanten Unisono-Rezitativ einsetzende und von großartiger musikalischer Phantasie getragene Largo-Satz, der übrigens, gleich wie der hartkonturierte Eingangssatz, die gewählte ›Grundgestalt‹ (Zwölftonreihe: d-cis-a-b-f-es-e-c-as-g-fis-h) als Thema exponiert. Die dem Konstruktivismus abgerungene ›dynamische‹ Ausdruckssprache des Quartetts erscheint deutlich rückbezogen auf diejenige des Ersten Quartetts in d-Moll, op. 7, vom Jahre 1905. Der traditionelle Habitus von Thema, Überleitungsgedanken, Seitenthema usf. ist zum Beispiel im ersten Satz streng gewahrt. Und fast durch das ganze Werk hindurch herrscht dank der sehr klaren Scheidung von Haupt- und Nebenstimmen wie auch dank der rhythmischen Prägnanz der Themen selber und der ihnen entgegentretenden Begleitgedanken, dank auch der kräftig akzentuierten Gliederung der Teilgedanken wie der größeren Formkomplexe eine ›Sinnfälligkeit‹ des musikalischen Geschehens, wie man es bei der ungeheuren Dichte und Beziehungsfülle nicht von vornherein erwarten würde. – Dieses Vierte Quartett darf als Schönbergs wichtigste Aussage im kammermusikalischen Bereich gelten.«

Zwischen dem 1. August und dem 8. September 1938 schuf Schönberg ein Werk, das in engem Zusammenhang mit der jüdischen Liturgie steht, aber auch alle kompositionstechnischen Errungenschaften, die Schönberg sich während seines ganzen Schaffens erarbeitete, in sehr subtiler Art zur Anwendung bringt. Es ist das ›Kol Nidre‹ für Sprecher, gemischten Chor und Orchester, op. 39. Es wurde unter Schönbergs Leitung in Los Angeles am 4. Oktober 1939 erstaufgeführt.

Das Werk ist auf Anregung des Rabbiners Jakob Sonderling in Los Angeles entstanden. Von der leidenschaftlichen Hingabe, mit der sich Schönberg um die Lösung der großen Aufgabe bemühte, zeugt nicht nur die außerordentliche Ausdruckskraft seiner Musik, sondern auch sein intensives Bemühen um die Klärung der Probleme des Textes und um die Sicherstellung der ursprünglichen liturgischen Melodie. Über seine Arbeit berichtete er am 22. November 1941 ausführlich in einem Brief an den Komponisten Paul Dessau, der sich damals in New York aufhielt. Die am Schluß des folgenden Zitats angebrachte spöttische Bemerkung bezieht sich vor allem auf eine seinerzeit sehr beliebte Komposition von Max Bruch aus dem Jahre 1881: ›Kol Nidrei. Adagio nach hebräischen Melodien für Violoncello, Orchester oder Harfe, op. 47‹. In Schönbergs Brief heißt es unter anderem: »Die Schwierigkeit, die traditionelle Melodie zu benützen, liegt an zweierlei: 1. Gibt es eine solche Melodie eigentlich nicht, sondern nur eine Anzahl von Floskeln, die einander bis zu einem gewissen Grade ähneln, ohne jedoch identisch zu sein, aber nicht immer in derselben Reihenfolge erscheinen. 2. Diese Melodie ist monodisch, beruht also nicht auf Harmonie in unserem Sinne, und vielleicht nicht einmal auf Mehrstimmigkeit. – Ich habe aus einer Anzahl von Versionen die gemeinsamen Phrasen ausgewählt und in eine vernünftige Reihenfolge gebracht. Eine meiner Hauptaufgaben war, die Cello-Sentimentalität der Bruch, etc. wegzuvitriolisieren und diesem DEKRET die Würde eines Gesetzes, eines ›Erlasses‹, zu verleihen. Ich glaube, das ist mir gelungen.«

Die hebräischen Worte ›Kol Nidre‹ bedeuten ›Alle Gelübde‹. Sie sind der Anfang eines alten, am Versöhnungstag Jom Kippur in der Synagoge gesungenen liturgischen Textes, dessen wesentlicher Inhalt darin bestand, alle im Widerspruch zu dem mosaischen Glauben geleisteten Gelübde für nichtig zu erklären und die reuigen Sünder wieder in die jüdische Religionsgemeinschaft aufzunehmen. Während dieser Text häufig auf jede Art sündhafter Gelübde und Eide bezogen wurde, hat Schönberg in seiner von der traditionellen Fassung etwas abweichenden Textgestaltung hervorgehoben, daß nur solche sündhafte Gelübde in Frage kommen, die im Widerspruch zum jüdischen Gottesglauben stehen. In Ausführung einer Idee von Rabbi Sonderling stellte Schönberg seiner Komposition des liturgischen Textes seine Erzählung des Sprechers voraus, in der an eine Legende aus der Kabbala angeknüpft wird, nach der Gott sein Licht in Funken über die Welt verstreute, in Funken, die nur von Gläubigen, zu denen auch die reuigen Sünder gehören, wahrgenommen werden können. Der Text des Stückes ist englisch, nur für die Berufung auf die göttliche und irdische Autorität wurde der hebräische Originaltext belassen.

Die musikalische Gestaltung entspricht der Zweiteilung des Textes: Nach einem aus dunkler Tiefe aufsteigenden Orchestervorspiel folgt die machtvoll gesteigerte, scharf akzentuierte Verkündigungsrede des Rabbi, in der bei der Erwähnung der Zerstreuung des Lichtes in Funken bei streng thematischer Durchführung großartige Wirkungen erzielt werden. Das ›Kol Nidre‹ selbst vollzieht sich als prägnant rhythmisierte Wechselrede zwischen Rabbi und Chor. Der Chor bekräftigt die wichtigsten Aussagen des Sprechers in thematisch gleichartiger, instrumental aber anders gefärbter Wiederholung. Mit dem leisen Ruf »Wir bereuen!« verklingt das ganz dem tonalen Zentrum G zugehörige Werk, das zu den eindringlichsten Schöpfungen Schönbergs gehört.

Wohl um die frühere Konzeption anzudeuten, gab Schönberg der wenige Monate nach dem ›Kol Nidre‹ – am 12. Oktober 1939 – vollendeten Zweiten Kammersymphonie die Opuszahl 38. Das Werk wurde im August 1906, unmittelbar nach Beendigung der Ersten Kammersymphonie op. 9, begonnen. Als Schönberg 1939, also 33 Jahre später (er hatte sich allerdings auch 1911 und 1916 mit dem Werk beschäftigt), auf Anregung des Dirigenten Fritz Stiedry die Arbeit wieder aufnahm, waren der erste Satz bis auf wenige Takte und der zweite Satz bis zu einem Drittel komponiert. Damals schrieb er an Stiedry unter anderem: »Seit einem Monat arbeite ich an der zweiten Kammersinfonie. Die meiste Zeit verbringe ich damit, herauszufinden: ›Was hat der Autor hier gemeint?‹ – Mein Stil hat sich ja inzwischen sehr vertieft, und ich habe Mühe, das, was ich berechtigterweise seinerzeit im Vertrauen auf mein Formgefühl ohne vieles Nachdenken hinschrieb, nun mit weitgehenden Anforderungen an ›sichtbare‹ Logik in Einklang zu bringen. Das ist heute eine der größten Schwierigkeiten, denn es betrifft auch das Material.«

Schönberg wollte auch noch einen dritten Satz (Adagio) als eine Art »Epilog« komponieren und skizzierte Ende Januar 1940 davon auch ungefähr 80 Takte; er gab aber diese Absicht auf, da er erkannte, daß die musikalischen und »psychischen« Probleme in den ersten beiden Sätzen erschöpfende Darstellung gefunden hatten. Das in es-Moll und G-Dur stehende Werk gehört in seiner thematischen Gestaltung ganz der Sphäre von 1906 an. Schönbergs Einfühlung in diese so weit zurückliegende Sphäre ist wahrhaft erstaunlich. Der eingesetzte Klangapparat – Streicher, doppelt besetzte Bläser (ohne Posaunen) – ist größer als in der Ersten Kammersymphonie, und dementsprechend ist auch das Klangbild an manchen Stellen »üppiger«. Das Werk wurde am 15. Dezember 1940 durch die »New Friends of Music« in New York unter Leitung von Fritz Stiedry uraufgeführt.

Anregungen zur Wiederaufnahme der Arbeit an der Zweiten Kammersymphonie dürfte Schönberg im Jahre 1935 empfangen haben, als er die Erste Kammersymphonie für größeres Orchester bearbeitete, wobei auch die Struktur des Werkes durch Hinzufügung von Neben- und Begleitstimmen manche neuen Züge erhielt. Diese Fassung wurde im Verlag G. Schirmer, New York, mit der Werkbezeichnung op. 9 b veröffentlicht.

Auch mit seiner Bearbeitung des Klavierquartetts in g-Moll, op. 26, von Brahms, das er im Sommer 1937 für Orchester instrumentierte, ohne die kompositionelle Struktur auch nur im geringsten zu verändern, begab sich Schönberg in eine frühere Welt. Im März 1939 schrieb er an den Musikkritiker Alfred V. Frankenstein in San Franzisko über seine Bearbeitung, die am 7. Mai 1938 in Los Angeles unter Leitung von Otto Klemperer uraufgeführt wurde, unter anderem (Übersetzung aus dem Englischen von Erwin Stein): »Meine Gründe: 1. Ich liebe das Stück. 2. Es wird selten gespielt. 3. Es wird immer sehr schlecht gespielt, weil der Pianist desto lauter spielt, je besser er ist, und man nichts von den Streichern hört. Ich wollte einmal alles hören, und das habe ich erreicht. – Meine Absichten: 1. Streng im Stil von Brahms zu bleiben und nicht weiter zu gehen, als er selbst gegangen wäre, wenn er heute noch lebte. 2. Alle die Gesetze sorgfältig zu beachten, die Brahms befolgte, und keine von denen zu verletzen, die nur Musiker kennen, welche in seiner Umgebung aufgewachsen sind. – Wie ich das gemacht habe: Ich bin seit fast fünfzig Jahren mit dem Stil von Brahms und seinen Prinzipien gründlich bekannt. Ich habe viele seiner Werke für mich selbst und mit meinen Schülern analysiert. Ich habe als Violaspieler und als Cellist dieses und viele andere Werke oft gespielt: ich wußte daher, wie es klingen soll. Ich hatte nur den Klang auf das Orchester zu übertragen, und nichts sonst habe ich getan.«

Kurz nach der Erstaufführung der Orchesterfassung des Brahms-Quartetts durch Klemperer dirigierte Schönberg das Werk – das er scherzhaft »Brahms' Fünfte« zu nennen pflegte – selbst in San Diego (Kalifornien). – Im Herbst 1937 nahm er an einem in Denver (Colorado) zu seinen Ehren veranstalteten Musikfest teil, bei dem das Kolisch-Quartett an zwei Abenden seine Quartette vortrug, während in einem dritten Konzert Werke seiner Schüler Berg, Webern, Gerald Strang und Oscar Levant gespielt wurden. – Ende 1939 hielt er an der Jahresversammlung der Vereinigung der amerikanischen Musikpädagogen zwei Vorträge. – Am 11. April 1941 wurde Schönberg und seiner Gattin in einer einfachen Zeremonie im Rathaus von Los Angeles das Bürgerrecht der USA verliehen, ein Ereignis, das für ihn auch deshalb von großer Bedeutung war, weil er sich in den USA nun noch autoritativer für Flüchtlinge aus dem Dritten Reich einsetzen konnte. Schon vorher – und insbesondere nach der Annexion Österreichs – hatte er sich intensiv um Beschaffung von Affidavits und Arbeitsstellen für die Verfolgten bemüht. – Künstlerisch gab er seinem Haß gegen die Diktaturen in der im Frühjahr 1942 geschaffenen ›Ode an Napoleon Buonaparte‹ (siehe Seite 218) zwingenden Ausdruck.

Zu Schönbergs siebzigstem Geburtstag, am 13. September 1944, kam es, zufolge der schwierigen Kriegszeit, zu keinen offiziellen Huldigungen; er mußte sich mit privaten Glückwunschschreiben begnügen, für die er am 3. Oktober mit den nachfolgenden gedruckten Zeilen (Original englisch, Übersetzung von Erwin Stein) dankte: »Liebe Freunde, seit mehr als einer Woche versuche ich, einen Dankesbrief zu komponieren, an die gerichtet, welche mir anläßlich meines siebzigsten Geburtstages gratuliert haben. Aber es ist mir nicht gelungen: es ist schrecklich schwer, etwas zu produzieren, wenn man eingebildet genug ist, zu glauben, daß bei einer Gelegenheit wie dieser jeder etwas Außergewöhnliches von einem erwartet. – Tatsächlich aber mag das Gegenteil wahr sein: in diesem Alter, wenn man da noch fähig ist, von Zeit zu Zeit ein Lebenszeichen zu geben, sollte es jeder schon für eine befriedigende Leistung halten. Ich bemerkte dies, als mein Klavierkonzert zum ersten Male aufgeführt wurde und zu meinem großen Erstaunen viele erstaunt waren, daß ich noch etwas zu sagen habe. Oder vielleicht, daß ich noch nicht aufhöre, es zu sagen – oder daß ich noch nicht weise genug bin, es zu unterdrücken – oder zu lernen, schließlich ganz still zu sein? – Viele empfehlen: ›Many happy Returns!‹ – Danke schön, aber wird das helfen? – Werde ich wirklich auf die Art weise werden? – Ich kann es nicht versprechen, aber wir wollen hoffen.«

Mit dem erreichten siebzigsten Lebensjahr mußte Schönberg vom Lehramt an der UCLA zurücktreten. Da er der Universität nur acht Jahre angehört hatte, erhielt er eine sehr geringe Pension – 38 Dollar im Monat! –, mit der er den Lebensunterhalt für sich und seine Familie nicht bestreiten konnte. Auch die Einnahmen aus Aufführungen seiner Werke und aus Unterrichten von Privatschülern konnten seine materiellen Schwierigkeiten nicht beheben. Obwohl sein Gesundheitszustand keineswegs befriedigend war, dachte er, wie ein Brief vom 17. Oktober 1944 an einen Onkel seiner Frau in Neuseeland zeigt, damals sogar an eine Auswanderung dorthin. Im Januar 1945 bewarb er sich erfolglos um ein Stipendium der Guggenheim-Stiftung, um die angefangenen musikalischen und musiktheoretischen Werke vollenden zu können. Aber erst der Verkauf einiger Manuskripte an die Kongreßbibliothek in Washington und einige private Zuwendungen halfen ihm aus der Bedrängnis.

In all dieser äußeren Not hielt ihn der Gedanke an die geistige Mission, die er zu erfüllen hatte, aufrecht. – »Ich möchte, daß meine Botschaft verstanden und angenommen werde!« schreibt er am 8. Dezember 1944 an den amerikanischen Komponisten Roger Sessions.

Starken Anteil an dieser Botschaft haben die in den Jahren 1941 bis 1943 entstandenen Werke. Mit ihnen hat Schönberg vielfach neue Wege betreten.

Von August bis Oktober 1941 schuf Schönberg sein erstes Werk für Orgel solo: Variationen über ein Rezitativ op. 40. Das Stück entstand auf Veranlassung eines New-Yorker Verlages, der eine Reihe zeitgenössischer Orgelwerke veröffentlichte. Es ist auf die Tonart d-Moll bezogen und durch kühne, stark modulierende Harmonik ausgezeichnet. Das im Baß intonierte Rezitativthema enthält alle 12 Töne der chromatischen Skala; es besteht insgesamt aus 36 Tönen, die in Motiven zu je 3 oder 6 Tönen angeordnet sind. Dem Thema folgen zehn im Charakter scharf unterschiedene Variationen, an die sich eine virtuose Kadenz und eine kunstvolle Spiegelung anschließen. Da es Schönberg wie immer vor allem um die Klarheit der Linienführung zu tun war, zeigte er sich mit der komplizierten, von ihm nicht vorgesehene Farbwirkungen erzielenden Registrierung, die Carl Weinrich, der Organist der Kirche der Princeton University New York, der das Werk dort im Frühjahr 1944 zur Uraufführung brachte, vornahm und die auch in die Druckausgabe übernommen wurde, sehr unzufrieden. Einem Berliner Musikologen, der im Mai 1949 eine Aufführung in der Pauluskirche in Berlin-Zehlendorf anregte, schrieb er einen langen Brief, in dem er seine schon vor Jahrzehnten geformten Ansichten über Orgelkompositionen ausführlich darlegte. Darin hieß es unter anderem: »... Ich betrachte die Orgel als ein Instrument mit Klaviatur, in erster Linie, und schreibe für die Hände so, wie man sie auf einer Klaviatur betätigen kann. Ich bin wenig interessiert an ihren Farben – für mich haben die Farben überhaupt nur den Sinn, die Idee deutlich zu machen – die motivische und thematische Idee und eventuell ihren Ausdruck und Charakter ...« Gemäß seiner Auffassung von der »Linearität« der Kompositionen für Orgel entwickelte er den Gedanken, das »Rieseninstrument« jeweils von mehreren Spielern von mehreren Spieltischen aus zu intonieren und so echte dynamische und nicht bloß farbige Ausdrucksfähigkeit zu erzielen.

Etwa zwei Wochen vor Beginn der Arbeit an den Orgelvariationen entwarf Schönberg den Anfang einer nach strenger Zwölftonmethode geformten ›Sonate‹ (das einzige Mal, in dem in seinem Schaffen der Name »Sonate« erscheint) für Orgel, gab aber die Komposition nach 50 Takten zugunsten der ›Variationen‹ auf. Glenn E. Watkins, der den Anfang der ›Sonate‹ in der Zeitschrift ›Perspectives‹ (New York 1965) genau analysierte, stellte interessante Zusammenhänge zwischen diesem Werk und dem ein Jahr später entstandenen Klavierkonzert op. 42 fest.

Byron soll die ›Ode to Napoleon Buonaparte‹ im Jahre 1814, nachdem er von Napoleons Abdankung in Fontainebleau erfahren hatte, in wenigen Stunden niedergeschrieben haben (16 Strophen zu je 9 Zeilen!). In ihr drückte er seine ganze Verachtung für den früher bewunderten Helden aus, der nun ein so schmähliches Ende genommen hatte. Als ihn kurz nachher sein Verleger aus »steuertechnischen« Gründen ersuchte, das Gedicht etwas zu verlängern, fügte er noch drei Strophen hinzu, die George Washington, den wahren Gründer der Vereinigten Staaten von Amerika, als Lichtgestalt der düsteren Figur des hemmungslosen Diktators entgegenstellten. Schönberg, der das Gedicht Anfang 1941 vorerst in seiner ursprünglichen Gestalt und in deutscher Übersetzung kennenlernte, sah in Napoleon ein Symbol für Hitler und skizzierte sogleich die Komposition, die er, wie Frau Gertrud berichtet, mit tiefer Ergriffenheit ergänzte, als er kurz nachher die letzten drei Strophen zu Gesicht bekam: Washington als ideeller Gegenspieler Napoleons regte ihn auch zu scharfer musikalischer Kontrastierung an. Als prophetische Vorausnahme von Hitlers kläglichem Ende erschien ihm vor allem die folgende Stelle (zweite Strophe, eingeleitet durch die letzten zwei Zeilen der ersten Strophe):

So ward, seit Satan fiel durch Gott,
Kein Teufel und kein Mensch zu Spott.

Wahnsinn'ger Mann, der Geißeln schwingt,
Wenn Völker kniend flehen.
Die Blindheit deiner Ruhmgier bringt
Der Welt das Licht zum Sehen.
Du warst allmächtig: doch nur Leichen
Und Knechte ließest du den Reichen,
Statt Freiheit auszusäen.
Nun erst wird völlig offenbar,
Wie niedrig deine Selbstsucht war.

Schönberg hat den englischen Originaltext vertont, der von einem Sprecher – er dachte dabei an einen »sehr musikalischen Sänger« – vorgetragen werden sollte. Der Instrumentalkörper besteht aus einem Streichquartett und Klavier. Da die Uraufführung in einem Orchesterkonzert am 23. November 1944 in chorischer Besetzung (New-Yorker Philharmoniker unter Arthur Rodzinski, Sprecher: Mack Herrell, Klavier: Eduard Steuermann) stattfand, fügte Schönberg der Partitur als Fundament der Streicher noch eine Baßstimme hinzu. Ihm persönlich war aber, wie er ausdrücklich hervorhob, die solistische Besetzung lieber.

Das ganze Werk ist mittels der Zwölftonmethode gestaltet, doch ermöglicht die Grundreihe e-f-des-c-gis-a-h-b-d-es-g-fis häufig Anklänge an tonale Gebilde und sogar einen wuchtigen Schluß auf dem Es-Dur-Dreiklang, was vielleicht eine Anspielung auf die in derselben Tonart stehende und ursprünglich Napoleon zugedachte Dritte Symphonie Beethovens bedeutet. Im Gesamtaufbau wirkt das Werk wie ein großangelegter Symphoniesatz; das Instrumentalensemble dient nicht nur zur plastischen Hervorhebung des markant akzentuierten Vokalsolos, sondern entfaltet auch in längeren Vor-, Zwischen- und Nachspielen ein reiches musikalisches Eigenleben.

Das zwischen Juli und Dezember 1942 entstandene Klavierkonzert op. 42 darf als einer der stärksten Beweise für die Vereinbarkeit strenger Zwölftontechnik mit geradezu »romantischer« Ausdruckskraft gelten, wobei allerdings eine schöpferische Begabung von der souveränen Kunstfertigkeit und der genialen Phantasie eines Schönberg vorausgesetzt werden muß. Das ohne Zäsur ablaufende, aber deutlich in vier Sätze gegliederte Werk kann in seinem jäh wechselnden Stimmungsgehalt sinnvoll durch die kurzen Notizen charakterisiert werden, die Schönberg für seinen Schüler Oscar Levant niederschrieb, der ursprünglich als erster Interpret des Soloparts gedacht war. Zum ersten Teil (Andante) hieß es: »Das Leben war so leicht –«; zum zweiten Teil (Molto allegro): »aber plötzlich brach Haß aus –«; zum dritten Teil (Adagio): »es ergab sich eine ernste Lage –«; zum vierten Teil (Rondo giocoso): »aber das Leben geht weiter«.

Die Uraufführung fand am 6. Februar 1944 im Studio der NBC in New York statt, es spielte das NBC Symphony Orchestra unter Leitung von Leopold Stokowski, Solist war Eduard Steuermann.

Auch das nächste von Schönberg komponierte Werk nimmt – in seiner ersten Fassung – in seinem Gesamtschaffen eine Sonderstellung ein. Im Oktober 1944 sprach er sich darüber zu dem Dirigenten Fritz Reiner unter anderem folgendermaßen aus: »... Es ist nicht eines meiner Hauptwerke; das kann jeder sehen, denn es ist keine Zwölftonkomposition. Es ist eines jener Werke, die man schreibt, um sich an seiner eigenen Virtuosität zu erfreuen und, andrerseits, um einer Gruppe von Amateuren – hier den Blasorchestern – etwas Besseres zu spielen zu geben. Ich kann Ihnen versichern und ich denke, ich kann es beweisen, daß es in technischer Hinsicht ein Meisterwerk ist – und ich glaube, es ist auch originell – und ich weiß, es ist auch inspiriert. Nicht nur, daß ich ohne Inspiration keine zehn Takte schreiben kann, sondern ich schrieb das Stück wirklich mit großem Vergnügen.«

Das im Sommer 1943 geschaffene Werk führt den Titel ›Thema und Variationen für Blasorchester, op. 43 a‹; Schönberg komponierte es auf Anregung seines Freundes Carl Engel, des Präsidenten des Musikverlages G. Schirmer, New York, in der pädagogischen Absicht, die meist auf fragwürdige Arrangements angewiesenen Amateurblasorchester vor wirkliche, künstlerisch bedeutsame Aufgaben zu stellen. Das in g-Moll stehende, ein Thema, sieben Variationen und Finale umfassende Werk beansprucht ein Orchester von 43 Bläsern, Schlagwerk und Kontrabaß. Bei der thematischen Gestaltung ist auf unmittelbare Faßlichkeit besonderes Gewicht gelegt. Die spieltechnischen Schwierigkeiten sind oft recht erheblich; die Stimmführung ist äußerst abwechslungsreich und transparent.

Gleichzeitig mit diesem Stück ist eine Fassung für großes Orchester (Opus 43 b) entstanden, die das thematische Geschehen unverändert übernahm; der Vergleich der in beiden Stücken angewandten satztechnischen und koloristischen Finessen ist außerordentlich lehrreich und reizvoll. Die Uraufführung von Opus 43 b wurde am 20. Oktober 1944 durch das Boston Symphony Orchestra unter Leitung von Serge Koussewitzky vollzogen.

Anfang 1945 war Schönberg zweimal als Gastdirigent in San Franzisko. Das erste Mal dirigierte er im »Ballet Theatre« die ›Verklärte Nacht‹, die dort als Ballett unter dem Titel ›Feuersäule‹ in einer von Anthony Tudor entworfenen Choreographie öfters mit großem Erfolg zur Aufführung gelangte. Der Erfolg wirkte sich nicht nur materiell sehr günstig aus, sondern verhalf dem Komponisten auch zu einer gewissen »Popularität«, die sich in dem stürmischen Jubel äußerte, mit dem er bei seinem Erscheinen am Dirigentenpult begrüßt wurde. Begeisterte Zustimmung fand er auch kurz nachher, als er mit dem

San Francisco Symphony Orchestra ›Pelleas und Melisande‹ und die Fünf Orchesterstücke op. 16 aufführte. Diese und ähnliche Erfolge von Werken aus seiner »romantischen« Zeit veranlaßten ihn 1949 zu der ironischen Bemerkung: »Dies erweckt die Hoffnung, daß eines meiner nächsten Jubiläen, sagen wir in fünfzig oder fünfundsiebzig Jahren, durch Aufführungen von Werken aus meiner jetzigen Periode gefeiert werden könnte.«

Im Sommer 1945 erhielt Schönberg von Nathanael Shilkret, dem Dirigenten der volkstümlichen Radiokonzerte in Los Angeles, den Auftrag, das Vorspiel zu einem geplanten mehrsätzigen Werk mit dem Titel ›Genesis‹ zu komponieren, das Stellen aus dem Ersten Buch Mosis, vertont für Chor und Orchester, enthalten sollte. Da die Komposition der textierten Partien bereits von Igor Strawinsky, Mario Castelnuovo-Tedesco, Darius Milhaud, Ernst Toch, Alexander Tansman und Shilkret selbst übernommen worden war, führte Schönberg in das Vorspiel, das sich auf die Erschaffung der Welt aus dem Chaos bezog, den Chor in wortlosen Vokalisen ein. Durch die außerordentlich komplizierte Struktur des Werkes, das er nach siebentägiger Arbeit am 30. September 1945 vollendete, wollte er angeblich die »technischen« Schwierigkeiten andeuten, die sich bei der Schöpfung des Weltalls ergaben. Das ›Prelude‹ op. 44 wurde am 18. November 1945 unter Leitung von Werner Janssen in Los Angeles uraufgeführt.

Eine von dem nach Amerika emigrierten deutschen politischen Schriftsteller Willi Schlamm an ihn ergangene Aufforderung, an der New-Yorker Zeitschrift ›New Magazine‹ mitzuarbeiten, beantwortete Schönberg am 26. Juni 1945 nicht nur mit mehreren Artikelvorschlägen, sondern er fügte auch die folgende bekenntnishafte Äußerung über seine Einstellung zum Parteienwesen hinzu: »Ich glaube an das Recht der kleinsten Minorität. – Weil Demokratie oft in einer Weise vorgeht, die sehr bedenklich einer ›Diktatur der (sehr oft äußerst geringen) Majorität‹ gleicht, ist es trotz Pressefreiheit unmöglich, Gedanken zu drucken, die nicht in den Rahmen einer der großen Parteien passen; Gedanken, deren Wahrheit sich erst in fünf, zehn, dreißig, hundert Jahren offenbaren mag: vielleicht erst, wenn sie für ihren Urheber schon überholt sind.« (Original englisch.)

Im selben Brief äußerte sich Schönberg sehr kritisch über Musikologen, »die nicht viel anderes tun, als in steriler Weise die Vergangenheit der Musik zu erforschen«. Als wesentliche Aufgabe der Musikologie erblickt er die Entwicklung der

Theorie der musikalischen Komposition, die nicht nur der Erforschung der Tonsprache dient, sondern auch – und das erscheint Schönberg als das wichtigste – der Erkenntnis der Organisierung musikalischer Formen.

Solche »ideale« Musikologie wird eigentlich durch Schönbergs ganze Lehrweise seit Beginn unseres Jahrhunderts praktiziert. In besonders deutlicher Form erscheint sie in zwei Lehrwerken, an denen Schönberg in seiner Spätzeit sehr intensiv arbeitete, von denen er aber nur das eine – ›Structural Functions of Harmony‹ – 1946 vollendete, während von dem großen dreiteiligen Lehrbuch des Kontrapunkts nur der erste Teil von seinem Assistenten Leonard Stein, der schon an den ›Structural Functions of Harmony‹ erhebliche Mitarbeit geleistet hatte, herausgegeben werden konnte. Beide Werke wurden erst nach Schönbergs Tod publiziert: ›Structural Functions of Harmony‹ 1954 und ›Preliminary Exercises in Counterpoint‹ 1963.

Das erstgenannte Werk erschien 1957 in deutscher Übersetzung von Erwin Stein unter dem Titel ›Die formbildenden Tendenzen der Harmonie‹. Es stellt eine höchst bedeutsame Weiterführung der in der ›Harmonielehre‹ (1913 und 1921) entwickelten Prinzipien dar. Leitgedanke für das ganze Buch ist das *Prinzip der Monotonalität*, das heißt der Grundsatz, daß alle musikalischen Ereignisse innerhalb eines Tonstückes aus einem einzigen Tonalitätsbereich ableitbar sein müssen. Zur Fundierung dieses Satzes führte Schönberg den Begriff der »Regionen« ein: eine Erweiterung des in seiner ›Harmonielehre‹ und auch bei den älteren Musiktheoretikern eine große Rolle spielenden Begriffs der »Stufen«. Von den in Frage kommenden sechs Regionen haben drei (Tonika, Dominante und Subdominante) Dur-Charakter und drei (Dorisch, Moll auf der Mediante und Moll auf der Subdominante) Moll-Charakter. Daraus ergeben sich erhebliche Weiterentwicklungen der früher auf den einzelnen Stufen der Tonleiter basierenden Harmoniebildungen. Im Hauptteil des Buches treten an die Stelle der sonst üblichen schematischen Darstellung von Akkordverbindungen zumeist ausführliche Beispiele aus konkreten musikalischen Kunstwerken von J. S. Bach bis zu Stücken aus Schönbergs Frühzeit. Hier zeigt sich Schönbergs Genialität im »Durchleuchten von innen« in geradezu überwältigender Art: In jedem der fast 100 Beispiele werden neue und für den schöpferischen Aufbau der Gesamtform wesentliche kompositionelle Züge aufgewiesen, die entweder überraschende Verwandtschaften der Harmonien oder kühne Erweiterungen der Tonalität betreffen. Analog den ›Models for Beginners‹, aber viel umfassender, wird schließlich die Verwendung der vorgewiesenen harmonischen Fortschreitungen für verschiedene schöpferische Zwecke (symphonische Einleitungen, Überleitungen und Durchführungen, freie rhapsodische Gestaltungen, Rezitativbegleitungen, Variationen von Liedstrophen usw.) demonstriert. Fast überall ist der erläuternde Text auf ein Minimum beschränkt und läßt der eindringlichen Sprache der Notenbilder und der Stufen- und Regionenzeichen das Wort. In dem kurzen Schlußkapitel ›Apollinische Bewertung einer dionysischen Epoche‹ wird rein verbal – ohne Notenbeispiele – nochmals in rascher Folge die ganze von Schönberg und seinen Meisterschülern durchlebte Entwicklung der Harmonik überblickt. Mit der Diskussion des Begriffes »Schönheit« wird ein Thema wiederaufgenommen, das schon in der fast vierzig Jahre zuvor entstandenen ›Harmonielehre‹ kritisch betrachtet wurde. Diesmal sagt Schönberg: »Schönheit, ein unerklärter Begriff, ist als Grundlage für ästhetische Untersuchungen ganz nutzlos. Und dasselbe gilt für Gefühl. Eine solche ›Gefühlsästhetik‹ würde uns zur Unzulänglichkeit einer veralteten Ästhetik zurückbringen, welche Klänge mit der Bewegung von Sternen verglich und Tugenden und Laster von Tonkombinationen herleitete.« – Und die Lehre von den »formbildenden Tendenzen der Harmonie« schließt mit der Ankündigung einer zukünftigen Harmonielehre der Zwölftonmusik: »Ist darum ein Komponist mit zwölf Tönen, verglichen mit seinen Vorgängern, im Nachteil, weil eine Bewertung der Akkorde, die er erzeugt, noch nicht vorgenommen wurde? ... Eines Tages wird es eine Theorie geben, die Regeln von diesen Kompositionen ableitet. Sicherlich: eine Bewertung der Struktur dieser Klänge wird wiederum auf den Möglichkeiten ihrer Funktionen beruhen. Es ist aber unwahrscheinlich, daß die Qualität von Schärfe und Milde der Dissonanzen die geeignete Grundlage einer Theorie sein kann, die erforscht, erklärt und lehrt ... Theorie soll niemals dem Schaffen vorangehen: ›Und der Herr sah, daß alles gut war.‹«

Zur Charakterisierung der ›Preliminary Exercises in Counterpoint‹ müssen wir uns mit der Feststellung begnügen, daß in ihnen auf mehr als 200 Seiten die traditionellen fünf Gattungen der einfachen polyphonen Satzweise mit zwei, drei und vier Stimmen sehr gründlich behandelt werden, wobei jedes Musikbeispiel und jede Anmerkung von der genialen, den Schüler vor allem zu selbständiger kritischer Beurteilung der eigenen Versuche erziehenden Lehrweise Schönbergs zeugt. Von hohem allgemeinem Interesse sind die beiden, leider nur in unvollständigen Entwürfen erhaltenen Vorreden. In der ersten (vom Jahre 1936) diskutiert Schönberg die Beziehung der Kontrapunktlehre, für die er keinerlei »ewiges Gesetz« zuläßt, zur Harmonik und zur Variationskunst; Stimmführung ist für ihn nur ein »handwerkliches« Mittel zur Verwirklichung künstlerischer Ziele, neben den anderen sich stetig weiterentwickelnden kompositorischen Verfahren. Die zweite Vorrede enthält scharfe Polemik gegen solche Lehrmethoden des Kontrapunkts, die den Stil Palestrinas als Ideal höchster Vollkommenheit hinstellen, dem der Schüler mit aller Kraft nachzustreben habe; sie schließt mit den Worten: »Die Behauptung, daß ein Schüler, der nur einmal die Befriedigung verspürt hat, die Vollkommenheit auslöst, das niemals vergessen wird, mag nicht ganz unrichtig sein. Aber, einerseits: Warum sollte der Schüler versuchen, unvollkommene Nachahmungen eines Stils hervorzubringen, wenn er die Ausstrahlung der Vollkommenheit in den Werken eines Autors besser verspüren kann als in seinem eigenen Geschmier? – Und anderseits: Die Musik erlangte ihre größte Vollkommenheit in Bach! Weder Beethoven noch Haydn noch sogar ein Mozart, der ihr am nächsten war, haben je eine solche Vollkommenheit erreicht. Aber es scheint, daß diese Vollkommenheit keinen Stil ergibt, den ein Schüler nachahmen kann. Diese Vollkommenheit ist eine solche der Idee, der Grundauffassung, nicht eine der Ausarbeitung. Letztere ist nur die natürliche Folge der Tiefgründigkeit der Idee, und solches kann weder nachgeahmt noch gelehrt werden.«

Im Frühjahr 1946 hielt Schönberg an der Universität von Chikago einige Vorlesungen (aufgenommen in sein Buch ›Style and Idea‹) und bewies auch danach seine »musikpädagogische Leidenschaft« in einem langen Brief an den Kanzler der Universität, dem er ausführliche Vorschläge zur Einrichtung einer Musikabteilung machte. Seine vielseitige Tätigkeit wurde aber im Sommer durch ein katastrophales Ereignis jäh unterbrochen. Davon erzählt er in einem im August 1950 begonnenen Bericht über seine körperlichen Leiden folgendes:

»Ich muß nun die besondere Sache beschreiben, die ich meinen ›Todesfall‹ nenne: Am 2. August (1946) versuchte unser Hausarzt ein neues Mittel gegen mein Asthma: Benzedrin. Ein oder zwei Stunden später während des Mittagessens wurde ich plötzlich schläfrig und ging zu Bett, was für mich sehr ungewöhnlich war. Ungefähr um zehn Uhr abends erwachte ich, sprang aus dem Bett und lief noch zu einem Sessel, der während der Asthma-Anfälle benutzt wurde. In meinem ganzen Körper begann ein starker Schmerz, besonders in der Brust und um das Herz herum. Nach einem halbstündigen Versuch, einen Arzt zu bekommen, sandte ein Freund Dr. Lloyd-Jones, unseren gegenwärtigen Hausarzt, der dann mein Leben rettete. Er gab mir eine Dilaudid-Spritze, um meine Schmerzen zu lindern. Das half sofort; aber nach zehn Minuten verlor ich das Bewußtsein, hatte keinen Herzschlag oder Puls mehr. Mit anderen Worten: ich war praktisch tot. – Es wurde mir nie berichtet, wie lange das dauerte. Das einzige, was mir erzählt wurde, ist, daß Doktor Jones mir eine Spritze direkt ins Herz gab. Es dauerte drei Wochen, bis ich mich erholte. Ich bekam etwa 160 Penicillin-Injektionen; Herz und Lungen wurden untersucht, Röntgenbilder angefertigt, und manchmal waren drei oder vier Ärzte anwesend, die sich berieten und meinen Fall diskutierten ...«

Auf *seine* Weise hat wenige Wochen später auch Schönberg seinen Fall »diskutiert«: Zwischen 20. August und 23. September 1946 komponierte er das Streichtrio op. 45, für das ihm ein Auftrag der Harvard University, Cambridge (Massachusetts) vorlag, und spiegelte darin seine Krankheit und Genesung wider. Von gewissen Einzelheiten des Aufbaus berichtete Rubsamen auf Grund von Erzählungen Schönbergs: »Die Darstellung ist so genau, daß sie sogar Erinnerungen an den Einstich der Injektionsnadel enthält. Das Werk ist eine außerordentlich komplizierte Zwölftonkomposition. Es besteht aus drei Hauptteilen, die durch zwei ›Episoden‹ miteinander verbunden sind; der dritte Teil ist eine verdichtete Reprise der vorangegangenen Abschnitte. Stellen wilden Aufruhrs wechseln mit ruhigen Partien; sie erinnern an die Qualen der Krankheit und an die schmerzhaften Perioden. Alle technischen Kunstgriffe, deren ein virtuoser Geiger fähig ist, werden benützt, aber so in das Ganze eingebaut, daß von einer eigentlichen virtuosen Entfaltung nie die Rede sein kann.«

Im musikalischen Schaffen Schönbergs gab es nun eine fast einjährige Pause. Im Mai 1947 kam es zu einer großen, bekenntnishaften Kundgebung, als ihm das National Institute of Arts and Letters in New York in sehr ehrenvoller Weise eine Spende von 1000 Dollar zukommen ließ. Schönberg formulierte seinen Dank in einer Ansprache, die er auf eine Schallplatte aufnehmen ließ und dem Institut am 22. Mai 1947 übersandte. Die Rede wird im folgenden in der Übersetzung von Erwin Stein wiedergegeben:

»Herr Präsident, meine Damen und Herren, ich bin stolz auf die Worte, mit denen mir diese Ehrung zuerkannt wurde. – Daß all das, was ich in diesen fünfzig Jahren zu erreichen strebte, jetzt als Errungenschaft bewertet wird, scheint mir in mancher Hinsicht eine Überschätzung. – Nicht bevor ich es zusammenfassen konnte – das heißt, als es noch wie ein Durcheinander unzusammenhängender Einzelheiten aussah –, wenigstens damals war ich nicht imstande, es als eine Bahn zu verstehen, die zu einem Ziel führt. Ich selbst hatte das Gefühl, als ob ich in ein Meer von siedendem Wasser gefallen wäre; und, da ich nicht schwimmen konnte oder anderswie herauszugelangen wußte, arbeitete ich, so gut ich es vermochte, mit Armen und Beinen. – Ich weiß nicht, was mich gerettet hat; wieso ich nicht ertrank oder bei lebendigem Leib gesotten wurde. – Ich habe vielleicht nur ein Verdienst: ich gab niemals auf. Aber wie konnte ich auch mitten im Meer aufgeben? – Ob mein Mich-hin-und-her-Winden ökonomisch war oder sinnlos, ob es mir überleben half oder erschwerte – – – niemand war da, der mir beistand, und wenige gab es, die mich nicht gern hätten unterliegen sehen – Ich sage nicht, daß es Neid war – – – was gab es da zu beneiden? Ich zweifle auch, daß es Fehlen an gutem Willen war – oder schlimmer – Vorhandensein von Ubelwollen. – Es mag der Wunsch gewesen sein, diesen Alpdruck loszuwerden, diese disharmonische Tortur, diese unverständlichen Ideen, diesen methodischen Wahnsinn – – – und ich muß zugeben: es waren keine schlechten Menschen, die so gefühlt haben – – – allerdings habe ich nie verstanden, was ich ihnen getan hatte, sie so boshaft, so fluchend, so aggressiv zu machen; – – – ich weiß gewiß, daß ich ihnen nie etwas genommen habe, das ihr Eigentum war; ich habe mich nie in ihre Vorrechte gemischt; ich habe nie ihr Gebiet verletzt, ich wußte nicht einmal, wo es gelegen war, welches die Grenzen ihrer Bezirke waren und wer ihnen den Titel zu diesen Besitztümern gegeben hatte. Vielleicht habe ich mich um solche Fragen zuwenig gekümmert; vielleicht habe ich selbst verfehlt, ihre Gesichtspunkte zu verstehen, war grob, wo ich hätte sanft sein sollen, war ungeduldig, wenn Zeitmangel sie beengte, verhöhnte sie, wenn Nachsicht angezeigt schien, lachte, wenn sie unglücklich waren. – – – Ich sehe nur, daß ich immer der Schuldige war. – – – Aber ich habe eine Rechtfertigung: ich war in ein Meer gefallen, in ein Meer von überhitztem Wasser, und es brannte nicht nur meine Haut, es brannte auch in mir. – Und ich konnte nicht schwimmen. – Wenigstens konnte ich nicht mit der Strömung schwimmen. Alles, was ich konnte, war, gegen den Strom schwimmen – – – ob mich das nun gerettet hat oder nicht. – Ich sehe, daß ich immer der Schuldige war. Und wenn Sie das eine Errungenschaft nennen, so – – – verzeihen Sie mir – – – verstehe ich nicht, worin sie besteht. – Daß ich niemals aufgab? Ich konnte nicht – – – ich hätte es gern getan. – Ich bin stolz darauf, diese Ehrung zu empfangen in der Annahme, daß ich etwas erreicht habe. – Bitte, nennen Sie es nicht falsche Bescheidenheit, wenn ich sage: Vielleicht ist etwas erreicht worden, aber nicht ich bin es, der das Lob dafür verdient. – Die Anerkennung muß meinen Gegnern gezollt werden. Sie waren es, die mir wirklich halfen. – Danke!«

Die abgerissenen, oft nicht vollendeten Sätze, mit denen Schönberg seinen Dank ausdrückte, lassen die tiefe innere Erregung ahnen, die ihn damals beherrschte. Sie war nicht nur durch die Nachwirkungen der schweren körperlichen Krise verursacht, die er durchgemacht hatte, sondern auch durch die tiefe Erschütterung, die die Nachrichten über die Greueltaten der Nazis, die erst jetzt in vielen Einzelheiten bekannt wurden, in ihm hervorriefen. Es waren insbesondere die Opfer der Judenverfolgung – unter denen sich manche seiner Verwandten und Freunde befanden –, deren er immer wieder gedachte und denen er auch durch seine Kunst ein tönendes Denkmal setzen wollte.

Dies waren die inneren Beweggründe, die ihn zwischen dem 11. und 23. August 1947 sein Opus 46 schaffen ließen: ›A survivor from Warsaw‹ (›Ein Uberlebender aus Warschau‹), für Sprecher, Männerchor und Orchester. Der äußere Anlaß war ein Auftrag der »Koussevitzky Music Foundation« in Boston, die auch die Widmung des Werkes »Dem Gedächtnis von Natalie Koussevitzky« veranlaßte. Infolge seiner zunehmenden Augenschwäche konnte Schönberg seine Komposition nur im Particell, auf einem eigens für ihn hergestellten Notenpapier mit besonders großer Zeilenbreite, niederschreiben. Nach diesem Particell stellte der französische Komponist und Dirigent René Leibowitz, der damals auf Besuch in Los Angeles weilte, die vollständige Partitur her. Leibowitz, der sich überhaupt um die Verbreitung und Interpretation der Musik und der Ideen Schönbergs große Verdienste erworben hat, war es auch, der in Paris die erste Aufführung von ›A survivor from Warsaw‹ in Europa leitete. Die Uraufführung hatte 1948 in Albuquerque (New Mexico) unter Leitung von Kurt Frederick stattgefunden. Von dem Werk und von dem tiefen Eindruck, den es bei der Pariser Premiere auf die Ausführenden machte, berichtet Leibowitz am 15. November 1949 in einer deutschen Tageszeitung:

»Als ich die erste europäische Aufführung des ›Überlebenden von Warschau‹ im Rundfunk dirigiert hatte, kam ein Zuhörer zu mir und sagte: ›Man hat ganze Bände, lange Aufsätze, viele Artikel über diese Probleme geschrieben, aber Schönberg hat in acht Minuten weit mehr ausgedrückt, als es bis jetzt irgend jemand vermocht hat.‹

Ich glaube, daß es wirklich so ist: In Schönbergs Werk wird die bestimmte Tragödie, mit der er es zu tun hatte – und, ganz allgemein, die Tragödie unserer Zeit –, aufs schärfste erfaßt und widergespiegelt. Es ist ein Werk, in dem die höchste Synthese von außermusikalischen und rein musikalischen Elementen erreicht ist, ein Werk, welches dem Hörer unser heutiges Schicksal durch die Musik klarmacht und das, umgekehrt, sich gerade in der Gestaltung dieses Schicksals zu einem außerordentlichen künstlerischen Niveau erhebt.

Es ist nicht leicht, davon durch Beschreibungen einen Begriff zu geben. Eines jedoch steht fest: Es wäre falsch zu sagen, daß Schönberg in dem ›Überlebenden‹ vom ›rein Menschlichen‹ oder vom ›rein Musikalischen‹ ausgeht, sondern der Ursprung seiner Inspiration findet sich in beider Quellen gleichzeitig. Anlaß zur Entstehung des Werkes gab einer der *wirklichen* Überlebenden aus dem Warschauer Ghetto; er kam einige Jahre später zu Schönberg und erzählte ihm folgende Geschichte: ›Ich kann mich nicht an alles erinnern. Ich war wahrscheinlich lange Zeit vollständig bewußtlos. Ich entsinne mich nur des grandiosen Augenblicks, als plötzlich das alte Gebet gesungen wurde. – Der Tag fing an wie gewöhnlich: Wir wurden geweckt, als es noch dunkel war. Wir wurden versammelt und brutalisiert. Manche kamen dabei um. Der Feldwebel befahl, daß man die Toten zähle, damit er wisse, wieviel er zur Gaskammer abliefern könne. – Das Zählen fängt an, zuerst unregelmäßig; aber der Feldwebel befiehlt, nochmals von vorn anzufangen. – Dann geht es wieder los: eins, zwei, drei – schneller und schneller – so schnell, daß es klang wie ein Galopp von wilden Pferden, und – plötzlich – sangen sie das Schema Jisroel.‹

Diese Erzählung benützte Schönberg ganz wörtlich. Sie wird von einem Sprecher vorgetragen, nach Art des typisch Schönbergschen Sprechgesangs. Das Orchester leitet zunächst ein. Mit einigen kurzen, sehr knappen Motiven wird die militärische Stimmung angedeutet. Das tragische Element ist sofort da: in der Ökonomie des Satzes, in der Unerbittlichkeit der Komposition selbst. So bleibt es auch, wenn das Orchester den Sprecher begleitet; aber es wäre ein Irrtum, darin nur eine programmatische, ›beschreibende‹ Musik zu sehen: die musikalische Konstruktion ist durchaus autonom. Die Zwölftontechnik wird hier ganz streng und radikal gehandhabt und führt zu ganz neuen Variationsprinzipien, die ich, mangels eines besseren Ausdrucks, ›athematisch‹ nennen möchte. In dem Augenblick, wo das Zählen anfängt, kommt es zu einer gewaltigen Steigerung: ein Crescendo vom Pianissimo zum dreifachen Forte, verbunden mit einer starken Tempobeschleunigung. Dann ertönt plötzlich das Gebet: einstimmiger Männerchor im Einklang mit einer Posaune: ein streng geformter Cantus firmus, vom Orchester in reicher Polyphonie umspielt. Die Coda ist sehr kurz, und das Ganze bricht mit einem machtvollen Orchestertutti zusammen. – Man bleibt verwirrt, denn man hat so viel in so kurzer Zeit gehört ...

Das außerordentlich Neue an dem Werk war es, das meine Hörer so ergriff. Manche kamen zu mir mit Tränen, andere waren so erschüttert, daß sie überhaupt nicht reden konnten und mir erst viel später von ihren Eindrücken sprachen. – Aber nicht nur die Hörer waren in dieser Weise beeindruckt: das ganze Orchester und der Chor waren seit der ersten Probe so ergriffen, daß der übliche Widerstand, dem man meistens beim Einstudieren so schwieriger Werke begegnet, überhaupt nicht vorhanden war. Die Arbeit ging in großer Ruhe vor sich und mit einem Ernst, dem ich nur selten begegnet bin ...«

Den Sommer 1948 verbrachte Schönberg mit seiner Familie in Santa Barbara, wo er trotz seines prekären Gesundheitszustandes an der dort eben gegründeten »Music Academy of the West« in Form von Seminaren Unterricht in musikalischer Analyse und Komposition erteilte und eine öffentliche Vorlesung hielt. Er bearbeitete damals auch drei deutsche Volkslieder für vierstimmigen gemischten Chor a cappella, die im folgenden Jahr als Opus 49, Nr. 1–3 veröffentlicht wurden. Vorlage dieser Lieder waren die ersten drei Stücke einer Vierergruppe deutscher Volkslieder aus dem 15. und 16. Jahrhundert, die Schönberg 1928/29 auf Wunsch der »Staatlichen Kommission für das Volksliederbuch für die Jugend« in Berlin für eine Singstimme und Klavier gesetzt hatte. Sie waren in dem 1930 erschienenen ›Volksliederbuch‹ enthalten. Beide Versionen sind selbstverständlich rein tonal; in der frühen Fassung wurden die alten Kirchentonarten, in denen die ursprünglichen Melodien stehen, gebührend berücksichtigt.

Im März 1949 komponierte er ein einsätziges Stück – Phantasie für Violine mit Klavierbegleitung, op. 47 –, das sein letztes Instrumentalwerk bleiben sollte. Das spieltechnisch sehr anspruchsvolle Werk ist besonders merkwürdig auch durch die Art seiner Entstehung. Es wurde zunächst als reines Violinsolo notiert, und die Klavierbegleitung wurde erst dann hinzugefügt, als die Linie der Violinstimme absolut fixiert war. Es ist leicht einzusehen, welche kompositionstechnische Souveränität diese Gestaltungsweise bei strenger Wahrung der Zwölftonmethode erforderte. – Die in dem Stück verwendete Grundreihe b-a-cis-h-f-g-e-c-gis-dis-fis-d ist übrigens dadurch ausgezeichnet, daß bei ihrer Spiegelung von der Unterquint aus die zweite Hälfte der Spiegelung dieselben Töne, aber in anderer Reihenfolge, aufweist wie die erste Hälfte der Grundreihe; das gleiche gilt natürlich auch für die beiden anderen Hälften. – Schönberg hat das Werk dem Gedächtnis seines Freundes Adolf Koldofsky gewidmet, der das Werk mit Leonard Stein am Klavier am 13. September 1949, an Schönbergs fünfundsiebzigstem Geburtstag, in Los Angeles uraufführte.

In Los Angeles verkehrte Schönberg freundschaftlich mit Thomas Mann, der seit 1941 in Kalifornien ansässig war. Diese Freundschaft fand Ende 1948 ein jähes Ende. Ursache war der 1947 erstmals veröffentlichte Roman ›Doktor Faustus – Das Leben des deutschen Tonsetzers Adrian Leverkühn, erzählt von einem Freunde‹ von Thomas Mann. Dieser Konflikt wurde publik, als die amerikanische Zeitschrift ›The Saturday Review of Literature‹ am 1. Januar 1949 einen offenen Brief Schönbergs an Mann sowie dessen Antwort veröffentlichte.

Der Brief Schönbergs begann mit den Worten: »In seinem Roman ›Doktor Faustus‹ hat sich Thomas Mann an meinem literarischen Eigentum vergriffen. Zum Helden des Buches hat er einen angeblichen Komponisten gemacht, und um diesem Eigenschaften zu verleihen, die das Interesse des Publikums erregen, hat er ihn der Schöpfer dessen sein lassen, was man irrtümlich mein ›Zwölftonsystem‹ zu nennen pflegt und was ich selbst als ›Methode, mit zwölf Tönen zu komponieren‹ bezeichne.« – Weiter heißt es in Schönbergs Brief: ».. . Mann sandte mir ein Exemplar der deutschen Ausgabe des Romans mit der handschriftlichen Widmung: ›Für A. Schönberg, dem Eigentlichen‹. Obwohl man mir nicht zu sagen braucht, daß ich ein ›Eigentlicher‹ bin, war mir klar, daß er mir mitzuteilen wünschte, daß sein Leverkühn eine Verkörperung meiner selbst ist . . . Frau Alma Maria Mahler-Werfel, die mich auf den Roman aufmerksam gemacht hatte, mußte eindringlich auf Mann einwirken, um von ihm das Versprechen zu bekommen, daß jedes weitere Exemplar des ›Doktor Faustus‹ einen Vermerk enthalten werde, der mich als den Schöpfer der ›Methode, mit zwölf Tönen zu komponieren‹ anerkennt. Ich gab mich mit diesem Versprechen zufrieden, weil ich mich einem Mann gegenüber, der den Nobelpreis erhalten hatte, nobel zeigen wollte. – Aber Herr Mann war nicht so großherzig wie ich, der ihm eine gute Gelegenheit gegeben hatte, sich von dem schweren Vorwurf der Piraterie zu befreien. Er gab am Schluß des Buches eine Erklärung von ein paar Zeilen, an einer Stelle, an der sie niemand sieht. Überdies ließ er seinem ersten Verbrechen noch ein zweites nachfolgen, indem er mich, in der Absicht mich herabzusetzen ›einen (einen!) zeitgenössischen Komponisten und Theoretiker‹ nannte. In zwei oder drei Jahrzehnten wird man wissen, wer von den beiden der Zeitgenosse des anderen war.«

(Im deutschen Originaltext lautete die Erklärung von Thomas Mann: »Ihr müßt wissen, unter uns lebt ein Komponist und musikalischer Philosoph namens Arnold Schönberg: der hat in Wirklichkeit die Zwölfton-Kompositionsmethode erdacht, nicht mein Romanheld.« W. R.)

In seinem Buch ›Die Entstehung des Doktor Faustus. Roman eines Romans‹, erschienen 1949, bemerkte Thomas Mann zu dieser Erklärung: »Das Buch soll in Zukunft auf Schönbergs Wunsch einen Nach-Vermerk führen, der für Unkundige das geistige Eigentumsrecht klarstellt. Es geschieht ein wenig gegen meine Überzeugung. Nicht so sehr, weil solche Aufklärung eine kleine Bresche in die sphärische Geschlossenheit meiner Romanwelt schlägt, als weil die Idee der Zwölftontechnik in der Sphäre des Buches, dieser Welt des Teufelspaktes und der schwarzen Magie, eine Färbung, einen Charakter annimmt, die sie in ihrer Eigentlichkeit nicht besitzt und die sie wirklich gewissermaßen zu meinem Eigentum, das heißt: zu dem des Buches machen. Schönbergs Gedanke und meine ad-hoc-Version davon treten so weit auseinander, daß es, von der Stillosigkeit abgesehen, in meinen Augen fast etwas von Kränkung gehabt hätte, im Text seinen Namen zu nennen.«

In der ›Saturday Review of Literature‹ schloß Thomas Mann seinen Antwortbrief mit den Worten:

»Statt mit Lächeln in meinem Buch einfach ein Stück zeitgenössischer Literatur zu sehen, das Zeugnis gibt von seinem mächtigen Einfluß auf die musikalische Kultur der Epoche, sieht er darin eine Tat des Raubes und der Beleidigung. Das Schauspiel ist schmerzlich, wie ein bedeutender Mensch, in nur allzu verständlicher Überreiztheit durch ein zwischen Verherrlichung und Vernachlässigung schwebendes Dasein, sich beinahe willentlich einwühlt in Ideen des Verfolgt- und Bestohlenseins und sich in giftigem Zank verliert. Möge er sich doch erheben über Bitterkeit und Mißtrauen und Ruhe finden im sicheren Bewußtsein seiner Größe und seines Ruhmes!«

Vom Friedensschluß zwischen Thomas Mann und Schönberg kündet ein Brief, den Mann am 19. Oktober 1951 an H. H. Stukkenschmidt sandte und den dieser in der zweiten Auflage seiner Schönberg-Monographie (Zürich 1957) dem Haupttext voranstellte. Die auf den Konflikt bezüglichen Sätze des Briefes lauten: »Zu einer persönlichen Wiederbegegnung mit Schönberg, der ja längst viel leidend war, ist es nicht mehr gekommen. Genug, daß meine absolute Entschlossenheit, ihm in der Feindschaft nicht zu sekundieren, sie einseitig bleiben zu lassen und nie ein böses Wort über ihn zu sagen, schließlich den Sieg davongetragen hat. – Diese Entschlossenheit ging ja schon aus meiner Antwort auf seinen Brief an die ›Saturday Review of Literature‹ deutlich genug hervor, und ich bekräftigte sie in einer privaten Zuschrift (am 19. Dezember 1949; der Brief schloß mit den Worten: ›Wollen Sie durchaus mein Feind sein – es wird Ihnen nicht gelingen, mich zu dem Ihren zu machen.‹ W. R.), die ich an ihn richtete, als er etwas später in einer englischen Zeitschrift (›Music Survey‹, London, Herbst 1949) noch einen recht wunderlichen Angriff gegen mich veröffentlichte, einen Artikel, den die Redaktion des Blattes ›a character document‹ nannte. Das war er denn wohl auch – wie alle seine Lebensäußerungen, deren jeder man Ehrerbietung schuldete. – Auf meinen Brief aber antwortete er mir (am 2. Januar 1950), ich hätte ihn versöhnt, und wir wollten ›das Kriegsbeil begraben‹. Nur wollte er den Akt nicht gern öffentlich vornehmen, weil er diejenigen damit enttäuschen könnte, die sich in der ›Faustus‹-Angelegenheit hinter ihn gestellt hätten. Eine festliche Gelegenheit, ein achtzigster Geburtstag etwa, werde ja kommen, wo man den Friedensschluß werde publik machen können. – Ach, die Gelegenheit hat er nun nicht mehr erlebt.«

Seit seiner schweren Krankheit im August 1946 war Schönberg nicht in der Öffentlichkeit erschienen. Im Frühjahr 1949 fühlte er sich eine Zeitlang wieder wohler, so daß er sogar an eine Reise nach Europa dachte: er wollte seinen fünfundsiebzigsten Geburtstag gerne bei seinen alten Freunden verbringen. Seine Ärzte hatten auf Grund des objektiven Befundes nichts gegen die Reise einzuwenden; aber er selbst mußte am 8. Mai 1949 an Josef Rufer nach Berlin schreiben: »... Subjektiv ist es so arg, daß ich wirklich nicht kann. Es mag ungefährlich sein, aber es ist unglaublich quälend. Das, woran ich leide, ist wahrscheinlich etwas, was für den Arzt ohne Interesse ist, weil man es weder operieren noch durch Medikamente verbessern kann. Trotzdem ist es für mich sehr arg. Ich leide an Asthma, ich leide an Schwindel, und mit dem Magen habe ich auch Beschwerden: Krämpfe verschiedenster Art, und zwar ziemlich heftige ... Ich glaube nicht, daß ich es (die Reise) riskieren kann ... und ich bin sehr traurig, daß ich nicht hinüberkommen kann.«

Aber an dem Festkonzert, das das Los Angeles Chamber Orchestra unter Leitung von Harold Byrns kurz nach seinem Geburtstag veranstaltete, konnte er teilnehmen und in der Pause aus den Händen des österreichischen Generalkonsuls für die Weststaaten, Dr. Friedrich Waller, die Urkunde entgegennehmen, mit der ihm die Stadt Wien das Ehrenbürgerrecht verlieh. In seiner kurzen Dankrede soll er mit leichter Ironie auf das Faktum hingewiesen haben, daß die 1938 in Wien eingedrungenen Nazis sehr schnell aufgenommen worden seien, während die Anerkennung bedeutender Einheimischer lange auf sich warten ließe. In dem Dankbrief, den er am 5. Oktober an den Bürgermeister der Stadt Wien sandte, war aber von solcher Ironie nichts zu verspüren; es hieß darin: »Mit Stolz und Freude empfing ich die Nachricht von der Verleihung des Bürgerrechts der Stadt Wien an mich. Es ist dies ein neues, oder eigentlich ein erneutes Band, das mich dem Platz, der Natur, dem Wesen wieder annähert, wo die Musik geschaffen wurde, die ich immer so geliebt habe, und an die anzuschließen – nach Maßgabe meines Talents – mein größter Ehrgeiz immer war. – Ich darf wohl die Hoffnung nähren, diese Ehrung, die mir Bürgermeister und Senat der Stadt Wien erwiesen haben, beruhe auf der Anerkennung solch heißen Wunsches und der Intensität, mit der ich gestrebt habe – wie wenig das auch sein möge –, immer mein Bestes zu geben. – Und so möchte ich gerne noch die Möglichkeit erleben, das Recht freien Eintritts auszuüben in die Stadt, wo ich so viele Jahre zugebracht habe. Dann werde ich nicht verfehlen, Ihnen, Herr Bürgermeister, meinen Dank für diese Verschönerung meiner Geburtstagsfeier persönlich auszudrücken.«

Von den beiden Festschriften, die zum Geburtstag erschienen, sei zunächst auf das Schönberg-Sonderheft (Nr. 16) der von H. H. Stuckenschmidt und Josef Rufer in Berlin herausgegebenen Monatsblätter für Musik, ›Stimmen‹, hingewiesen, in dem zwei wichtige autobiographische Beiträge Schönbergs (›Rückblick‹ und ›On revient toujours‹), aus denen hier schon mehrmals zitiert wurde, an der Spitze standen. Ferner enthielt das Heft analytische Studien von Rufer, Stuckenschmidt, Leibowitz und Peter Gradenwitz, einen Aufsatz ›Schönberg in den USA‹ des amerikanischen Komponisten Roger Sessions und persönliche Erinnerungen von Margot Hinnenberg-Lefèbre, Winfried Zillig und Fritz Stiedry sowie Huldigungsworte von Luigi Dallapiccola, Boris Blacher, Paul Dessau, Werner Egk, Wolfgang Fortner und Karl Amadeus Hartmann. – Die zweite Festschrift erschien als Sonderheft der australischen Musikzeitschrift ›Canon‹ und brachte neben vielen persönlichen Gratulationen ein ›Zwölfton-Gedicht‹ von Rudolf Kolisch und Beiträge von Dika Newlin, René Leibowitz, Paul A. Pisk, Otto Klemperer und Eduard Steuermann.

Seinen Dank sprach Schönberg am 16. September 1949 in einem handgeschriebenen Brief aus, der den Gratulanten in Faksimile zugesandt wurde; er lautete:

»Erst nach dem Tode anerkannt werden –! Ich habe in diesen Tagen viel persönliche Anerkennung gefunden, worüber ich mich sehr gefreut habe, weil sie mir die Achtung meiner Freunde und anderer Wohlgesinnter bezeugt. – Andrerseits aber habe ich mich seit vielen Jahren damit abgefunden, daß ich auf volles und liebevolles Verständnis für mein Werk, für das also, was ich musikalisch zu sagen habe, bei meinen Lebzeiten nicht rechnen darf. Wohl weiß ich, daß mancher meiner Freunde sich in meine Ausdruckweise bereits eingelebt hat und mit meinen Gedanken vertraut worden ist. Solche mögen es dann sein, die erfüllen, was ich vor genau siebenunddreißig Jahren in einem Aphorismus voraussagte: ›Die zweite Hälfte dieses Jahrhunderts wird durch Überschätzung schlecht machen, was die erste Hälfte durch Unterschätzung gut gelassen hat an mir.‹ – Ich bin etwas beschämt über all diese Lobpreisungen. Aber ich sehe dennoch auch etwas Ermutigendes darin. Nämlich: Ist es denn so selbstverständlich, daß man trotz dem Widerstand der ganzen Welt nicht aufgibt, sondern fortfährt aufzuschreiben, was man produziert? – Ich weiß nicht, wie Große darüber gedacht haben. Mozart und Schubert waren jung genug, dieser Frage nicht näher treten zu müssen. Aber Beethoven, wenn Grillparzer die Neunte konfus fand, oder Wagner, wenn der Bayreuther Plan zu versagen drohte, oder Mahler, wenn alle ihn trivial fanden – wie konnten diese weiterschreiben? – Ich weiß nur eine Antwort: sie hatten Dinge zu sagen, die gesagt werden mußten. Ich wurde einmal beim Militär gefragt, ob ich wirklich dieser Komponist A. S. bin. ›Einer hat es sein müssen‹, sagte ich, ›keiner hat es sein wollen, so habe ich mich dazu hergegeben.‹ – Vielleicht mußte auch ich Dinge sagen, unpopuläre anscheinend, die gesagt werden mußten. – Und nun bitte ich Sie alle, die Sie mir mit Ihren Glückwünschen und Ehrungen wirkliche Freude bereitet haben, dies anzunehmen als einen Versuch, meine Dankbarkeit auszudrücken. – Vielen, herzlichen Dank!«

Nach den Geburtstagsfeiern erschien Schönberg, der eine entschiedene Abnahme seiner körperlichen Kräfte spürte, nur noch sehr selten außerhalb seines Heimes. Fast die einzigen Anlässe für das Verlassen seines Hauses waren durch das Tennisspiel seines Sohnes Ronald gegeben, dessen Fortschritte in diesem Sport er mit leidenschaftlichem Interesse verfolgte.

Von einer für Schönbergs Einstellung zur Emigration sehr charakteristischen Äußerung berichtet Rubsamen: »Am 14. Mai 1950 veröffentlichte der Musikkritiker Albert Goldberg in der ›Los Angeles Times‹ eine Zuschrift von Schönberg, die ein sehr interessantes und umstrittenes Thema behandelte: den Einfluß von Amerika auf die emigrierten Komponisten. Ein ungenannter Musiker, der seit zehn Jahren in den Vereinigten Staaten lebte, hatte Goldberg gegenüber sehr entschieden ausgesprochen, daß sich das Schaffen der meisten emigrierten Komponisten verändert habe, seit sie den Kontakt mit ihren Heimatländern verloren hätten; daß die meisten der Werke, die sie in Amerika schrieben, nicht denen gleichwertig seien, die sie früher geschrieben hätten, und daß er selbst sich, seit er in den Vereinigten Staaten lebte, ›ein wenig unter seinem eigenen Niveau‹ fühle. Goldberg hatte an mehrere bedeutende emigrierte Komponisten, die in Südkalifornien lebten, die Frage gerichtet, ob sie das gleiche fühlten, und sie aufgefordert, ganz offen zu bekennen, ob die Trennung von ihrer Heimat die Qualität und den Charakter ihres Schaffens beeinflußt habe. Schönberg antwortete, daß seine eigenen Reisen nach Frankreich, Spanien und Amerika keine wie immer geartete Wirkung auf seine Musik gehabt hätten. ›Wenn die Emigration mich verändert hat – so habe ich selbst es nicht bemerkt. Es kann sein, daß ich, wenn ich in Europa geblieben wäre, mehr komponiert hätte; aber ich meine: nichts kommt aus einem heraus, was nicht in einem drin ist. Und zwei mal zwei ist in jedem Lande vier.‹«

Einige Monate später, am 2. August 1950, machte Schönberg die letzte Eintragung in das Buch, in dem er die Beobachtungen über seinen Gesundheitszustand vermerkte: »Mein Asthma hat sich etwas gewandelt: Ich habe selten schwere Anfälle, aber der Zustand der Atemnot ist mehr oder weniger chronisch. Nur 4 oder 5 Stunden am Tag fühle ich mich frei, und fast jede Nacht erwache ich mit Atemnot. Ich huste dann oft 3 oder 4 Stunden, und nur, wenn ich erschöpft genug bin, kann ich wieder einschlafen – nur, um am Morgen die gleiche Reihenfolge wieder durchzumachen. – Seit einigen Monaten wage ich nicht mehr, in meinem Bett zu schlafen, sondern nur in einem Stuhl. Verschiedene Behandlungen wurden mit mir durchgeführt. Ich wurde auf Diabetes, Pneumonie, Niere, Bruch und Wassersucht behandelt. Ich leide an Kraftlosigkeit und Schwindel, und meine Augen, früher außerordentlich gut, erschweren mir das Lesen.«

Die letzten Kompositionen, die Schönberg vollendete, waren im April 1949 ›Dreimal tausend Jahre‹, für vierstimmigen gemischten Chor a cappella, op. 50a, Text von Dagobert D. Runes, und Anfang Juli 1950 Psalm 130, ›De Profundis‹, für sechsstimmigen gemischten Chor a cappella, op. 50b. Beides sind Zwölftonkompositionen. Opus 50a erschien zuerst in der Zeitschrift ›Prisma‹ (Stockholm, 1949) und wurde am 29. Oktober 1949 in Fylkingen (Schweden) von einem Kammerchor unter Leitung von Eric Ericson uraufgeführt. – Opus 50b entstand auf Anregung von Chemjo Vinaver, des Herausgebers der ›Anthology of Jewish Music‹, der dem Komponisten den hebräischen Urtext, dessen englische Übersetzung und einige chassidische Gesänge sandte. Schönberg übernahm aber nur gewisse rhythmische Einzelheiten der liturgischen Melodie und vertonte den hebräischen Text nach eigener Inspiration, den Singstimmen abwechselnd reinen Gesang und Sprechgesang zuteilend. Die Uraufführung fand am 29. Januar 1954 in Köln statt, Ausführende waren der Chor des Westdeutschen Rundfunks unter der Leitung von Bernhard Zimmermann. Schönberg widmete das Werk dem Staate Israel.

In Los Angeles kam Schönberg 1950/51 auch mit führenden israelischen Musikpädagogen in persönlichen Kontakt. Im Frühjahr 1951 wurde er zum Ehrenpräsidenten der »Israel Academy of Music« in Jerusalem ernannt. In dem Brief, mit dem er am 26. April 1951 dem Direktor der Akademie für seine Ernennung dankte, erinnerte er daran, daß es seit mehr als vierzig Jahren sein sehnlichster Wunsch gewesen sei, »einen eigenen, unabhängigen israelischen Staat errichtet zu sehen. Und noch mehr als das: ein dort residierender Bürger dieses Staates zu werden«. Die im folgenden wiedergegebenen Abschnitte dieses Dankbriefes, in dem Schönberg auch der Hoffnung Ausdruck gab, der Akademie mit weiteren Erklärungen und Ratschlägen dienen zu können, sind auch von hoher allgemeiner Bedeutung als letzte bekenntnishafte Äußerungen Schönbergs zu Fragen der Musikpädagogik im weitesten Sinne:

»Wie gerne ich durch persönliche Leitung und durch Unterricht an dieser Anstalt beitragen möchte, kann ich durch Worte nicht ausdrücken. Ich war immer ein passionierter Lehrer. Es hat mich immer gedrängt, herauszufinden, was Anfängern am besten hilft, wie man sie mit den technischen, geistigen und ethischen Erfordernissen unserer Kunst vertraut machen könne; wie ihnen beizubringen, daß es eine Kunst-Moral gibt, und warum man nie aufhören darf, sie zu pflegen, jeden aber, der sie verletzt, aufs schärfste zu bekämpfen. – Ich muß leider darauf verzichten, solchen Wünschen nachzuhängen. Aber es scheint mir, daß das halbe Jahrhundert, um welches meine Erfahrung älter ist als die vieler meiner Kollegen, mich befugt, zu erklären, was ich gestrebt hätte, aus diesem Institut zu machen, wenn ich das Glück hätte und die Kraft besäße, das heute noch zu leisten ... Ich würde versucht haben, dieser Akademie eine universelle Bedeutung zu verschaffen, so daß sie geeignet ist, als

Widerpart zu dienen, einer Menschheit, die sich in so mancher Hinsicht einem amoralisierenden, geschäftstüchtigen Materialismus ergibt. Einem Materialismus, hinter welchem alle ethischen Voraussetzungen unserer Kunst immer mehr verschwinden. Ein universelles Vorbild darf keine Halbwisser herausstellen. Es darf nicht Instrumentalisten erziehen, deren größte Geschicklichkeit bloße Geschicklichkeit ist, die es versteht, sich dem allgemeinen Unterhaltungsbedürfnis restlos anzupassen. – Aus einem solchen Institut müssen wahre Priester der Kunst hervorgehen, die der Kunst mit derselben Weihe entgegentreten, wie der Priester Gottes Altar. Denn wie Gott Israel als das Volk auserwählt hat, dessen Aufgabe es ist, trotz aller Verfolgungen, trotz aller Leiden den reinen, wahren mosaischen Monotheismus aufrechtzuerhalten, so ist es Aufgabe der israelitischen Musiker, der Welt ein Vorbild zu geben, das allein imstande ist, unsere Seelen wieder funktionieren zu machen, wie es die Höherentwicklung der Menschheit erfordert.«

Am 23. April 1951 berichtete Schönberg seinem Jugendfreund Oskar Adler in London von einer Sammlung ›Psalmen, Gebete und andere Gespräche mit und über Gott‹, an der er arbeite, und fügte hinzu: »Bis jetzt sind es 12 – aber ich habe Material für 50 oder mehr: die religiösen Probleme unserer Zeitgenossen.«

Von dieser Sammlung wurden nur die Texte von fünfzehn Psalmen vollendet; von einem sechzehnten wurden – am 3. Juli 1951 – nur fünf Zeilen niedergeschrieben. Einen genauen Überblick über die gesamte Arbeit einschließlich des bis zu Takt 86 reichenden Particells der Komposition des ersten Psalms gewährt die von Rudolf Kolisch betreute, 1956 vom Schott-Verlag, Mainz, veröffentlichte großartige Faksimileausgabe der ›Modernen Psalmen‹.

Obigen Titel hat Schönberg selbst seinem Werk gegeben. Die dem ersten Psalm ursprünglich vorangestellte Nummer 151 deutet an, daß er mit seiner Arbeit die Reihe der 150 biblischen Psalmen im modernen Bereich fortsetzen wollte. Auf Grund der Entstehungsdaten sind bei den sechzehn Texten zwei Gruppen zu unterscheiden: die ersten zehn entstanden zwischen dem 29. September 1950 und dem 9. Februar 1951, die restlichen sechs zwischen dem 28. März und dem 3. Juli 1951. Die Komposition des ersten wurde am 2. Oktober 1950 begonnen.

Dieser Psalm, der gleichsam das Eingangstor in die ganze Sammlung bildet und der die Grundlage von Schönbergs ganzer Religiosität: das Gebet als das wesentlichste Mittel zur Vereinigung mit Gott, eindringlich hervorhebt, hat den Wortlaut:

»O Du mein Gott: alle Völker preisen Dich und versichern Dich ihrer Ergebenheit.

Was aber kann es Dir bedeuten, ob ich das auch tue oder nicht?

Wer bin ich, daß ich glauben soll, mein Gebet sei eine Notwendigkeit?

Wenn ich Gott sage, weiß ich, daß ich damit von dem Einzigen, Allmächtigen, Allwissenden und Unvorstellbaren spreche, von dem ich mir ein Bild weder machen kann noch soll. An den ich keinen Anspruch erheben darf oder kann, der mein heißestes Gebet erfüllen oder nicht beachten wird.

Und trotzdem bete ich, wie alles Lebende betet; trotzdem erbitte ich Gnaden und Wunder; Erfüllungen.

Trotzdem bete ich, denn ich will nicht des beseligenden Gefühls der Einigkeit, der Vereinigung mit Dir, verlustig werden.

O Du mein Gott, Deine Gnade hat uns das Gebet gelassen, als eine Verbindung, eine beseligende Verbindung mit Dir, als eine Seligkeit, die uns mehr gibt, als jede Erfüllung.«

Der italienische Komponist und Musikforscher Roman Vlad hat in einem den Psalmen gewidmeten Aufsatz, der im September 1957 in der Zeitschrift ›Melos‹ erschien, auf den tiefen geistigen Zusammenhang hingewiesen, der zwischen diesem Psalm und den Worten besteht, mit denen der dritte, nicht komponierte Akt von ›Moses und Aron‹ schließt: »Vereinigt mit Gott«. Der Zusammenhang ist aber noch weitgehender; er bezieht auch die letzte Rede des Gabriel im zweiten, nicht komponierten Teil der ›Jakobsleiter‹ mit ein, in der es, anknüpfend an das Zitat aus Balzacs ›Seraphita‹, heißt: »Wer betet, ist mit Gott eins geworden. Nur seine Wünsche trennen ihn noch von seiner Aufgabe. Aber die Vereinigung muß nicht aufhören, wird nicht durch Schuld unterbrochen.«

Die Thematik der übrigen neun Psalmen der ersten Gruppe sei nur noch kurz charakterisiert im Hinblick auf den Hauptgedanken, den Schönberg meistens schon in den ersten Zeilen hervorhebt: Nr. 2 betrachtet die Rolle des Gebets im Maschinenzeitalter; Nr. 3 erfleht Gottes Gerechtigkeit gegenüber den Verbrechern jeglicher Art; Nr. 4 stellt das ohne Aussicht auf Belohnung erfolgende Wirken des Guten dem vom Teufel reichlich belohnten Wirken des Bösen gegenüber; Nr. 5 verteidigt das von so vielen Leiden bedrückte »auserwählte Volk« der Juden gegen den Vorwurf des Hochmuts; Nr. 6 wendet sich gegen philiströse wissenschaftliche Atheisten, die Mysterien verachten, »weil sie Unbeweisbares offenbaren«; Nr. 7 weist die Behauptung zurück, daß Gott heute keine Wunder mehr tut, und gibt eine neue Definition des Begriffes »Wunder«; Nr. 8 verherrlicht die Zehn Gebote Gottes; Nr. 9 ist das umfangreichste Stück der ganzen Sammlung, es behandelt die Tragik, die darin gelegen ist, daß die Erscheinung Jesu durch die jüdische Geschichtsschreibung keine adäquate Darstellung gefunden hat (für Schönberg war Jesus »zweifellos das reinste, unschuldigste, selbstloseste, idealistischeste Wesen, das je auf dieser Erde gewandelt hat; sein Wille, sein ganzes Denken und Streben war darauf gerichtet, die Menschen zu erlösen, indem er sie zu dem wahren Glauben an den Einzigen, Ewigen, Allmächtigen führt«); Nr. 10 behandelt die Liebe zwischen den beiden Geschlechtern.

Die Psalmen der zweiten Gruppe sind von Schönberg nicht mehr numeriert worden; wir kennzeichnen sie hier in der Reihenfolge der Entstehungsdaten: 1. Das auserwählte Volk wird durch das Versprechen des Herrn, daß sein »Samen zahlreich sein werde wie der Sand am Rande des Meeres«, in Leiden und Verfolgungen getröstet. 2. Der Psalm hat die Überschrift »Warum für Kinder?« und preist den Kinderglauben als einen »Bruchteil des Ewigkeits- und Unendlichkeits-Bewußtseins«, eines Bewußtseins, das den Erwachsenen zumeist versagt ist. 3. Es ist von den Übeln die Rede, die über die Menschen zufolge der Maßlosigkeit ihrer Begierden gekommen sind; am Schluß heißt es mit einer Schönberg sonst fernliegenden Skepsis: »Vielleicht aber ward uns die Atomzersplitterung gegeben, um uns und unser Übel auszurotten.« 4. Das Gebet als Ausdruck der Demut, das heißt: der »Unterwerfung unter die Allwissenheit der Allmacht«. 5. Es werden diskutiert die Schuld, die sich aus den Ausschreitungen der Liebe ergibt, und die Möglichkeit einer religiösen Haltung, mit deren Hilfe diese Schuld überwunden werden könnte. 6. Die wenigen vorhandenen Zeilen dieser letzten

Aufzeichnung lauten: »Inzucht, Blutschande wird verboten, weil es die Rasse zerstört. – Nationale Inzucht, nationale Blutschande ist der Rasse ebenso gefährlich wie der Familie und dem Stamm.«

Zu der Komposition des ersten Psalms, die am 2. Oktober 1950 begonnen wurde, hat Rudolf Kolisch nicht nur das fünfzehn Notenseiten umfassende Particell, sondern auch die vierzehn erhaltenen Skizzen und das Reihenschema in Faksimile mitgeteilt. Zu der Struktur der Grundreihe e-dis-c-as-ces-g-f-a-fis-b-cis-d sagt er: »Zu den Eigentümlichkeiten dieser Reihe gehört es, daß sie sich auf Halbton-, Ganzton-, kleine und große Terzschritte beschränkt. Auch ist sie ›symmetrisch‹; ihre zwei Sechstongruppen (›Vordersatz‹ und ›Nachsatz‹) ergänzen einander in der Weise, daß die zweite den Krebs der ersten darstellt. Ferner enthält die Umkehrung des Vordersatzes, eine kleine Terz, eine Quint und eine große Septim tiefer beginnend, die Töne des Nachsatzes und ist seine Krebsumkehrung. Dasselbe Verhältnis besteht zwischen der Umkehrung des Nachsatzes und dem Vordersatz. – Eine weitere ›Beschränkung‹ ist dieser Reihe eigentümlich: Die Ganzton-Transposition beginnt jeweils mit dem letzten Ton des Nachsatzes und wiederholt diesen rückläufig; der Nachsatz der Transposition ist die Krebsumkehrung des Vordersatzes. – Da nur diese fünf Transpositionen in der Komposition zur Verwendung gelangen, erscheinen darin überhaupt nur zwei verschiedene Sechstongruppen.«

In der mit Adagio überschriebenen Komposition sind nur ein kleines Orchester (im allgemeinen zweifache Bläser, aber nur eine Posaune, Streicher und Schlagzeug), ein Sprecher (Sprechgesang) und vierstimmiger gemischter Chor eingesetzt. Der Satz ist außerordentlich transparent. Die letzte Eintragung findet sich in Takt 86. Hier ist nur die Stimme des Soprans notiert zu den Worten: »Und trotzdem bete ich ...«

Zeitlebens hat Schönberg die Zahl 13 als seine Schicksalszahl angesehen. In den letzten Jahren nahm seine Aversion gegen diese Zahl ständig zu. Freitag, den 13. Juli 1951, 15 Minuten vor Mitternacht, schloß er die Augen für immer. Außer der Krankenschwester war nur Frau Gertrud zugegen. Zu ihr sprach er sein letztes Wort: »Harmonie.«

Selbstanalyse

Anfang 1931 sandte der deutsche Psychologe Julius Bahle an eine Anzahl deutscher und ausländischer Komponisten den folgenden Brief:

»Im Anschluß an meine kürzlich erschienene Schrift ›Zur Psychologie des musikalischen Gestaltens‹ (Leipzig 1930) beabsichtige ich nun eine neue Arbeit vornehmlich über die Liedkomposition als dem wohl leichtest zugänglichen Teilgebiet des musikalisch-künstlerischen Schaffensvorganges in Angriff zu nehmen. In Verbindung damit werde ich auch das für den Komponisten so wichtige Textproblem behandeln. Methodisch einwandfrei ist dies nur dann möglich, wenn es mir gelingt, eine größere Anzahl anerkannter zeitgenössischer Künstler für dieses Problem und seine große kulturgeschichtliche Bedeutung zu interessieren und sie für die Mitarbeit an der Lösung desselben zu gewinnen. Aus diesem Grunde erlaube ich mir, Sie um Ihre hochgeschätzte Mitarbeit zu bitten. Ich bin mir der Größe der Gefälligkeit, die Sie mir erweisen würden, sehr wohl bewußt, zumal ich mir gestatte, die wertvolle Zeit eines schaffenden Künstlers für solche Forschungen in Anspruch zu nehmen. Ich hoffe aber, daß sich Ihre Mitarbeit einigermaßen von selbst entschädigen wird, indem Sie durch eine eingehende Darstellung Ihrer Schaffensweise das Verständnis Ihrer Kunst der Mit- und Nachwelt erleichtern helfen.

Um einen der Wirklichkeit möglichst getreuen Einblick in den Gesamtverlauf der musikalischen Produktion und seine einzelnen Phasen zu bekommen, ist es erforderlich, daß die Komponisten eine genaue Selbstanalyse ihres Schaffensvorganges geben, ähnlich wie dies André Gide über sein literarisches Schaffen im ›Tagebuch der Falschmünzer‹ getan hat.

Aus diesen wissenschaftlich-methodischen Erwägungen heraus genügt eine bloße Umfrage über die Produktionsweise der Künstler nicht. Deshalb möchte ich Sie bitten, von den beiliegenden acht kleinen Gedichten wenn möglich wenigstens eines zu gelegener Zeit zu vertonen und ausführlich zu berichten, wie diese Komposition entstand. Dadurch würden nämlich die großen Mängel der oft spekulativ-theoretischen und sehr allgemein gehaltenen Angaben über das künstlerische Schaffen vermieden werden und die eigentlichen psychologischen Vorgänge mehr in den Vordergrund treten. Die unmittelbare Beschreibung eines konkreten Falles bietet auch eine wesentliche Erleichterung der Selbstbeobachtung und gewährleistet die größtmöglichste Sicherheit für eine einwandfreie und genaue Erfassung der psychologischen Tatbestände. Außerdem wird durch eine derartige Untersuchung ein hochinteressantes Vergleichsmaterial gewonnen, das einen reichen Aufschluß über die individuellen Schaffensweisen der Komponisten an ein und demselben Stoffe gibt. Wenn auch zunächst an eine Vertonung der Gedichte als ›Lied‹ im engeren Sinne gedacht ist, so soll doch auch der ›Chor‹ nicht grundsätzlich ausgeschlossen sein.

Sollten Sie jedoch keinen für Sie geeigneten Text unter den ausgesuchten Gedichten finden, so bitte ich Sie, bei einer Vertonung eines selbstgewählten Textes Ihre Selbstbeobachtung in der von mir beigegebenen Weise machen zu wollen. Falls Sie augenblicklich die Arbeit an einem größeren Werk in Anspruch nimmt, so wäre mir auch ein entsprechender Bericht darüber von größtem Wert.

Ich erlaube mir in der Anlage einige nach wissenschaftlichen Grundsätzen ausgearbeitete Richtlinien für die Art der Selbstbeobachtung zur Durchsicht und freien Benützung zu übersenden ...«

Die acht kurzen Gedichte, die Bahle den Komponisten vorlegte, gehörten ganz verschiedenen Stoff- und Stimmungsbereichen an; es waren: ein Naturbild, ein Arbeitslied, ein Wiegenlied, ein Reiselied, ein Gebet, eine heitere Anekdote, ein sozialrevolutionäres und ein metaphysisches Gedicht. Von den 32 Komponisten, die Bahles Anfrage mehr oder minder ausführlich beantworteten, wurden 27 Kompositionen eingesandt, darunter 18 Vertonungen der von Bahle vorgelegten Gedichte. Eine gründliche Analyse des durch das »Fernexperiment« gewonnenen Materials hat Bahle in seinem Buch ›Der musikalische Schaffensprozeß. Psychologie der schöpferischen Erlebnis- und Antriebsformen‹ (Leipzig 1936, zweite verbesserte Auflage Konstanz 1947) veröffentlicht. Im Vorwort zur zweiten Auflage berichtet er auch von den heftigen Angriffen, denen er wegen seiner Forschungen im Dritten Reich ausgesetzt war. Bahle ließ der Bekanntgabe seiner Forschungsergebnisse ein zweites wichtiges Werk folgen, das den Titel führt: ›Eingebung und Tat im musikalischen Schaffen. Ein Beitrag zur Psychologie der Entwicklungs- und Schaffensgesetze schöpferischer Menschen« (Leipzig 1939).

Schönberg brachte den Forschungen Bahles von Anfang an großes Interesse entgegen. Da er damals mit Arbeiten anderer Art überlastet war, konnte er sich nicht zur Vertonung eines kleinen Liedes, mit zugehörigem Schaffensprotokoll, entschließen; er beantwortete aber die von Bahle in seinen »Richtlinien« aufgeworfenen sieben Fragen (und noch eine achte Frage) recht ausführlich. Von diesen Antworten sind nur einige wenige Sätze 1936 in Bahles Buch aufgenommen worden (Seiten 76, 206 und 207). Dr. Bahle hatte aber die große Güte, mir sämtliche Antworten Schönbergs zur Verfügung zu stellen und mir deren Wiedergabe in dem vorliegenden Buch zu gestatten. Sie werden im folgenden zugleich mit den zugehörigen Fragen Bahles mitgeteilt. Für die so ermöglichte Erstveröffentlichung dieses wichtigen Testes bin ich Herrn Dr. Julius Bahle zu großem Dank verpflichtet.

1. *Bahle:* Welcher Art waren die seelischen Vorgänge beim Durchlesen der Gedichte und was bestimmte die Auswahl bzw. Ablehnung der einzelnen Texte?
Schönberg: Gemütsbewegungen: sicherlich dem Inhalt des Gedichts entsprechend. – Bei Wahl: Inspiration, ein Zustand fiebriger Erregtheit, der eigentlichen Gedankenfassung vorausgehend. – Bei Ablehnung: Gleichgültigkeit, oder Widerspruch, Kritik, manchmal auch: Gefühl, das nicht ausdrücken zu können.

2. *Bahle*: Welches sind die wichtigsten Entstehungsphasen der Komposition des Liedes? – Hierbei wäre ihre Reihenfolge, der jeweilige Zeitpunkt ihres Auftretens und die Bedingungen ihres Zustandekommens so genau als möglich anzugeben.
Schönberg: I. Stadium: Unbenennbare Vorstellung eines tönendbewegten Raums, einer Form von charakteristischen Verhältnissen, in Bewegung befindliche Massen von unvergleichbarer und unbenennbarer Gestaltung. – II. Stadium: Ich nenne das seit meiner frühesten Jugend: das Gedicht zuerst in »allgemeine Musik« übersetzen. Vielleicht war das ein gefühlsmäßiges musikalisches Durchphantasieren, bei welchem insbesondere in der Jugend die eigentliche persönlich gefärbte Gestaltenerfindung noch nicht eingriff. – III. Stadium: Häufig entstehen hier auch

bald eine größere oder kleinere Anzahl oft unbrauchbarer Themen. Vielfach aber stellen sich die eigentlichen Themen erst bei einem (wenn man so sagen darf) zweiten Arbeitsgang ein, bei welchem allerdings das Gefühl der Inspiration nicht geringer sein darf, aber wo im Ganzen größere Bewußtheit vorherrscht. – IV. Stadium: Gewöhnlich beginne ich hier schon die eingehendere Ausarbeitung (manchmal mit dem Gefühl, daß es noch zu früh ist), entweder durch kleine Skizzen von verschiedengradiger Verbindlichkeit und ungleichem Wert; oft aber auch schreibe ich dann direkt herunter, manchmal etwas schwer, meistens aber sehr rasch; und sicher geführt von der Anfangsvorstellung. – V. Stadium: Bei größeren Werken bleibe ich oft in der Mitte ein- oder zweimal stecken. Manchmal, weil ich auf ein »unrichtiges Geleise« geraten bin, vielleicht aber ist es auch oft eine kleine Ermüdung, da selten eine Korrektur nötig ist, wenn ich nach 4–5 Tagen wieder anfange.

3. *Bahle*: In welcher Art und in welchem Ausmaß ist die musikalische Schöpfung abhängig von der dichterischen Vorlage?

a) Inwieweit ist die Komposition Ausdruck der durch das Gedicht ausgelösten (unmittelbaren oder mittelbaren) Stimmungen, Gefühls- oder Werteerlebnissen?

b) Inwieweit ist die Komposition Darstellung des gedanklichen Gehalts des Gedichtes, irgendwelcher objektiver Begebenheiten, Phantasievorstellungen und dergleichen?

c) Fanden bei der Gestaltung die rhythmischen, akustischen und sprachmelodischen Momente des Gedichtes Verwendung und inwieweit?

Schönberg: Beim eigentlichen schon handwerklichen Komponieren ist die Abhängigkeit vom Stoff, vom Inhalt, vom Kunstwert und dergleichen bereits überwunden. Details können vorübergehend Schwierigkeiten bilden, aber nicht mehr wesentliche. Denn über all das wurde bereits bei der Konzeption entschieden, wobei ich dann das Gefühl habe, daß meine Musik »die Musik *zu diesem* Text« ist. Somit ist

a) der erste Teil der Frage beantwortet, ohne daß ich mir im einzelnen hier weiter Rechenschaft zu geben genötigt bin. – Zu den entsprechenden musikalischen Ausdrucksmitteln gelange ich durch Intuition, jedenfalls aber *ohne äußere Absicht*. Wobei es dann natürlicherweise oftmals geschehen mag, daß irgendeine besondere Pointierung, Unterstreichung, Hervorhebung und dergleichen auch aus dem Gebiet des Handwerks fließt, was aber (ich darf es versichern) kaum jemals auf »trockenem«, technischem Wege geschieht, denn auch Handwerkliches muß einem *einfallen!*

b) Diese Frage dürfte durch das vorher Gesagte mitbeantwortet sein. Ich erkläre dieses »Musik *zu diesem* Text« folgendermaßen: Gedanken, Stimmungen, Gefühle der Dichtung sind, ebenso wie die Tongestalten, nichts anderes als Ausdruck irgendeiner hinter dem Ganzen befindlichen Grundtatsache, welche in verschiedenem Material ebenfalls darstellbar wäre, wie in Worten, Reimen, Klängen, so auch in Farben, Formen und in Marmor.

c) Sicherlich fanden alle wahrnehmbaren Eigentümlichkeiten der Dichtung bei der Konzipierung ihre Widerspiegelung. Rhythmisches und Akustisches gelangt mir meines Wissens nicht zum Bewußtsein. Sprachmelodisches aber ist bei mir, ohne daß ich im Augenblick darüber viel Theoretisches sagen könnte, von größtem Einfluß auf Gestalt und Linie meiner Gesangsstimmen. Ich habe hier nicht nötig, bewußt viel dazu zu tun. Vielleicht bin ich als Wagner-Jünger in diesem Geist geschult; vielleicht aber ist das Gefühl für die Gesangsstimme eine Naturanlage.

4. *Bahle*: In welcher Art und in welchem Ausmaß ist das Gedicht nur Anlaß, Vorwand, Anregung für eine Produktion unter rein musikalischen Gesichtspunkten und welche sind diese?
Schönberg: Im allgemeinen habe ich (seit langem habe ich nur ausnahmsweise fremde Texte komponiert) früher immer ein bestimmtes Gedicht gesucht, wobei gewiß auch oft Stimmungs- und Gefühlsinhalt vorgefaßten Wünschen entsprechen mußte. Oft kam es dann dennoch dazu, daß ich ganz anderes wählte: vielleicht entsprach dieses dann einer musikalischen Vorstellung: einem Thema, das geboren werden wollte und einen Geburtshelfer suchte. Denn vielfach weiß ich, daß ich Texte suchte zu einer Musik, die ich schreiben wollte. Auf diesem Weg kam ich ja eigentlich dazu, mir selbst Texte zu schreiben: Texte zu einer musikalischen Vorstellung. Nicht verschwiegen sei hiebei, daß die gedankliche Ausbildung eines dichterischen Vorwurfs dann wider besseres Wissen und trotz aller Vorsicht zu Gestaltungen führte, welche mich von der Komposition abgehalten hätten, wenn sie von einem anderen gewesen wären; zur Bewältigung solcher Schwierigkeiten ist dann eine ganz besondere Anstrengung und Konzentration erforderlich, vor der ich oft zuerst den Mut verliere. – So durchkreuze ich an solchen Stellen selbst

meinen Wunsch, der mich bei der Abfassung meiner Dichtungen leitete; denn sie sollten ja sein (und es gelingt mir das immer besser): »Texte zu einer Musik, die mir vorschwebt.« – Resümierend: Die Texte sind oft Anlaß, Vorwand und Anregung. Es ist eigentlich das musikalische Bedürfnis, das mich zu ihnen zieht. – Nur bezüglich *Anregung* wäre noch eines zu erwähnen: In der Tat sind gewisse Texte oft sehr geeignet, die musikalische Erfindung, wenn ich so sagen darf, »auf Abenteuer zu schicken«. Denn sicherlich zeichnet sich die Besonderheit eines stofflichen Vorwurfs auch in einer Besonderheit der musikalischen Gestalten ab, was mir häufig sehr lebhaft zu Bewußtsein kommt und wobei ich glaube, daß eine solche Art von musikalischen Gedanken infolge der Richtung zu erfinden war, in welcher die Phantasie durch die Eigentümlichkeit der Dichtung gelenkt wurde.

5. *Bahle:* Ist vor der Komposition des Liedes schon kompositorisches Material, das noch keine Verwendung in einem Werk gefunden hat, vorhanden gewesen, und können Sie sagen, wie dieses entstanden ist und in welcher Beziehung es zum Text steht?
Schönberg: Kaum. Ich erinnere mich nur eines einzigen Falles, wo ich ein andernorts erfundenes Thema in ein neues Werk übernommen habe. Hauptsächlich, weil es mir musikalisch sehr lieb war und einer verwandten Stimmung angehörte.

6. *Bahle:* Ist Ihre Komposition von irgendwelchen ästhetischen Normen, Richtlinien oder Prinzipien beherrscht, und welcher Art sind diese?
Schönberg: Nein. Ästhetische Fragen kenne ich nicht. Was aber die sogenannte Komposition mit zwölf Tönen anbelangt, so ist das eine Methode mehr handwerklicher Natur, die weder auf den Aufbau noch auf den Charakter eines Werkes einen entscheidenden Einfluß ausübt. Das ist bloß eine Frage der Materialbehandlung im Sinne einer besonderen formgebenden Benützung seiner Bedingungen. Als solche allerdings von der größten Wichtigkeit.

7. *Bahle:* Welchen Einfluß oder Anteil hatte am Zustandekommen der Vertonung das kompositorische Material:
a) der Vergangenheit (welcher älterer Komponisten)?
b) der Gegenwart (welcher zeitgenössischer Komponisten oder Schulen) und
c) eigener vorangegangener Werke?

Schönberg: Sicherlich hat das kompositorische Material, das außer mir existiert, irgendwelche, wenn auch unbewußte Einflüsse. Sicherlich stellt man sich auch oft formelle Aufgaben, wie sie sich die Künstler gestellt haben, die vor uns geschaffen haben. Manchmal auch bewußt: wer hätte nicht Lust, einmal einen Aufbau zustande zu bringen, der so kunstvolle Voraussetzungen hat wie alles von Bach; wer möchte nicht manchmal Beethovens Geist, Feuer und Schwung erreichen wollen, nicht manchmal so graziös, beweglich und klar wie Mozart sein? Sicherlich geht man auch an ein Ausdrucksgebiet, in dem man sich schon einmal versucht hat, um es besser darzustellen.

8. *Bahle:* Welches waren die psychologischen Motive beziehungsweise Grundlagen Ihrer Stilwandlung?
Schönberg: Die psychologischen Motive meiner *Stilentwicklung* (so muß ich fragen, statt: Stilwandlung)? – Was ich darüber weiß, ist Folgendes:

Mich hat das Bedürfnis nach *Kürze*, *Präzision*, *Schärfe* und *Deutlichkeit* vorwärtsgetrieben. Ich hatte das Gefühl, daß ich es nun *besser*, *klarer*, *eindeutiger*, *persönlicher* sage.

Der Übergang von einer noch tonartbetonenden, aber immer dissonanzenreicheren Komposition zu einer, in der es keine Tonart, keinen Grundton, keine Konsonanzen mehr gibt, vollzog sich allmählich, entsprach keinem Wunsch oder Wollen, sondern einer *Vorstellung*, einem *Einfall*, geschah vielleicht *triebhaft*.

Solche oder andere Erwägungen, wie: Leistungssteigerung, Reminiszenzen, Hemmungen, Übersättigung, Abneigung und dergleichen kamen niemals in Frage. Im Gegenteil: Ich habe es immer *sehr* bedauert, daß es mir mit einemmal versagt war, mich weiter etwa im Stile meiner Kammersinfonie zu bewegen, da ich fand, daß es hier noch unermeßliche, ungenützte Möglichkeiten gab. So mußte ich leider einige fast fertige Werke stehenlassen und habe x-mal zum Beispiel eine zweite Kammersinfonie, die sehr weit fertig ist, vergebens zu vollenden versucht (worauf ich noch immer hoffe).

Ob sich die psychologischen Grundlagen meines Schaffens geändert haben: Ich glaube in keiner Weise. Ich habe aus unbekannten Gründen manchmal sehr schwer an einer Sache gearbeitet, meist aber sehr leicht. Manchmal hatte ich bei außerordentlich schwierigen Angelegenheiten das Gefühl, als ob ich etwas bereits Existierendes bloß abschriebe; manchmal war in nichts zu erkennen, warum irgend etwas, was darum keineswegs schlechter war (zum Beispiel der Schluß der »Glücklichen Hand«) mir so viel Mühe machte und so langsam vorwärtsging.

Moderne Musik im Rundfunk
(Ein Interview)

Aus der Vorbemerkung der Redaktion der ›Radiowelt‹: Kürzlich weilte Arnold Schönberg zu einem Vortrag in Wien. Wir haben die Gelegenheit seines Wiener Aufenthaltes benützt, um seine Stellungnahme zum Rundfunk unter dem besonderen Gesichtswinkel der von ihm inaugurierten Kunst kennenzulernen, und haben eine Reihe von Fragen an ihn gestellt, die der Künstler in der ihm eigentümlichen scharf pointierten Art beantwortete. – Die Antworten Schönbergs sind deshalb so bemerkenswert, weil hier ein Mann spricht, der immer mit eiserner Konsequenz seinen Weg gegangen ist, der niemals aus Opportunitätsgründen einen Kompromiß eingegangen ist und der gewohnt ist, die Dinge bei ihrem richtigen Namen zu nennen.

Erste Frage: Eignet sich moderne Musik für den Rundfunk, und wie wäre eventuell eins dem anderen anzupassen?
Arnold Schönberg: Dies berührt Fragen der musikalischen Technik, der Radiotechnik und des Geschmackes. Vom Radio würde ich verlangen, daß es alles so wiedergibt, wie es wirklich klingt. Das aber betrifft insbesondere die höchsten und die tiefsten Tonlagen. Leider hört man von den meisten Sendern noch immer nur die höheren Stimmen (ich nenne, was da klingt: »Die Dame ohne Unterleib«), und nur wenige Sender, wie zum Beispiel die englischen und italienischen, befriedigen mich in dieser Hinsicht. – Die moderne Musik ist meistens »dünn instrumentiert«. Das müßte sich eigentlich sehr gut senden lassen. Besser als etwa Musik aus dem achten und neunten Jahrzehnt des vorigen Jahrhunderts. Es liegt also kaum an der modernen Musik, sich anzupassen; insbesondere da sie auch noch einen anderen Vorzug hat, der den Bedingungen des Radio entgegenkommt: sie ist meistens verhältnismäßig kurz.

Zweite Frage: Wie könnte man das Publikum für die moderne Musik erziehen?
Schönberg: Das ganze Publikum wird man für moderne, oder besser gesagt, ernste Kunstmusik heute so wenig erziehen können wie zu irgendeiner Zeit. Berechtigt oder nicht: es ist nicht jedermanns Sache, sich mit schweren und tiefen Dingen abzugeben, und ebenso sind aber diese Dinge nicht für jedermann gedacht. Aber der Teil des Publikums, der zu gewinnen ist, sollte und könnte ehestens dafür gewonnen werden. Die Mittel hiezu sind: Viele und oft wiederholte, aufs beste studierte Aufführungen. Ich plädiere schon seit langem dafür, daß man der modernen Musik eine Stunde einräumt, auf die ohnedies ihre Feinde nicht allzuviel Wert legen; zum Beispiel eine späte Nachtstunde ein- bis zweimal in der Woche, etwa nach elf Uhr. Die könnte man doch neidlos der modernen Musik überlassen.

Dritte Frage: Konzert- und Musikbetrieb im allgemeinen und Musikbetrieb im Rundfunk?
Schönberg: Hier scheint es mir angebracht, den Rundfunk an eine Verpflichtung zu erinnern, deren moralische Berechtigung er zu wenig berücksichtigt: Dadurch, daß man im Radio – gut oder schlecht – so viel Musik hören kann, ist das Publikum nicht allein auf den Besuch der Konzerte angewiesen. Sicherlich hat das zum schlechten Besuch der Konzerte nicht unwesentlich beigetragen. Diesen Schaden müßte der Rundfunk dem Kunstleben weitestgehend gutmachen: Es ist nicht bloß ein materieller, sondern im höchsten Maß ein künstlerischer! – Was mich am Rundfunkbetrieb wundert, ist, daß er von seiner Möglichkeit, ganz kurze Aufführungen, nur eines Werkes, zu veranstalten, so wenig Gebrauch macht. Im Konzertbetrieb muß man einen weiten Weg zum Konzertsaal zurücklegen, das aber tut man nicht wegen eines einzelnen Stückes. Diese Schwierigkeit entfällt doch im Radio.

Vierte Frage: Was halten Sie von der Eignung der elektrischen Instrumente?
Schönberg: Diese Eignung muß im Prinzip ohne Zweifel als bedeutend bezeichnet werden. Aber man kann nicht verschweigen, daß die Leistungsfähigkeit an sich vorläufig noch sehr problematisch ist. Die Ursache davon ist nicht die Unfähigkeit der Erfinder, sondern der irregeleitete Geist der Industrie, die die Erfindungen nicht ausreifen läßt, bis sie in künstlerischer Hin-

sicht vervollkommnet sind, sondern den Erfindern Geld nur zu einem recht unsoliden Zweck zur Verfügung stellt: nicht ein der Kunst dienendes Instrument sollen diese herstellen, sondern ein Etwas, das man in Serien zu einem billigen Preis auf den Markt werfen kann und wovon man jedes Jahr wenigstens einmal eine neue modische Form herausbringen kann, die die vorherige wertlos macht, solange, bis alle Welt die Lust daran verliert. Das ist eine traurige und hoffnungslose Erscheinung.

(Aus ›RADIOWELT‹. Illustrierte Wochenschrift für jedermann. Offizielles Organ des Verbandes der Österreichischen Radioamateurklubs und des Versuchssenderverbandes. X. Jahrgang, Heft 15, Wien Samstag, 8. April 1933.)

Würden die Zeiten normal sein ...

Würden die Zeiten normal sein, normal wie vor 1914, so wäre die Situation der Musik dieser Zeit anders. Eine freie Jugend, die frei ihre Entscheidungen trifft und ihren Weg wählt, würde begeistert hinter ihr stehen und wie jede Generation vor ihr die Pflicht erfüllen, das neue, noch nicht anerkannte Kunstgut auf den gebührenden Platz neben das bereits anerkannte zu setzen.

Die Jugend vor 1914 war dazu erzogen, und obwohl nicht gezüchtet, hat sie sich dennoch allen Anforderungen gewachsen gezeigt, die an sie in reichstem Maße gestellt wurden. Und sie war hierfür gepriesen. Mit Recht: sie hatte bewiesen, daß eine intellektuelle Erziehung des Geistes und des Charakters zu Kultur und Kunst sehr wohl zum Kriegshelden befähigt.

Wäre es heute nur so, wie sonst meist: daß die Menschheit nicht mehr und anderes will als an neuen Schlagworten glücklich zu werden. Aber es werden Konsequenzen gezogen aus Schlagwörtern, und die Folgen werden unvorstellbar sein, so wie sie unvorgestellt waren.

Auch die heutige Jugend glaubt an eine Mission: zu kämpfen für igendeine Änderung in der Struktur des Staates, die sich seit langem ankündigt. Niemand kann die Berechtigung eines solchen Glaubens bestreiten, der das verwirrende Schwanken auf und ab, von einem Extrem zum anderen, während der letzten Jahrzehnte betrachtet hat. Es bekundet unverkennbar, daß die Gesellschaft sich ... (zwei Worte unleserlich) nach einem verbesserten System der Balancierung befindet.

Aber diese Ideen und Ziele und der Antrieb, hiefür zu wirken, stammen nicht von dieser Jugend her, sondern sind übernommen aus dem Denkbezirk der Männer, die 1914 rund vierzig Jahre alt waren.

Merkwürdigerweise ist auch hier diese selbe intellektuelle Erziehung, die man heute mit dem vor fünfundzwanzig Jahren bereits veralteten Mode-Schlagwort »dekadent« bezeichnet, kein Hindernis für eine unerwartete Schwenkung der Geistesrichtung gewesen.

Intellektualität, Geistanbetung, Idealismus, Materialismus, Realismus und Romantik haben weder geschadet noch genützt, weder befördert noch behindert.

Wie schwer auch so ein bißchen Geisteskultur errungen sein mag, so ist es doch unendlich viel leichter, sie wieder abzustreifen – so daß höchstens der Schein davon erhalten bleibt.

Wir reden hier nicht nur von Kunst und Moral, sondern auch von Politik. Das berechtigt etwas leichthin von Überzeugungen und daraus entsprießenden Gesinnungen zu sprechen. Jeder würde sich hüten, keine Gesinnung, wenige wagen es noch, unrichtige zu haben. Darum sind Gesinnungen auswechselbar und brauchen nicht auf Überzeugung zu beruhen. Noch vorteilhafter wäre es, wenn auch Überzeugung eintauschbar wäre. Aber man kann 2 mal 2 ist Vier nicht faktisch gegen ist Fünf umtauschen, sondern bloß sprachlich, aber dieses letztere ist allerdings ein erbarmungslos benützter Ausweg. Es ist ja bloß sprachlich falsch, eine Überzeugung zu ändern und kann politisch äußerst aufrichtig aussehen. Man überzieht die jahrelang vorangetragene unanwendbar gewordene Überzeugung mit politischer Deckfarbe, und alle Probleme fünfundneunzigprozentig und mehr.

Die Wissenschaft – beugsame Deutung unbeugsamer Fakten – hilft mit. Sie wird es zustande bringen, jene Jugend zu züchten – »Aufzucht« wird es genannt, die indisponiert ist zu Überzeugung wie Gesinnung, aber disponiert, im Heuschreckenschwarm verheerend über Kultur sich niederzulassen, zerstörend, sich gegenseitig zerquetschend im sinnlosen, zu nichts führenden Trieb des einstweilen unzerstörbaren Schwarms.

Kein Besonnener wird der Wissenschaft solche Homunculus-Phantasien glauben, und kein Menschenfreund wird ernsthaft glauben, daß ein Kulturvolk wirklich nur die nebulosen Träume eines Heuschreckenschwarmes wird wahrhaben wollen.

In fünfzig Jahren wird man mehr darüber wissen – das ist eigentlich das, womit wir uns immer zu trösten haben.

Vielleicht denkt auch der Einzelne im Heuschreckenschwarm: »In fünfzig Jahren wird man mehr darüber wissen!«

Aber wir Musiker hatten bis vor einem Jahrzehnt Ungewißheit nur bezüglich unseres engeren, eigenen Gebietes. Und selbst da halfen uns Analogieschlüsse: Es wurde immer in fünfzig Jahren so und so, wenn es zu Lebzeiten umgekehrt war, also wird es auch diesmal so sein, wie im Fall X oder Y oder Z.

Es bleibt darum dem heutigen Musiker nichts anderes übrig, als unbeugsame Fakten darzustellen und es der kommenden Wissenschaft zu überlassen, ob und wie sie sie beugen will. In diesem Sinne scheint mir das vorliegende Buch aus einem glücklichen Gesichtspunkt verfaßt zu sein. Die Analogie fördert unbeugsame Fakten zutage. Für uns sind es Werke, anderen sollen sie es erst werden – das ist vorläufig bloße Gefühlssache. Gefühlssache allerdings von Leuten, deren Erziehung in klassischer Tradition sie erst zu jener schrankenlos aufrichtigen Darstellung einer neuen Tonwelt befähigt hat, welcher die Unfähigkeit sich nur vermittels Heimtücke und Verleumdung zu nähern vermag.

Darum sei auch hier Eines beigetragen zu den unbeugsamen Fakten. In einer der nachfolgenden Analysen las ich, man habe Bergs aufrichtigen Anschluß an die (fälschlich so genannte) atonale Musik (die ich für eine tonale halte) bezweifelt, weil er in seinen Jugendwerken eine so ganz andere Tonsprache, eine absolut tonartbetonende führte und auch an vielen Stellen seiner Werke zur Tonart zurückfinde. Es sei meiner Dämonie zuzuschreiben, die ihm entgegen seiner Natur den »atonalen« Stil aufgezwungen habe. – Meine Dämonie! Wie nützlich hätte mir das sein können, wenn ich das nur einigermaßen rechtzeitig erfahren hätte, daß ich eine solche habe! Wer hätte das je gedacht! Wie hätte ich meine Feinde schrecken, meine Freunde an mich bannen können. Wer weiß, was ich alles damit hätte ausrichten können, wenn mich ein guter Feind darauf aufmerksam gemacht hätte. Zu spät – jetzt ist nichts mehr zu machen. – Wie habe ich meine Freunde an mich gebannt? Durch ihr Talent, durch ihren Charakter, durch ihre Überzeugung, durch ihre Gesinnung, durch ihre Treue, durch alle ihre guten Eigenschaften; durch *alle;* denn eine wahrhafte Gesinnung ergreift den ganzen Menschen und produziert selbsttätig die erforderliche aber unwandelbare Überzeugung – da ist nichts Gutes von mir darin, sondern nur Gutes meiner Freunde, das ist nicht meine Leistung, gut oder schlecht, sondern ihre Fähigkeit, eine Überzeugung zu gewinnen und eine Gesinnung zu bewahren. Was ist Beatrice ohne Petrarca und seine Liebe? Und zu meiner Religion ist nicht ein Gott nötig, sondern bloß ein Glauben.

Aber nun die mehr technische Seite der Frage: bekanntlich (hoffentlich) habe auch ich vor der »atonalen« Musik eine rein tonartbetonende noch in meiner Kammersinfonie geschrieben, und in jüngeren Jahren habe ich Lieder à la Brahms komponiert, und vorher à la Schubert, und noch weiter zurück, als ich nur Violinmusik kannte à la Viotti, Bériot und ... Singelé!! Wessen Dämonie hat mich zur »Atonalität« gebracht? Der ich doch auch in meiner Jugend eine einfachere »natürlichere« Musik geschrieben habe?

Ich weiß nicht, ob bekannt ist, was Alban mir einmal antwortete, als wir über die Einmischung tonartbetonender Gruppen in den freien Stil sprachen. Er sagte, als dramatischer Komponist glaube er nicht auf die Möglichkeit der kontrastierenden Charakterisierung unter gelegentlicher Zuhilfenahme von Dur und Moll verzichten zu können. Obwohl ich selbst in meinen Bühnenmusiken diesem Problem niemals begegnet bin, erschien mir diese Erklärung vollkommen einleuchtend.

Aber vor allem *glaubwürdig!* Glaubwürdig, wenn die Herrschaften, deren Talentlosigkeit alles umfaßt bis zur Unfähigkeit, zu glauben – wenn diese Herrschaften wissen, was glaubwürdig ist. Glaubwürdig ist etwas, wenn unsereins es sagt ...

Wenn die Zeiten normal wären, wäre eine Auseinandersetzung wie diese nicht nötig gewesen, dafür aber eine über anderes Ärgernde. Der Unterschied ist nur, daß man meine Kunstanschauungen heute mittels Stinkbomben auszutreiben trachtet, Stinkbomben pseudowissenschaftlicher und philosophastischer Herkunft. Und daß, wo die Fähigkeit einfacher Rezeption und unmittelbarer Anschauung mangelt, Weltanschauungen aufgefahren werden. Wer beobachtet hat, daß ein Parteiabzeichen einen Untermenschen automatisch und prompt zu einem Übermenschen verwandelt, der bereit ist, auf eigene Entscheidungen zu verzichten, wird diese Weltanschauungen nicht ernster nehmen als andere Mode-Schlagwörter.

Wenn die Zeiten also normal wären, hätten wir uns mit anderem Ärgerlichen auseinanderzusetzen und würden es wohl so tun, wie wir es schließlich immer als einzig angemessen fanden, ihm »den Rücken zu kehren, den es verdient« und so endgültig auseinandersitzen – was hiemit geschieht.

Arnold Schönberg

Der obige Text ist der erste Teil eines Vorworts, das Schönberg 1936 auf meine Bitte für das erste Buch über Alban Berg entwarf, das ich 1937 in Wien veröffentlichte. Der zweite Teil des Entwurfes, in dem Berg als Schüler näher charakterisiert wird, wurde in meinem Buch ›Alban Berg. Leben und Werk‹, Zürich 1963, auf den Seiten 27 bis 29 unter dem Titel ›Zeugnis des Lehrers‹ abgedruckt. Dringende andere Arbeiten haben Schönberg an der Vollendung des Vorworts gehindert. Seine hier erstmals wiedergegebenen Äußerungen sind aber nicht nur für den besonderen Anlaß der Alban-Berg-Biographie, sondern auch als bekenntnishafte Betrachtungen über die Zeit ihrer Entstehung von hoher allgemeiner Bedeutung.

Willi Reich

Alban Berg widmet Schönberg die Oper ›Lulu‹

Mein liebster Freund!
Ich weiß, daß Du auf meine – auf Alwas Frage: »Darf ich eintreten?« (den ersten Worten in der Oper ›Lulu‹, wenn der Vorhang aufgeht) mit Schön antworten würdest: »Komm nur ungeniert herein!«, und daß ich dann in meine Umarmung all die Gefühle legen würde, die mich an diesem 13. September beseelen. Daß ich es aber nur aus der Entfernung tun kann, ist das eine, was mich an diesem Tage schmerzt! Das andere, daß ich Dir – alles eine Folge dieser fürchterlichen Zeit – nicht mit einem wirklichen *Geschenk* nahen kann, sondern nur mit einer *Widmung*. Nimm sie bitte entgegen, nicht nur als ein Produkt jahrelanger, Dir zu innerst geweihter Arbeit, sondern auch als die Dokumentierung meiner innersten Überzeugung, als ein Dokument nach außen hin: die ganze Welt, und auch die deutsche, soll in der Zueignung dieser deutschen Oper erkennen, daß sie beheimatet ist in dem Bezirk deutschester Musik, der für ewige Zeit *Deinen Namen* tragen wird. – Ein dritter Schmerz: daß ich Dir nicht die Partitur der *ganzen* Oper zu Füßen legen kann, sondern nur die Abschrift des Anfangs. Aber die Formel »Niederschrift« gilt leider auch für die ›Lulu‹ ...
Aus einem Briefentwurf vom 28. August 1934.

Einige Tage später erschien in der von der Universal Edition zu Schönbergs sechzigstem Geburtstag (13. September) herausgegebenen Festschrift das folgende Gedicht Alban Bergs:

Zum 60. Geburtstag

Glauben und Hoffen – – und Liebe zu
der von Dir – wie kaum je – ge-

Lehrten deutschen Musik
hast Du in mir einst erweckt.

Aber damit wuchs in mir auch zu-
gleich der Glaube, die Hoffnung – –

Und die Liebe zu Dir,
der Du als Meister und Freund

Beides mir: Freundschaft und Lehre ge-
schenkt in drei der Dezennien

Einer Zeit, die durch Dich
ewige Werte erhielt.

Heut', wo man fern Deiner Heimat und
fern der Stadt auch, die – ach! wie

Oft und oft schon – verkannt
den, der dann später ihr Stolz,

Fern der Nation sogar, deren Mu-
sik und Sprache Du sprichst, ...

Freudigst feiert Dein Fest,
ist sich des ewigen Werts

Noch kaum bewußt diese deutsche und
österreichische Heimat.

Um so stolzer jedoch
wird diese Heimat ein Jahr,

Nämlich: eintausendneunhundertund-
vierundsiebenzig feiern,

Gläubig hoffend und das
liebend, was heut' sie verkennt.

UND so erübrigt sich mir, nur mehr
auszusprechen die Bitte,

Liebster, teuerster Freund:
Gab es Dezennien vorher

Immerschon – galt's Deine Feste zu
feiern – eins meiner Werke:

Eine Widmung vor zehn
Jahren des *Kammerkonzerts*,

Botschaft des Schülers, wie die der *Orchesterstücke* vor zwanzig,

Eben so sei Dir heut'
Lulu, die Oper, geweiht!

Von der ewigen Jugend des Genies

Ewige Jugend des Genies, ewige Jugend des schöpferischen Menschen! Daran dachte ich, als ich Schönberg, den ich als Siebzehnjährigen kannte, nach vielen Jahren im Jahre 1933 am Vortragspulte wiedersah. – Ja! Das war derselbe junge Schönberg mit der ungeheueren, in jedem Momente sich neu offenbarenden Gegenwartsvitalität, mit der elementaren Kraft dieser zeitlosen Lebendigkeit. – Aber nicht darüber staunte ich, nicht darüber, daß der fast Sechzigjährige *noch* so jung sei; was mir da zum Bewußtsein kam, war, daß der Siebzehnjährige, wie er unveränderlich in meiner Erinnerung lebte, *schon* damals diese wahrhafte Jugend des künftigen Meisters besaß, ohne daß ich damals ahnte, was es damit für eine Bewandtnis habe.

In jungen Jahren *schon* wahre Jugend zu haben, ist Gnade, die unter Tausenden kaum einem gewährt wird.

Denn wir alle, wir werden nicht jung, wir werden alt, uralt geboren. Wie köstlicher Samen unter steinigem Boden, liegt verschüttet unter dem ungeheuren Wust vieltausendjähriger Erblast, was in uns wahrhaft jung sein könnte, so es ans Licht käme, verschüttet unter all dem, was jene uralte Erbtradition angehäuft hat im Geistigen, im Seelischen, im Körperlichen – der ewig junge Keim unseres wahren Wesens.

Und die meisten von uns, ehe sie erkannt haben, was dieses Schuttes zu ihnen gehört, was nicht, was mitzunehmen ist, was neu erworben werden muß, ehe es eigener Besitz werden darf, was weggeräumt werden muß, sind am Ende ihrer Lebensspanne angekommen, sind müde an Körper, Seele und Geist und müssen die Erde verlassen, ehe sie haben wahrhaft jung werden können, ehe sie zu sich gekommen sind!

Es ist höhere Gnade, vielleicht durch »immer strebendes Bemühen«, in früheren Leben verdient, *schon in der Jugend so jung sein zu dürfen*, wie andere erst an der Schwelle des Lebensendes; denn solche Jugend allein ist die Jugend, die vom Lebensalter nicht mehr abhängt, die niemals vergehen kann, es sei denn durch eine große Sünde. Denn solche Jugend verpflichtet auch – sie verpflichtet zum Schaffen! – zum Schaffen im Geiste der Natur, deren Schöpferkraft sie *ein bewußt und verantwortlich gewordener Vollstrecker* ist.

Aber in diesem Sinne ist solches Schaffen so sehr natürliche Lebensverrichtung des schöpferischen Menschen, wie bei dem nicht schöpferischen, noch im Banne toter und drückender Tradition Wandelnden – der körperliche Stoffwechsel. Was bei dem gewöhnlichen Menschen das Atmen ist – Inspiration: Einatmen, Exspiration: Ausatmen –, das ist beim schöpferischen Menschen das Sich-Erfüllen mit dem Weltgeist (Inspiration) und davon Kunde geben durch Formen und Gestalten im irdischen Stoff (Exspiration).

Wer in *diesem* Stoffwechsel steht, der kann, solange er sich jener Pflicht nicht verschließt, nicht altern; denn nicht jener toten Tradition dient er, nicht der Erblast Gefangener kann er sein, noch ihr frommer Hüter, sondern die lebendige Kraft der Tradition selbst ist er geworden, dieselbe Kraft, die in der Natur die lebendige Pflanze immer wieder erweckt aus dem *Samen*, der *ihr heiliges Traditionsgut* ist.

Die Tradition des unsterblichen geistigen Samens ist es, die des schöpferischen Menschen heiligste Lebensaufgabe darstellt, und das Geheimnis seiner Jugend ist ein anderes als das der ewig jungen Natur selbst, der »natura naturans«, der ewig gebärfreudigen und sich im Gebären selbst immer wieder verjüngenden, und ist selbst wiederum das Geheimnis der *Musik* – das Geheimnis des ewigen *Werdens*, das *niemals ist* und *immer wird!*

Denn wie das musikalische Kunstwerk *ewig da ist*, weil es nirgends *ist*, sondern stets *vergeht*, während es sich vor uns aufbaut, wie jeder Ton dazu bestimmt ist, schon im Entstehen wieder zu vergehen, um das Werk selbst und seine unfaßbare, allgegenwärtige Lebendigkeit zu erhalten, so ist das Geheimnis der wahren Jugend des schöpferischen Menschen, daß dieser niemals anders da ist denn als *Werdender* des ewigen *Werdens*, in jedem Momente immer wieder neugeborener Zeuge. – Zeuge des ewigen *Werdens* sein! Wer das mit vollem Bewußtsein könnte! – Im Volke spricht man spottend von einem, der sich's einbildet: »Der hört ja das Gras wachsen!«

Lachet nicht! – Schon mehr als einer war da, der es wachsen *hörte*, und es auch andere hören ließ, die Ohren hatten.

In einem Briefe schrieb einst Mozart – ich zitiere nur dem Sinne nach – über sein Schaffen: in ihm gestalte sich das Werk nach denselben Gesetzen, nach denen die Pflanze sprießt aus dem Samen und sich weiter entfaltet zu Blüte und Frucht. *Er* hörte das Wachsen und Weben der ewig lebendigen Samenkräfte. Die Entfaltung des musikalischen Kunstwerkes aus seinem Keim ist wie der himmlische Urklang der Ersprießung alles Lebens aus dem Samen des sich immer wieder erneuernden Lebens, das *währen* wird wie die Wahrheit selbst.

Wer solcher Tradition Behüter geworden ist, wer diesem *Währen* dient, der ist aufgenommen unter diejenigen, die Künder der *Wahrheit* sein dürfen und müssen, der Wahrheit, die wie echte Musik niemals ist und immer *wird*. In *ihr* sein, heißt ewig jung sein.

Als den Lehrer des »Wahr-seins« preisen heute Schönbergs Schüler ihren Meister; ich aber preise ihn als den zeitlos Gewordenen. Was verschlägt's, ob 20-, ob 60-, ob 100jährig? Er hat der Menschheit ein Reis gebracht vom Baume des Lebens.

Oskar Adler

In der von der Universal Edition in Wien zu Schönbergs sechzigstem Geburtstag herausgegebenen Festschrift.

Verzeichnis der musikalischen Werke

Personenregister